本书为北京语言大学科研项目（中央高校基本科研业务专项资金资助）成果，项目编号为 16YJ010002；亦获"北京市支持中央在京高校共建项目"专项资助

国际汉语教师教学能力框架

郭 睿 著

北京语言大学出版社
BEIJING LANGUAGE AND CULTURE
UNIVERSITY PRESS

© 2017 北京语言大学出版社,社图号 17062

图书在版编目(CIP)数据

国际汉语教师教学能力框架/郭睿著.—北京：
北京语言大学出版社,2017.4
ISBN 978-7-5619-4886-6

Ⅰ.①国… Ⅱ.①郭… Ⅲ.①汉语-对外汉语教学-
教师-教学能力-研究 Ⅳ.①H195

中国版本图书馆 CIP 数据核字(2017)第 071550 号

国际汉语教师教学能力框架
GUOJI HANYU JIAOSHI JIAOXUE NENGLI KUANGJIA

排版制作：	华伦图文制作中心
责任印制：	包　朔

出版发行：	北京语言大学出版社
社　　址：	北京市海淀区学院路 15 号,100083
网　　址：	www.blcup.com
电子信箱：	service@blcup.com
电　　话：	编辑部　　8610-82301016
	发行部　　8610-82303650/3591/3648
	北语书店　8610-82303653
	网购咨询　8610-82303908
印　　刷：	北京九州迅驰传媒文化有限公司
版　　次：	2017 年 4 月第 1 版　　印　次：2017 年 4 月第 1 次印刷
开　　本：	787 毫米×1092 毫米 1/16　印　张：20
字　　数：	302 千字
定　　价：	52.00 元

PRINTED IN CHINA

序

学校教育是通过教师实现的。毫无疑问,教师是教育、教学的主力。汉语国际教育,当然也是如此。

教师凭什么实现教育、教学？凭的是教学能力。教学能力又集中体现在课堂教学能力上。课堂教学能力强,教育、教学效果就好,学生的收获就大,反之,就会误人子弟。相信对课堂教学进行过考察的人,都会有此体会：碰到好教师,我们会为学生庆幸,碰到能力弱的教师,我们会替学生惋惜。因此,可以说,教授汉语作为第二语言教师(以下简称"汉语教师")的课堂教学能力,是合格汉语教师能力的核心。

汉语教师应当具有什么样的能力？至少从上世纪七八十年代,我们就开始讨论了。迄今为止有过不少论述,最近的全面描述当属《国际汉语教师标准》2012版。但是真正详尽讨论汉语教师能力中的课堂教学能力的著述,这还是第一部。通读全书,我感到这是一部对汉语教师教学能力发展大有帮助的著作。

作者从自身擅长的教育学视角,基于汉语教学专家、一线教师和自身对汉语课堂教学的认识和实践,把汉语课堂教学能力分解为汉语教学认知、汉语教学设计、汉语教学实施、汉语教学管理、汉语教学评价5种能力,然后又进一步将5种能力分解为34项具体教学技能。应该说这是对汉语教师教学能力的一种比较全面、细致的概括。在这个框架下,作者设计问卷进行了深入、广泛的调查,吸收、融入了更多一线教师和专家的见解,使所形成的能力框架和行为表现更"接地气",为教师理解、培养、运用、积累、提高课堂教学能力,提供了具体的目标、行为指南和教学案例，搭建了理论联系实际的桥梁，对国际汉语教师发展极具理论和实践价值。

我有一点见仁见智的补充意见。作者在前言中认为，"反思能力"不包含在教学能力之中。我觉得，把教学反思能力包含进来，更有利于提高教师的教学能力。教学实践和教学反思，是教师教学能力发展最重要的两条途径。教师只有通过教学反思，才能理解和不断提高对语言教学的认识，不断扬长补短，形成适合自身的语言教学能力和理论。其实作者在很多章节中也不断要求教师反思。所以把"教学反思能力"单列一章加以强调、论述，也可以是一种选择，至少要对此给予特别的强调。

作者在后记中有这样一段话："全面、系统思考的近两年间……除了上课、吃饭、睡觉，脑海里几乎全是教师能力、技能和行为，演示课录像，自己上课的情景，等等，甚至连陪儿子玩耍时偶尔都会走神，'移情别恋'到书稿上来。"作者这种刻苦钻研的精神，令人十分感动。新时期汉语国际教育的快速发展，给学界提出了很多新问题、新难题，教育、教学中值得研究的问题、值得开拓的领域举目皆是，呼唤众多同行，投入更多的精力，发扬刻苦、献身精神，推动这项国家民族的事业健康、顺利发展。

崔永华

目 录

绪 论 ·· 1

第一章 汉语教学认知能力 ·· 7
第一节 把握教学大纲 ·· 7
第二节 熟悉学习者情况 ·· 10
第三节 了解教学环境 ·· 18
第四节 认识教学主体 ·· 24

第二章 汉语教学设计能力 ·· 30
第一节 制定教学目标 ·· 30
第二节 整合教学内容 ·· 35
第三节 设计教学过程 ·· 51
第四节 制定教学计划 ·· 83

第三章 汉语教学实施能力 ·· 98
第一节 激发学习兴趣 ·· 98
第二节 呈现和讲解 ·· 128
第三节 指导学习者学习 ·· 157
第四节 促进课堂互动 ·· 177

第四章　汉语教学管理能力······199
　第一节　管理课堂秩序······199
　第二节　管理教学时间······211
　第三节　管理课堂空间······218

第五章　汉语教学评价能力······225
　第一节　评价学业表现······225
　第二节　评价教学效果······251

参考文献······261

附　录······270
　一、两种形式的教案样例······270
　二、表现性评价量表/标准······283
　三、国际汉语教师教学能力框架的研究设计······285
　四、成熟(优秀)教师在34项教学技能中的行为表现······301

后　记······310

绪 论

一

本书是从汉语国际教育发展的需要出发,为全球各地教学机构(包括大学、中小学、孔子学院/课堂等)中汉语课堂教学第一线的教师(尤其是新手教师和志愿者)撰写的一本汉语教学参考书。

随着汉语国际教育事业的发展,全球各地对汉语教师的需求越来越大。汉语国际教育专业科班培养的教师远不够用。2004 年,国家汉办启动了"汉语教师志愿者"项目。随后,大批汉语教师志愿者走上了世界各国汉语教学的讲台。这在很大程度上缓解了国际汉语师资短缺的情况。但现实情况是,很多汉语教师志愿者都是从别的学科、专业或工作岗位"借调"来的,只经历过出国前的短期培训,此外并没有相应的专业学习和培养。还有相当多的志愿者是非师范类院校毕业的,没有学过教育类课程,汉语教学的基本套路和技能都不太清楚,甚至需要当地教师反过来指导他们如何上课。因此,汉语教学能力成为全球范围内的一线汉语教师(尤其是新手教师和志愿者)需要熟知、规范乃至精通的重要能力,同时也成为阻碍汉语教师整体教学水平提高,甚至是影响汉语国际教育事业发展的重要因素。

当然,除了教师以外,教材和教法也很难符合汉语国际教育发展的需要。这就是我们学界一直呼吁加强研究和解决的"三教"问题。这其中,教师是核心。如果教师教学能力很强,既能在课堂教学层次对既有教材进行增删、整合等多种形式的创造性加工(解决教材"水土不服"的问题),也能针对具体学习者选择甚至创造合适的教学方法(解决教法"不适应"的问题)。相反,如果汉语教师教学能力不够强,再好的汉语教材和教学方法,也无法促进汉语教学效果和效率的提高。就研究领域的情况来看,针对国际汉语教师的研究成果不多,关注度也好像不如教材和教法。为数不多的、既有的有关汉语教师素质的研究成果(如陆俭明,2013),也大多是对其所应具备的知识结构进行探讨,而对其所应具备的教学能力很少论及,即便有,也大多仅仅罗列几种能力,缺乏较为深入的讨论,更缺乏分别对"成长中"(合格)和"成熟"(优秀)两个层次汉语教师教学能力及其行为表现的详细讨论。

近年来,这种状况有所改善。单从国家汉办来说,依次出台了《国际汉语教师标准》(2007)、《国际汉语教师培训大纲》(2010)、《国际汉语教师标准(修订版)》(2012)等标准和大纲,向着国际汉语教师知识和能力结构的标准化、规范化迈出了坚实的步伐。但从实践操作层面来看,这些汉语教师的标准和大纲显得较为笼统,也没有结合实例。其实,汉语教师,尤其是新手教师、志愿者,更需要清楚地知道汉语教师顺利开展课堂教学的基本技能有哪些,具体如何理解、运用这些教学技能。本书就是试图解决这几个问题的努力和尝试。

二

基于以上分析,本书立足于国际汉语课堂教学实践的需要,贯彻《国际汉语教师标准》下《国际汉语教学通用课程大纲》《〈美国州际新教师评价与支持联盟〉标准》(*INTASC Standards*[①])、《美国优秀教师

[①] INTASC 即 Interstate New Teacher Assessment and Support Consortium,见 http://www.ccsso.org/intascst.html

专业标准》①和《欧洲语言共同参考框架:学习、教学、评估》等标准和大纲的精神,以较为浅显易懂的语言和方式,兼容东西方教育的理念和行为,详细论述了国际汉语教师从事汉语教学所需要的一系列基本教学技能,主要告诉一线汉语教师面对各种情况应该怎么做。

本书先把汉语教师的教学能力分为汉语教学认知能力、汉语教学设计能力、汉语教学实施能力、汉语教学管理能力以及汉语教学评价能力等五种能力:

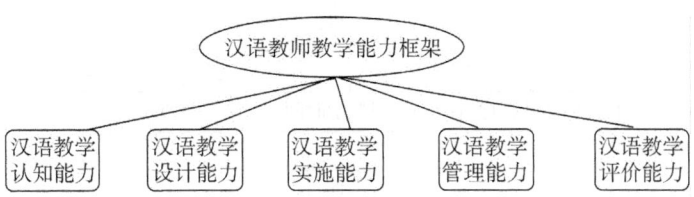

在此基础上又进一步分为以下34项具体教学技能。

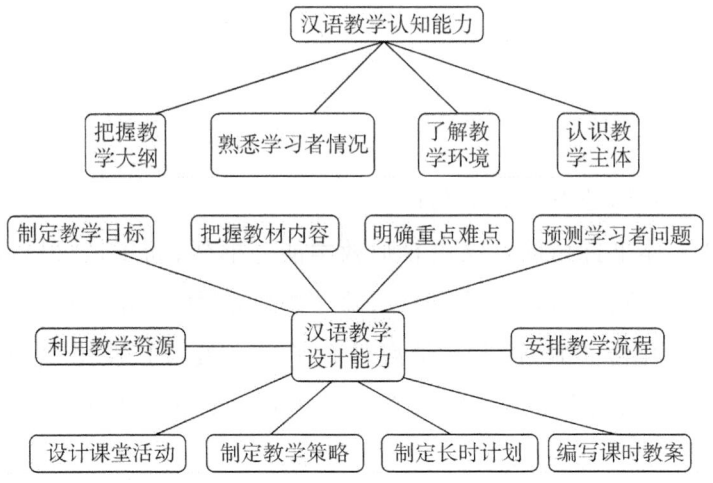

---

① 由 NBPTS(National Board for Professional Teaching Standards)制定,我们具体参考的是 World Languages other than English STANDARDS(for teachers of students ages 3⁻18⁺)分册。见 http://www.nbpts.org

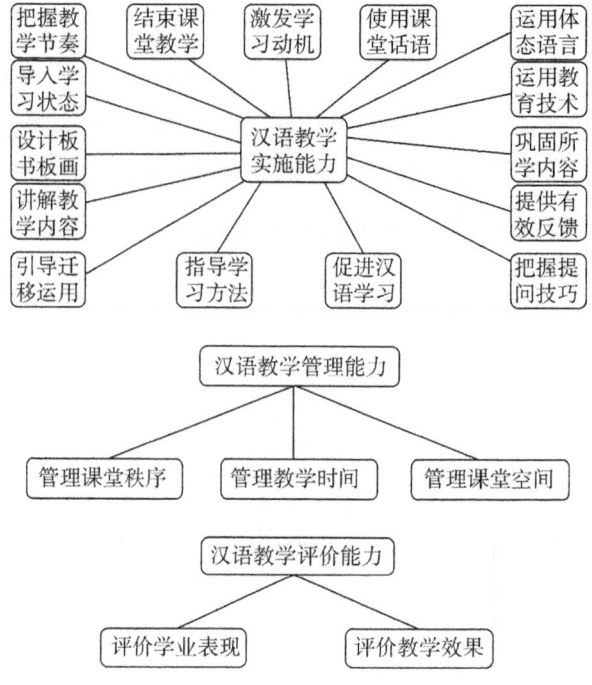

三

关于本书,还有几点说明:

第一,本书探讨的是汉语教师教学能力框架,而不是汉语教师能力框架。汉语教师能力范围更广,除了教学能力外,还包括跨文化交际能力、文化传播能力(尤其是海外孔子学院教师)、反思能力、科研能力、外语能力、中华才艺表演能力等。这几项能力同样也很重要,对在国外任教的汉语教师来说更是如此。但是限于篇幅,本书主要论述的是汉语教师顺利开展课堂教学所应具备的教学能力及其所包含的教学技能,而对与其相并列的跨文化交际能力等只能暂付阙如,以待在后续研究中予以论述。

第二,本书进行的是一项普适性研究,意欲提供一个较为全面的教学能力框架,以给在不同教学环境中任教的汉语教师提供参考。教学环境涵盖目的语环境、非目的语环境、有电教设备环境、无电教设备环境、具备相应的网络资源和言语实践环境、缺乏相应的网络资源和言语实践环境等多种环境。从汉语教师专业发展的宏观角度来看,本书所提到的34项教学技能,都很重要①。但就某项具体教学技能来说,在不同的教学类型和教学环境中,其重要程度很不一样,甚至大相径庭。如"管理课堂教学秩序"这项教学技能,对在低龄学生汉语课堂(如幼儿园和中小学)上任教的汉语教师而言,非常重要;但对在成人汉语课堂上任教的汉语教师来说,就不太重要。再如"设计板书"这项教学技能,对在无电教设备的教室里上课的汉语教师,非常重要;但对在有电教设备教室里上课又使用多媒体课件的汉语教师而言,就不太重要。再如"制定学年(学期)等长时计划"这项教学技能,对在国内正规公立大学(如北京语言大学)任教的汉语教师来说,不太重要(因为这是院系或教研室集体考虑的问题);但对在海外独立主持一个学校(甚至一个学区)汉语教学项目的教师来说,又非常重要。

第三,本书中的"国际汉语教师教学能力框架",主要基于以下一些教师标准类文献:如《国际汉语教师标准》《教师能力标准:面对面、在线及混合情境》《美国优秀教师专业标准》,同时参考了大量研究文献(如吉比尼等,1987;吕必松,1989;冯克诚等,1996;胡淑珍等,1996;余文森,1997;廖嗣德,2000;申继亮等,2000;王宪平等,2006;张波,2007;杨淑芹等,2010;翟小宁等,2010;肯尼斯·莫尔,2010;杜萍,2011;刘涛等,2013;陆俭明,2013;陆俭明、马真,2016)。当然,也观摩了大量的优秀课堂教学录像和获奖教师公开课,查阅了数百个

---

① 量化研究的结果也证实了这一点,具体参见附录3。

国内外汉语教学的课例和教案,调查了近50位汉语教学专家和优秀汉语教师。我们认为,汉语教师具体从事汉语课堂教学工作,主要有三大块:备课、上课和考试。备课即"汉语教学设计",上课即"汉语教学实施",考试则基本等同于"汉语教学评价"。考虑到教师在进行"汉语教学设计"时受到自己教学理念(即对汉语教学的认识)的影响特别大,应该独立出来(即"汉语教学认知能力"),剩下的、具体进行设计时的一些方法、技能(比如如何制定目标、如何把握教材内容等)部分就成了"汉语教学设计能力"。教师在"汉语课堂教学"时,依次需要激发动机、呈现、讲解、引导学习者巩固和应用所学内容,当然还包括指导方法,即"汉语教学实施能力"。汉语教学实施始终伴随着课堂管理。课堂管理是为教学实施、具体课堂教学行为服务的,两者性质不同,应该独立出来,即"汉语课堂管理能力"。再加上前面提到的第三大块"汉语教学评价能力",共为五种能力,依次为:汉语教学认识能力、汉语教学设计能力、汉语教学实施能力、汉语课堂管理能力、汉语教学评价能力。这五种能力共同构成"汉语教师教学能力"。

第一章 汉语教学认知能力

汉语教学认知能力是指教师对汉语教学的理念、要素、过程、方法、策略等各个方面进行深层理解和准确把握的一种能力。它是汉语教师教学能力形成和发展的基础,属于"灵魂"的部分。对汉语教学的认识不同,汉语教师所使用的教学设计、教学实施、教学管理、教学评价等教学技能肯定也各不相同。在汉语教学实践中,教师教学认知能力主要表现为把握教学大纲、熟悉学习者情况、了解教学环境、认识教学主体四种具体技能。

第一节 把握教学大纲

《国际汉语教师标准》(2007)要求汉语教师"应理解并掌握汉语教学课程与大纲的内容、范围和目的"。《国际汉语教师标准》(2012)要求汉语教师应"熟悉有关的汉语教学标准和教学大纲"。这些规定要求汉语教师对课程标准和教学大纲有一个较好的理解、把握和运用。

对该项技能的理解和操作如下:

1.1 汉语课程标准和教学大纲

汉语教学界从内容上分综合性的和具体部分的课程标准和教学大纲。

综合性的有《国际汉语教学通用课程大纲(修订版)》《国际汉语能力标准》《汉语水平等级标准与语法等级大纲》《高等学校外国留学生汉语言专业教学大纲》《高等学校外国留学生汉语教学大纲:长期进修》

《高等学校外国留学生汉语教学大纲:短期强化》《对外汉语教学初级阶段教学大纲》《对外汉语教学中高级阶段功能大纲》《对外汉语教学初级阶段课程规范》《对外汉语教学中高级阶段课程规范》等。

具体部分的有《对外汉语教学语法大纲》《语法等级大纲》《汉语国际教育用音节汉字词汇等级划分》《汉语水平词汇与汉字等级大纲》《对外汉语教学初级阶段功能大纲》《对外汉语教学初级阶段情景大纲》等。

从国别上分,有《欧洲语言共同参考框架:学习、教学、评估》和《21世纪外语学习标准》(*Standards for Foreign Language Learning in the 21ᵗ Century*)等,尤其是《21世纪外语学习标准》中所包括的《中文学习标准》(*Standards for Chinese Language Learning*)。加拿大哥伦比亚州1998年颁布的 *Mandarin Chinese 5 to 12*;澳大利亚维多利亚州的《课程与标准框架》外语领域的相关规定,以及该州2005年颁布的 *Discipline-based Learning Strand* 中的 *Languages other than English* 部分。①。

从地域上分,有美国加利福尼亚州的外语课程标准,以及加州阿凯迪亚联合学区(Arcadia Unified School District)的《中文课程标准》②。

1.2 把握汉语课程标准和教学大纲的具体方法

第一,细化汉语课程标准和教学大纲。汉语课程标准和教学大纲对学习者学习结果和水平标准的描述很具体,也可测量,但毕竟它是着眼于整个汉语教学体系的,相对于汉语教师所教的具体某个班,还是显得较为笼统,操作性不详备,尤其是不容易找到学习结果、教学内容和教学方式的一致性。汉语教师仍需要花时间和精力将其分解、排列、构建成适合自己的、不同层次的、更为具体的学年和学期要求,甚至具体到每月、每周乃至每堂课的要求,使其形成一个整体规划,以便对学习

---

① 赵勇等.美国中小学教师.北京:北京师范大学出版社,2008:93—94.
② 同上书,94—96;209—222.

者的汉语成绩有一个连贯性的认定和评价。

第二,在汉语课程标准和教学大纲的指导下进行教学设计。首先要在课标和大纲的基础上明确教学目标;在此基础上再选择恰当的内容,并描述学习者的活动和行为结果;遵照标准和大纲来确定评价标准;设计恰当的教学情境和方法以帮助学习者进行相应的活动,并支持其出色的行为表现;进行教学;评价学习者的学习行为并改善教学。当然,在具体操作时,汉语教师还要充分考虑自己所面临的教学情境。

第三,在把握汉语课程特点的基础上进行教学设计。国内的汉语课程,指的是一套包含综合、听力、口语、阅读、写作等具体课程(国内有时称之为"课型")在内的体系。汉语教师要牢牢把握不同汉语课程的特点,并在此基础上进行教学设计,避免盲目上课。如口语课,主要让学习者多说、多活动、多讨论,在言说、活动和讨论的过程中发现问题、指导改正、纠正发音等,应避免完全放任地自由表达。听力课同样是多练,而且还应练得全面、练得仔细,即分层次、分主次、分语速来练,避免讲得太多,上成综合课。有的新手教师在初级听力课上对生词讲解过多,对听力材料中文化差异解释时间过长(即便是为了扫除听力障碍),严重挤压了听力训练的时间。在听力课上,汉语教师还要将听录音和听教师的言语结合起来,将核对答案与讲解答案正误的原因结合起来。就阅读课而言,阅读课基本属于"泛读",虽然阅读材料篇幅较长,重点关注的只是其阅读目的所需的信息,或者主旨大意,或者某些特殊的细节信息,并不需要像精读课那样对某个语句的用法和信息都"精雕细琢"。新手教师初上阅读课,往往会讲解过多,上成精读课。

第四,反思自己的汉语教学录像。汉语教师可以对自己的教学进行录像,并从课程标准和教学大纲的角度来分析和反思。如汉语课程标准和教学大纲在自己所教内容方面的要求是什么?所设计的教学活动是否符合课程标准的理念?是否为学习者喜欢?评价方式和活动是否反映了课程标准的要求？等等。

第二节 熟悉学习者情况

《国际汉语教师标准》(2007)要求汉语教师"能理解影响第二语言学习的学习者因素"，具体来说应"能认识到学习者因素对语言学习的重要性""能了解并解释如何参考学习者因素来改进教学方法，提高教学质量""能参考学习者因素鼓励和指导学习者在学习第二语言的过程中扬长避短""能根据学习者的特点因材施教"。其实就是要求汉语教师对学习者的情况进行了解、熟悉和把握，进而提供适切的汉语教学。

对该项技能的理解和操作如下：

2.1 学习者在汉语教学中的主体地位

汉语教学的目的是提高学习者的汉语交际能力，汉语教学的起点是学习者现有的汉语水平，选择或设计汉语教学活动和方法要依据学习者的具体情况。只有了解和熟悉了所教全体汉语学习者的情况，汉语教师才能有的放矢、因材施教，进行针对性的有效教学。杨惠元(1996:50)就曾说："我在备课时费心思动脑筋的问题主要是琢磨针对本班学生特点，采用什么最有效的方法完成教学任务。即使在别人那里已为实践证明了的好办法，我也要进行改造，有所变化，有所创新，绝不生搬硬套。"黄晓颖(转引自张和生，2006:116)也提到汉语教师应深入了解教学对象(母语特点、汉语水平、民族心理及个性心理、学习动机)，以增强教学针对性、提高教学效率。

不同国家的汉语学习者，有着不同的语言学能、认知风格、身心发展特点以及学习需求和动机等，对中国文化的了解程度也不同，学习者的汉语水平各异，学习者在课堂上的语言输出(对其他同学来说就是语言输入)，甚至学习者出现的偏误等，都是影响教学的重要因素。Good

& Power(转引自 Good & Brophy,2002:446—447)曾根据学生的个性、社会能力、学习方式和喜好等方面的特点将其分为成功型学生、社交型学生、依赖型学生、疏远型学生和虚幻型学生五大类。汉语教师可有意识地了解和积累这些"差异",并将其视为有效进行汉语教学的基础或资源来加以开发和利用。

2.2 语言学能

语言学能的不同属于学习者认知方面的差异。Burden & Byrd (2003:96)曾提到:"当认识到学生在认知方面的差异后,教师应该:①期望学生有不同的表现;②花费时间和精力来发现学生的潜力;③应认识到学生不仅需要发展自己欠缺的方面,而且也需要发展自己的潜力;④熟悉学生以前的成绩记录;⑤意识到学生形成其思维方式的既往经历;⑥用各种各样的任务来挑战学生的潜力,并记下结果;⑦使用多种评价和评定等级的方法;⑧不断改变学习条件来激发学生潜力;⑨偶尔挑战学生超出其期望的水平;⑩寻找每个人能做的独特的任务。"

汉语教师可以从日常接触、课堂提问、平时测验中发现和判别学习者的语言学能。当然,如果学习者参加过这类测试,最好还是能获得其语言学能测试的成绩。一旦有了基本判定,汉语教师就可以准备针对性的教学策略。对语言学能不太高的学习者,汉语教师可及时进行鼓励和表扬,适时改变教学技巧(策略、手段等),准备教学内容和方法时更贴近其兴趣点和以前经历,提供支持性的教学环境,控制每次学习内容的难度和数量,提供具体帮助。对语言学能很高的学习者,汉语教师可避免让其重复学习已掌握的内容,提供弹性的教学目标和任务,鼓励其自我确定学习速度和学习程度,提供超出汉语教材的复杂、开放的任务,鼓励其使用多种拓展性资源,发展与所学内容相关的兴趣和爱好。

2.3 认知风格

认知风格(cognitive style)是学习者在学习过程中所表现出来的习

惯化的行为模式,从而对学习方法和环境持有不同倾向和偏好。

场依存型(field independence)学习者擅长在交际中自然习得语言,更愿意把所学内容和材料与自己经验联系起来,更愿意得到教师清晰、严密的指导和示范,更喜欢跟他人一起进行小组合作学习,更容易受外部动机支配。对这类学习者来说,汉字教学采用集中识字的方法更有效,阅读教学时可以要发挥其对细节或部分内容进行分析理解的长处,但注意培养其宏观整体把握的能力。汉语教师可以多激发学习者动机,实行合作学习,提倡互动,为教学内容提供纲要,经常使用纠正性反馈。场独立型(field dependence)学习者则长于在课堂教学中学习语言形式,更倾向于关注学习材料的细节,很少主动寻求与教师的接触,喜欢独自学习和竞争性学习,更容易受内部动机支配。对这类学习者来说,汉字教学采用分散识字的方法更有效,阅读教学时可以发挥其善于整体把握的优点,同时注意培养其具体分析细节的能力。汉语教师可以与学习者多互动,使用有利于学习者的学习方法,必要时再进行纠正性反馈,同时允许学习者有自己的学习方法和想法。一般来讲,在汉语教学领域,场依存型学习者往往来自欧美,场独立型学习者往往来自韩、日、东南亚等国家和地区。

冲动型(impulsivity)学习者在课堂上反应较快,急于回答问题,但精确度较低;审慎型(reflectivity)学习者因会审慎全面地检查自己的思路和答案而显得反应较慢,但精确度相对较高,而且喜欢追问"为什么"。汉语教师要避免对前者过快过早地反馈,鼓励其多思考,对非抢答、非竞争性的问题规定必要的思考时间;同时对后者要给予足够的时间和耐心,适当鼓励其边思考边表达。

宽型(broad,也叫容忍型)学习者对语言材料进行概括和归类时,取向宽泛,兼收并蓄,倾向于注意和发现事物之间的共性,但容易犯过度概括、规则泛化的错误;窄型(narrow,也叫排他型)学习者在面临同样任务时取向较窄,倾向于接受熟悉、具体、明确的事物或规则,但过于保守,较难接受与自己以前认识不相符的事物或规则,不能恰到好处地运用必要的概括能力。汉语教师可以提醒前者多找一些语料,多角度谨慎思考;同时对后者多鼓励,鼓励其多进行全面深入的对比,对语料进行必要的概括和归类。

歧义容忍度(ambiguity tolerance)高的学习者往往能接受与自己原有母语不同的目的语规则,容忍一定程度的模糊状态;歧义容忍度低的学习者则相反,很难容忍与自己原有母语不同的观点和规则,对模糊状态感到不安。相对于学习者的母语,汉语存在一定的模糊性,如量词的规则等。汉语教师可以对学习者(尤其是母语属于印欧语系的学习者)进行适当说明。

学习者还有各自不同的知觉偏好(视觉偏好、听觉偏好、触觉偏好、动觉偏好等)、物理环境偏好(灯光、温度、色彩、声音等)、社会环境偏好(大班、小班、小组、个人等)、最佳时间偏好(早上、上午、下午、晚上)等。这些信息有利于汉语教师对学习者的汉语学习进行针对性的指导和帮助。如可根据学习者的知觉偏好提供不同的语料(视频、音频、文本、活动等)。

汉语教师可尝试通过一些认知风格的测试、日常观察、聊天等方式及早了解、判定学习者的认知风格[①],并在此基础上提供针对性的教学方法和策略。汉语教师宜采用多种形式呈现学习内容,并鼓励学习者根据自己的偏好来选择,允许学习者选择独立或者合作的方式完成任务,创造更加弹性的学习环境,等等。

只有了解了学习者的这些方面,汉语教师才能够更恰当地进行跨

---

① 除了心理学上的一些认知风格测试外,邓恩和普赖斯(Price)曾开发过一个学习类型记录表(LSI),汉语教师可以直接拿来借用。学习类型记录表参见肯尼斯·莫尔著,刘静译.课堂教学技巧.北京:人民教育出版社,2010:33.

文化交际,建立良好的师生关系。张永芳(2015)曾提到赴美汉语教师应了解的中文学生情况:1.学生基本情况,包括学生来源、学生选课、授课方式、上课频率、学生人数、学习汉语的原因、中文背景、学习持续性、授课教室等。2.学生的多样性,包括(1)社会、家庭、文化等多样化。(2)学习背景多样化。(3)学习兴趣和学习目的多样化。(4)学习风格多样化。(5)中文课是否在以下几个方面考虑到学生的多样性?如课程目标、课堂练习、功课、学习材料。是否给每一个学生同样的注意力和同样的课堂表现机会。另外,张永芳(2015)在职业素养部分也提醒中文教师注意保持和学生的职业关系(professional relationship):a. 在美国要避免和学生有肢体接触。在中国文化中可以拍学生肩膀表示赞许,在美国不要接触学生身体。b. 在美国,教师和学生在办公室谈话,最好打开办公室的门。如果涉及隐私问题,如讨论分数等,可以取得学生同意后关上门(但是不建议这么做);如果学生要求关门,你也可以委婉拒绝。c. 在美国,任课教师禁止和学生发生恋爱关系,严重者会使教师失去工作,并有可能被告上法庭。

2.4 身心发展特点

学习者不同的年龄阶段会有不同的身心发展特点。一般说来,低龄学习者(主要是幼儿园和小学生)模仿能力强,倾向于具象思维,情绪化特征明显,易受外在因素的影响,希望得到教师的表扬,意志相对薄弱,遇到困难容易放弃,更喜欢通过游戏和活动来学习。成年学习者则拥有自己独特的学习经历,倾向于抽象思维,自控力较强,更希望得到同伴的肯定,意志相对坚强,即便遇到困难也能坚持学习,但对幼稚化教学言语行为比较抵触,更喜欢推理式理解学习。海外孔子学院往往既有5岁左右的幼童,也有五六十岁甚至70多岁的学习者。老年人记忆力不好,接受新知识、学习外语的能力也不如年轻人,在学习上缺乏自信,但自尊心很强。如:"法语国家的大学中文系和社会机构的汉语学习者一般都是成年人,有大学生、教师、医生、律师、公务员、外交官、商人,也有退休者甚至失业人员,他们社会背景纷繁,社会阅历丰富,自主管理和自主学习的能力比较强,特别是在欧洲一体化的今天,他们大多都有学习第二外语的经历。"(张丹,2013)

汉语教师可以通过学习不同年龄阶段的教育心理学、不同文化背景的教育理念和心理特点等相关学科和内容来加深对学习者身心发展特点的认识,当然同时也可以采取问卷、访谈等方式对其进行具体调查。

如果是低龄学习者,汉语教师可积极营造温暖、轻松、支持和互助的氛围,尽可能使用多样化、趣味性的游戏和活动,借助图片、视频等感性教具来进行汉语教学,并对其言语行为多加鼓励和表扬。相反,如果是成年学习者,汉语教师则应避免低幼化,发挥其较强的理解分析能力和自控能力,并结合学习者的经历、职业、交际需要、使用目的等适当布置作业。

2.5 学习需求和动机

学习需求是指学习者出于什么需求或者目的学习汉语。不同的学习者汉语学习需求往往是不同的。有的可能是职业需要,有的可能是对中国文化感兴趣,有的(如东南亚的华裔群体)想要寻找文化上的"根",有的是想到中国旅游等等。学习动机常表现为学习者为了达到某种目的而付出努力的愿望,即我们所说的学习积极性。学习动机可分为内在性动机和外在性动机,前者是指因为好奇、兴趣、求知欲、成就感等内部因素所引发的学习汉语的动机,后者是指因为权威、奖惩等外部因素所引发的学习汉语的动机。学习动机也可分为工具型动机和融合型动机,前者是指通过学习汉语来达到自己的目的(如经商、旅游等),如果是低龄少儿,可能仅仅是为了获得老师和家长的表扬、小伙伴的羡慕或者物质奖励等。后者是指对汉语及其文化有真正的兴趣,希望能融入其中。笔者曾经对来华留学生的汉语学习动机做过一个调查,为能找份好工作或在中国做生意等实用性需求和经济性目的而学习汉语的学习者比例最大(郭睿,2015);Yang(转引自张永芳,2015)的调查结果表明,美国学生学习东亚语言的动机比较多样化,但主要集中于兴趣(interest)、语言使用(language use)和融合型动机(integrative motivation),而且融合型动机比工具型动机影响要大。

2.6 汉语水平

汉语水平是指学习者原有的汉语知识和技能程度。它是汉语教师进行有效教学的重要基础和前提。这方面的情况如果不了解,汉语教师很难设计出合适的教学目标,也很难提供恰当的教学内容和语料,即便是在成功开展的教学活动中。Ur(2000:133)就把"确保语言需要在学习者的既有水平和能力范围内"作为角色扮演活动能否成功的关键因素之一。维果茨基(Vygotsky)提出了"最近发展区"(zone of proximal development)理论,认为教学内容在学习者的"最近发展区"内,教学才最有效。克拉申(Krashen)提出了"i+1"理论,认为目的语输入处于"i+1"水平,习得才能发生。但是前提都需要汉语教师准确了解和把握学习者既有的汉语水平,否则我们设计的教学内容无法满足"最近发展区"和"i+1"的条件,教学可能无效,习得也很难发生。另外,利用学习者已有的知识是有效教学的基本特征之一。而要想做到这一点,必然需要了解学习者的汉语水平和既往学习经历。国内汉语教学机构往往都有分班考试,一个班级的学习者汉语水平都差不多。如果在国外,尤其是孔子学院的成人业余班,学习者的汉语水平往往差别很大。这其中,非华裔汉语水平总体较低,华裔水平总体会高些,但内部也是参差不齐。这种情况使他们对汉语教师的期望也不一致。汉语水平较低的学习者可能希望教师用自己的母语来讲授,汉语水平高的学习者则希望汉语教师使用汉语来教。汉语教师一方面要为汉语水平较低的学习者准备较为简单的内容,另一方面也要为汉语水平较高的学习者准备一些较复杂的内容。即准备的内容有一定的弹性,以便高水平学习者"吃得饱",中等水平的学习者"吃得好",低水平的学习者"吃得了"。

汉语教师可以通过了解学习者以前的学习成绩、考试、提问、日常交流、以前所学习的教材和时间等来判断学习者的汉语水平,并在教学过程中给其展示和应用的机会。否则就会出现这样的情况:汉语教师辛辛苦苦准备的教学内容远远低于或高于学习者的汉语水平,导致无法上课。

2.7 案例分析

案例一

加拿大埃德蒙顿孔子学院的孔庆民老师在教授《中文简介》一课前了解到自己面对的学习者:加拿大埃德蒙顿市社区冬季学期中文成人班学员12人,零起点。其课堂紧密结合了英语国家零起点中文学习者自身的英语语言背景,较为适合其中文学习起始阶段的实际特点和需要。

这是比较常用的"学习者情况"的呈现方式。本案例中的孔老师不仅有强烈的学习者意识,而且把自己的课堂建立在了学习者的特点之上,体现了教学的针对性。

资料来源:孔庆民.《中文简介》教案[A].国际汉语教学优秀课例集1[C].北京:北京语言大学出版社,2015:140-155.其教材为孔庆民老师结合《体验汉语·生活篇》自编。

案例二

南开大学的邓葵老师在教授口语课前分析了学习者情况:中级水平来华进修汉语的不同文化背景的大学生。本班共16人,国籍分布情况为韩国5人、哈萨克斯坦3人、哥伦比亚2人、意大利2人、印度尼西亚1人、新西兰1人、泰国1人、美国1人。

这是"分析学习者情况"的典型形式,主要是呈现学习者的总体水平,以及学习者的国别构成。国别背后是母语和文化等具体信息。汉语教师需要对这些情况信息了然于胸。

资料来源:邓葵.《你喜欢在大城市生活吗》教案[A].国际汉语教学优秀课例集2[C].北京:北京语言大学出版社,2015:122—126.

第三节 了解教学环境

《国际汉语教师标准》(2007)中提到要求汉语教师能熟悉、利用不同层次的教学环境,并根据其特点对教学做出改变,"能了解学校(项目)的目标、组织形式、校规校纪,重大活动并能尽快地适应新环境""能在不同的文化氛围下有效地开展语言教学",等等。这些标准就是要求汉语教师对教学环境有一个认识和把握。张永芳(2015)就曾结合自己在美国从事汉语教学的经历撰文讨论过海外教学环境认知与教师教学策略调整的问题,而且提出了一个赴美汉语教师考虑因素建议表,非常具体和详细。

对该项技能的理解和操作如下:

汉语教学是在一定教学环境中进行的。对具体汉语教学来说,不同层次的教学环境既是一种资源,又是一种限制。我们这里主要谈教室、学校和社区三个层次的环境。

3.1 教室

教室是汉语教学的"主战场"。尤其在海外教汉语,对很多国家和地区的学习者来说,教室是他们唯一能够听到汉语和说汉语的环境。教室的大小、桌椅、设备、光线、隔音等条件都会在一定程度上影响到汉语教学的开展。因此,汉语教师需事先了解和熟悉教室环境,对各个方面的情况做到心中有数,充分利用有利的方面,避免或改造其不利的方面,更好地为汉语教学服务。

教室大小很重要。大教室可以保证学习者的私人空间,使其感到宽松、自然,可以根据教学的需要划分不同的区域(如活动区、安静区、资料区等),一旦改变教学组织形式的时候(如小组活动、角色扮演等),可以很快组合完成,减少组织教学的时间。小教室则很难做到这一点。

如果桌椅固定,无法移动,也就无法进行小组式、马蹄形等形式的排列,当然就不利于开展小组活动或合作学习等;桌椅的高矮最好能调,让学习者在学习时感到足够的舒适;两排桌椅之间的距离要足够大,让学习者至少能够自由转动。另外,录音、电脑、投影仪等教学设备和空调等生活设备也都是重要的。汉语教师可以提前到教室里对这些设备试用一下,以保证在课堂教学中正常使用。在海外,教室里的电脑往往没有汉字录入程序,使用时需要提前安装。

教室的光线、温度和隔音也很重要。光线要足够亮,且分布均匀,避免直射光、光线过强、闪烁频率过大以及让学习者面对着光。室内温度最好保持在 20－25℃ 范围内。教室外面的噪音需控制。条件允许的话,汉语教师可以选择采光好、有空调和隔音效果好的教室,保证学习者有一个明亮和安静的学习环境。汉语教师应尽量使用固定教室,以便对其进行汉语和中国文化的装饰,如设置"汉语园地""学习角"和词墙(word wall),悬挂一些书画作品、文化饰物(如灯笼、风筝、中国结),规划汉语资源区,放置一些难度适宜的汉语图书、杂志、报纸、图片、磁带、录像,以及学习者的汉语作业等。

词　墙

如果是在国外,第一次上课前,汉语教师最好提前十分钟(或半小时)到教室,熟悉教室环境和电脑设备等,一旦出现问题,可马上请人帮忙,当然你还需知道谁能够帮你。尤其避免找不到教室。还有一个"技巧":头几次汉语课(尤其是第一次)尽量"徒手"上课,即不带太多的教学设备和教具,或者准备两份教案,一旦设备不灵,马上更换。教学开始后,汉语教师还要积极建立教室里的非物理环境,即基于学习者的心理因素所形成的班风和教室氛围等,包括班级纪律的好坏、人际关系的友好程度、师生关系和谐程度等。

汉语教师可以通过调查、访谈、观察等方式来对不同层次的教学环境进行了解、熟悉、适应和适当改造(如对教室等具体环境的装饰),以便充分利用其为汉语教学服务。

3.2　学校

学校对汉语教师顺利进行汉语教学至关重要,具体包括学校的性质、目标、董事会、组织结构、学校文化传统(包括校风、重大活动、传统节日等)、校舍设备、学习资源、学校行政管理人员、教师工会等方面。不同的学校,这些方面的情况都是不同的。具体来说,学校是公立还是私立？学校为什么开设汉语课？想让学习者达到什么样的目标？学校董事会的组成、作用和任务是什么？学校的组织结构属于哪种形式？直线一职能型，事业部型，还是矩阵型？学校有什么样的文化和历史传统？有哪些重大活动？有哪些传统节日、仪式和传说？学校建筑有什么特点和含义？有哪些可利用的学习资源（包括教室、图书、设备、媒体和其他技术资源）？学校校长对汉语的态度如何？与行政管理人员之间的沟通方式有哪些？等等。

在美国，很多中小学都是第一次开设中文课，开设的目的也不是培养专业的外语人才，而是要求学生对中文和中国文化有个基本了解，大多不是教师依赖固定的教材，而是自己编选主题材料，开展交际性的语言游戏和活动，很少进行按部就班的讲授。因此汉语教师常采用交际法、任务式，把汉语课上成各种形式的交际活动课、语言游戏课，让学习者感受到汉语学习的乐趣，实现快乐学习。在亚洲、非洲、拉丁美洲的一些学校（包括孔子学院）没有多媒体教室，无法播放现成的音频、视频、情景短片等，即便是图片、实物、模型等也很少；而在欧美国家的学校里，虽然有多媒体教室和电教设备，但因为一些视频和光盘的播放格式不同，国内制作的一些音像资料无法播放；或者电脑工作语言是所在国语言（如意大利语、法语、德语等），只会英语这一门外语的汉语教师或志愿者可能就不会用。

张永芳（2015）曾提到在美国教汉语的教师应了解有关学校的一些情况：①学校所在地；②学校类别；③学校涵盖年级；④向谁汇报工作，汇报哪些方面；⑤如有困难，向谁求助；⑥办公设备；⑦如何获得办公用品；⑧如何获得教材和教学资料；⑨学校经费的申请、报销情况；⑩需要参加的学校活动有哪些；⑪需要参加或组织学校或社区的文化活动情况；⑫是否需要安排答疑时间等相关情况；⑬学校新职员岗前培训的相关情况；⑭学校教师在岗培训的相关情况；⑮在学校请假的相关规定。

汉语教师可以有意识地熟悉这些方面的情况,并积极参与某些组织(如教师工会、志愿者)和活动(如传统节日庆祝),不仅仅是入乡随俗,还要积极贡献智慧、付出努力,尽可能地融入到任教学校之中,增强自己在同事之间的认可度。[①]一方面有利于汉语教学的开展,另一方面,人际关系的融洽也会带来自己的成长。李雁同(2014)就提到自己在英国曼彻斯特中学教汉语期间的收获:曼城中学遵循尊敬(尊敬自己、同伴、老师和圈子)、责任(对自己的行为、工作、未来负责)、自主(能独立并能自行寻找解决问题的办法)、自信(相信自己,当困难很难处理时,加倍努力)和反思(能够审思过去的事件,能思考如何将它做得更好)的办学理念,该校的领导和同事的诚实、善良、友谊、平等、乐于助人以及安全意识,教师工作的敬业精神都给其留下了深刻的印象。

3.3 社区

在大多数国家,社区都跟学校关系非常紧密,是教育事业的重要参与者,同时也是重要的教学资源。汉语教师要积极了解社区环境,参与社区活动,利用所掌握的汉语知识和文化为社区服务,同时也要充分利用社区中的资源为汉语教学服务。

汉语教师需要了解社区的基本情况,包括社区的风俗传统、社区成员构成、社区领袖、社区团体、社区活动、社区设施等。这些情况都会影响到汉语教师的工作。熟悉了社区的这些情况,汉语教师就能从容地参与社区事务、进行跨文化交际,甚至能利用图书馆、博物馆、华人协会等社区资源进行汉语教学。

如果是在欧美,汉语教师还要详细了解社区的家庭情况(如单亲家庭、离异家庭)、家长志愿者、家长教师协会、家长接待日等方面的信息。国外某些地区的离婚率相对较高,知道自己课堂上有多少单亲家庭,就

---

① 赵勇等美国中小学教师.北京:北京师范大学出版社,2008:5-15;郭睿(2010:82-98)也有一些针对社区、学校等相关内容的论述。

能有效避免课堂教学中让学习者介绍、讨论家庭时可能出现的尴尬。家长志愿者在国外较普遍。家长志愿者参与教学不仅在某种程度上减轻了汉语教师的负担,提供了教学资源,而且还可以增强学习者的学习兴趣,以及家长们对汉语教学的了解、熟悉和认同。因此,汉语教师可以招募适合汉语教学的家长志愿者,并对其进行必要的指导,提高其辅助教学的水平和技巧;安排机会让家长们参与教学时,要考虑其特殊需要(如制定灵活的参与时间表,以适应家长们的工作时间);将孩子汉语学习的情况告诉家长,在如何改善学习问题上适时表达自己的看法,并让家长们知道可以如何与你联系;积极参与家长教师协会,利用家长见面会、家长接待日等活动展示自己、了解学习者,从而获取以家长为代表的社区人员的支持,建立起相互支持的、良好的相互关系。

3.4 案例分析

在威尔士班戈大学孔子学院的金希老师在教《第一堂汉语课》时做过分析:"北威尔士地区的汉语教学有着很强的特殊性,且难度很大。当地人第一语言是威尔士语,第二语言是英语,且英语和威尔士语差异较大,小学生在学校要学习威尔士语和英语,语言学习负担已经很重,所以不论是校方还是学生,都不愿意再多花时间和精力去给自己增加语言负担;当地地处偏远,大多数人(包括当地教师、学生和家长)从没有去过中国,对中国了解甚少,即使有热情,也没有大块的时间系统学习汉语,一周能拿出 80 分钟的课堂时间已经实属不易,所以分课型是不可能了,只能是综合课。"

这是金希老师呈现在教案中的分析,其实是对汉语教学所在的社区人员的语言情况、学校的外语设置情况、大多数人(包括当地教师、学生和家长)的情况所做的一个分析,属于对社区环境、学校环境情况的认识和应用。

资料来源:金希.《第一堂汉语课》教案[A].国际汉语教学优秀课例集3[C].北京:北京语言大学出版社,2015:2.

第四节 认识教学主体

教学主体不仅仅指汉语教师本人,还包括汉语教师的助教、家长志愿者、合作教师、搭班教师等"同事"。《国际汉语教师标准》(2007)要求汉语教师"能够和同事及当地各组织的其他成员团结协作,共同改善教学环境和改进教学""能与其他教师合作,一起探讨对辅助材料的开发、取舍和整合,达到资源共享的目的""能够和同事合作,在出现问题时及时沟通""能了解家长协会,并鼓励家长志愿者在学生的学习中发挥积极作用",等等。这就要求汉语教师首先对自己、助教、家长志愿者、合作教师、搭班教师等教学主体有一个全面、辩证的认识。

对该项技能的理解和操作如下:

4.1 汉语教师及其他教学主体都是重要的教学资源

汉语教师及其他教学主体所掌握的汉语语言文化知识,在课堂上规范地听、说、读、写,多年积累的教学经验以及对学习者问题的敏锐感知和恰当指引,日常的言谈举止,适时的鼓励和适度的严格等都属于重要的教学资源。

首先,积累并运用教师身上蕴含的汉语知识等素材性资源[①]。多积累汉语语言和文化知识,用以应对学习者常问的一些有关汉语及中国文化、旅游、餐饮、地理等问题,积累并运用自己的教学经验,吸取同事的经验,实现共享,形成汉语教学的"合力",等等。其次,开发和运用教师身上蕴含的条件性资源。围绕所教内容创设一定的教学氛围,为学习者营造足够的交际情景,或者设计相关言语活动的主题,从而带动学习者的言语交际。琢磨教学技巧,激发学习者的兴趣。了解语言教学

---

① 教学资源可分为素材性教学资源和条件性教学资源两大类。

的各种方法,调查学习者的基础和偏好,并在此基础上尝试运用。欧美学习者思维活跃,活动能力强,不习惯死记硬背,可以多安排一些交际活动,或采用任务式教学法;注意运用自己的言谈举止、情绪状态、个性特长、人格魅力等条件性资源。

4.2 汉语教师本人

汉语教师本人的情况涉及汉语水平(是否是来自中国的教师)、知识结构(包括汉语学科知识、教学法知识和实践性知识等)、教学水平、对课程教学改革的态度和适应能力、教学技巧和专业知识、职业道德、教学风格、教学信念和原则、对自我的角色定位(汉语学习的促进者、汉语知识的传授者、汉语学习者的交际对象以及中华文化的传播者)等。当然上课时,汉语教师还应表现出一些专业特征,如热情、和蔼、值得信任、幽默、了解学习者并对其充满期待、鼓励和支持学习者、公平、能调整讲课内容等。Scrivener(2002:7)曾提到有效教师的一些特征:认真倾听学生、尊重、给予清晰正面的反馈、幽默感、耐心、了解所教学科、激发自信、信任、热心解决学生的问题、精心组织课堂、合理安排教学步骤、避免不必要的复杂、热情、威信、诚实、亲和力。

在美国和澳大利亚,没有当地教育部门核准的教师资格证,是不能进入课堂进行教学的。一些外派的汉语教师或志愿者因此无法单独授课,有些是在当地教师的陪同下授课,更多的是干些帮助当地汉语教师准备上课资料、上课时担任助教、课下对学习者进行辅导等辅助性工作,以至于这些汉语教师或志愿者会有"失落感"。汉语教师或志愿者要积极了解当地的教育制度,尤其是有关教师资格聘任的相关政策,激发正面情绪,干好工作。汉语教师或志愿者应根据条件积极发挥专业骨干的作用,适应当地的这些情况,扬长避短,有效开展工作。

4.3 其他教学主体

其他教学主体包括助教、家长志愿者、合作教师、搭班教师等。这些人都是汉语教师的助手或同事,帮助汉语教师进行教学,如制作教具、组织活动、收发资料和作业等。助教通常来自高年级学习者或毕业生[1],在课堂协助教师的教学工作。家长志愿者主要来自班内学习者的家长群体,愿为课堂教学做一些辅助性的工作,以有利于学习者的成长。合作教师是指在外语课堂上同时有两位教师,一名外国教师、一名本国教师,共同进行汉语教学的形式。搭班教师是指教授同一个学习者群体负责不同科目的教师。

汉语教师可以通过聊天、共同备课、听同事介绍、一起喝咖啡等方式详细了解其他教学主体的汉语水平、兴趣、爱好等情况(当然也包括缺点和不足),包括当地的生活习惯、价值信仰等方面的情况,以便更好发挥其作用和价值,并保持和谐、顺畅的关系;同时也可以从他们那里了解学习者的情况。在意大利罗马任教的许舒焙就意识到了这一点,上课前"先问了问意大利老师这个班的情况,汉语水平是否均衡,整体气氛是比较活跃还是比较安静,有没有比较特殊的学生,当然,还有上一节课的内容";许舒焙还"觉得多和当地老师沟通非常重要,因为他们是母语教师,所以更加了解学生为什么会有这样那样的反应,也更清楚学生对哪些语言点会很自然地理解,哪些语言点需要教师详细解释。充分地了解这些情况可以帮助我少走很多弯路。"[2]因为文化背景不同、课堂教学理念不同、教学行为习惯不同、个性不同、工作态度不同、合作心态不同,等等,这些都为双方的顺利沟通埋下"暗礁"。孙岩和钱茜就遇到了这类的"暗礁"。[3] 这就需要汉语教师从大局出发,必要时还要委曲求全。如果我们做好前期的"功课",也是能够有效沟通的。前期的"功课"就是提前了解对方及其基本交往文化。如南非人性格豪放、开

---

[1] 对各国的本土汉语教师来说,助教有可能是来自中国的志愿者,前面已提到。
[2] 朱勇主编.国际汉语教学案例与分析.北京:高等教育出版社,2013:12.
[3] 同上书,115—119.

朗外向，言语幽默，业余生活丰富，喜欢聚会喝酒聊天，很会享受生活，其饮食主要是面包、烤肉、咖啡等西餐，而且其社会交往中种族界限很清晰；在南非任教的汉语教师要融入同事的这个圈子，就需要适应这样的性格和生活方式，否则就会陷于孤独和寂寞。在挪威，学校食堂没有午饭供应，教师都是自己从家里把一种叫作 matpakke 的午餐准备好带来，中午时聚在教师活动室一起吃；汉语教师要想与挪威教师边吃边沟通，也需要准备自己的 matpakke。东南亚的生活方式属于典型的"慢生活"，汉语学习者也都比较散漫和拖拉，以致很多汉语教师志愿者一开始都不免着急，担心学得慢、学得少，等等；东南亚食品味道特别浓，饮料一般都要加冰。汉语教师要走进当地社区，与当地同事和社区民众进行跨文化交际，需要习惯这样的生活方式和饮食习惯。在泰国，虽然同事都很热情友好，但学校里也有鲜明的社会等级关系，无论在工作上有什么问题，汉语教师要注意不能越级办事。

汉语教师也要适当了解当地同事、管理人员和家长志愿者对自己的看法和期望，以便更好地进行汉语教学。

在此基础上，汉语教师要积极主动地与其他教学主体建立和维持良好的人际关系。得到同事、合作教师、搭班教师、家长志愿者等其他教学主体的接纳和支持，不仅是汉语教师提高教学水平的需要，而且也是社会心理需要，尤其是对"孤悬"海外任教的汉语教师和志愿者来说。如果在教学工作中得不到同事、合作教师、搭班教师等教学主体的支持，汉语教师会产生一种强烈的孤独感和无力感。

4.4 与其他教学主体建立良好人际关系的一些技巧

（1）了解任教学校的规则或惯例，并积极适应、遵守和参与。如前面提到的挪威教师之间的午餐聚会，汉语教师要积极去适应和遵守。学校中一些活动，甚至是与汉语教学并不直接相关的一些社会活动，如家长开放日，汉语教师要积极参与，力所能及地提供一些帮助，创造与同事合作和了解的机会。

（2）多跟其他教学主体沟通，尤其是在涉及汉语课程教学的事宜上。尽可能多地让其他教学主体参与汉语教学的决策，多咨询他们的看法和观点；用恰当的方式对他们的建言献策表达感激，如在学习者面前夸赞；注意他们对你本人的看法。

（3）主动向其他教学主体展示友善、关心的。记住其他教学主体的名字，对他们的工作有所了解，日常相处中表示足够的尊重；无论是在办公室，还是在校园里，向遇到的同事等微笑并主动问候，表现出你的友善；关心和帮助其他教学主体，尤其是年长的同事，不介入其他教学主体间的"派系斗争"；向那些对你有所帮助或者服务的人及时表示谢意，如下班晚了，对看门人表示感谢后再离开，而不是一言不发地迅速走开。赵勇等(2008:113)提到，在国外教汉语，与当地同事相处应注意以下几个标准："反应而非发起"，即在同事需要帮助时积极给予帮助，但又不过于主动；嘉许能力，避免批评，即注意保护教师之间的差异；谦虚礼貌，即己所不欲，勿施于人；幽默，但不应建立在同事的痛苦之上。

（4）用积极的态度、灵活的方法和问题的顺利解决代替情绪化的反应。首先，面对合作过程中出现的这样那样的问题，倾向于解决它，而不是单纯地抱怨。如跟合作教师沟通不畅造成了课堂教学时衔接不顺利，虽然可能是对方的问题，但不应一味地抱怨，而是想办法解决：提议建立例会沟通制度，每周坚持进行一次全面深入的沟通和调整，每次上完课也有简单的沟通。其次，随时准备好妥善处理跟其他教学主体的分歧（如具体任务的分工、教学环节的设置、评价标准的宽严等），善于接受并尊重对方的观点。每个教学主体都代表的是一个群体，如家长志愿者，代表的可能是整个家长群体对待汉语教学的态度和意见；本地同事，代表的可能是本地教师群体（甚至包括教学机构）对待汉语教学的观点。

(5) 注意自己言行举止等方面的细节，以免引起不必要的反感。如课间在教室内与学习者大声交谈影响到下一位教师的上课；当着很多同事的面反映学习者对某门课程的抱怨等，很有可能引起其他教学主体的反感。注意避免一些不适当的言行，如告诉学习者世上没有圣诞老人，礼物是父母送的；有可能成为整个社区民众的议论主题，甚至会引起抗议。

(6) 经常与家长等教学主体联系、沟通。汉语教师具体跟家长联系的方式有家长会、公开/介绍信、电话、家访、个人便条、网络/电子邮件、学校开放日、让学习者带回便条等很多种，其中家长会和家访等面对面交谈的方式是最有效的。汉语教师可以根据自己的情况进行选择，但注意把与家长的关系维持在职业范围以内；最好学期/学年初就与家长联系，进行必要的沟通，告知家长有关汉语教学的基本情况（如汉语课程及其各个方面的情况：教学目标、教学内容、教学方式、汉语考试等）；随后的联系中及时告知其孩子在汉语方面的学习情况，具体包括优点和问题，尤其是当学习者取得了进步的时候；如果是因为学习者的违纪行为而与其家长联系，汉语教师应斟酌好措辞，客观描述违纪情况，避免下论断，更不要贴标签，如"约翰有暴力倾向"，同时也注意给出针对性的建议；耐心应对家长们对学习者在汉语方面的咨询和抱怨，哪怕有些是无理取闹，控制好自己的情绪和体态语，事后也不要评论是非。

第二章　汉语教学设计能力

《国际汉语教师标准》(2012)要求汉语教师"能进行合理的教学设计",即具备汉语教学设计的能力。汉语教学设计是汉语教师基于语言教育学和心理学等学科理论,依据汉语教学各要素的基本情况,在上课前合理运用各种教学资源对教学目标、教学内容和材料、教学过程、教学活动和方法等相互联系的各个环节进行系统安排和规划,最后确定一个可以具体操作的教学方案,以实现教学效果的最优化。

"凡事预则立,不预则废。"教学设计是教学行为的重要组成部分,可以减少汉语教师上课的随意性,对课堂教学的成败颇为关键、意义重大。尤其是对那些资历尚浅、教学经验不够丰富,对教什么、怎么教都不太清晰,还处于职业生涯初期阶段的新手教师而言,花费一定的时间和精力来进行详细的教学设计是非常必要的。

汉语教学设计能力是一项综合能力,具体包括制定教学目标、整合教学内容、设计教学过程和制定教学计划等几种能力。

第一节　制定教学目标

汉语教学设计的重中之重,就是要科学设计、制定出清楚、明确的教学目标,以充分激发和促进学习者的汉语学习,并为教师开展针对性教学确定方向。

一、把握教材内容

对该项技能的理解和操作如下：

1.1 对汉语教学目标的认识和理解

根据《国际汉语教学通用课程大纲》，汉语教学的总目标是培养学习者的语言综合运用能力。语言综合运用能力由语言知识、语言技能、策略和文化意识四部分组成。也就是说，要实现语言教学的总目标又分为语言知识、语言技能、策略和文化意识等四个方面的目标。

汉语教学目标是教师教和学习者学的指南，是进行一切汉语教学计划和活动的出发点、指南和归宿，是汉语课堂评价的标准和依据。能否对汉语教学目标有一个深入、辩证的把握，以及能否清晰、恰当地制定汉语教学目标，直接决定着汉语教学的成败。学习者明白自己学习汉语的学期目标、单元目标和具体每堂课的目标，有利于其更积极地投入到汉语学习过程中。因此，让学习者明确教学目标是有效教学的基本原则，也是汉语教师重要的课堂教学行为。

对海外（尤其是在中小学）的汉语教学机构来说，汉语教学目标可能不像国内那么正式、那么具有学术性（如一定要多少个语法点和词语）。尤其在欧美地区，很多学校的校长都明确告诉我们派去的汉语教师和志愿者，在他们那儿汉语教学的目的主要应放在"培养学习者对汉语、中国以及中国文化的兴趣，增加对中国及其文化的了解"上。

1.2 汉语教学目标设计的基础

设计汉语教学目标需要详细了解以下几个方面的情况：

(1) 汉语课程标准和教学大纲。要结合汉语教学界的课程标准和大纲，以及所在国家或地区的外语课程标准和大纲，将其作为设计教学目标的重要参考。

(2) 学习者。采用调查问卷、访谈、观察、考试等方法调查学习者主观上在汉语方面有什么需要和兴趣点(也可称之为"需求分析"和"兴趣分析"),以及其汉语水平(也可称之为"起点确定"),还有其已具备的知识、能力,以及认知发展上的一些特点,作为设计教学目标的基础。

(3)汉语学科。把握、精通所要教授的、具体对应的一学期、一单元以及一堂课的汉语学科的内容,如语音、汉字、词汇和语法等语言要素知识,听、说、读、写等言语技能,以及更高层次的言语交际能力,还有一些有关汉语、中国及其文化的知识等,是设计出合适教学目标的必要条件。

(4)教学环境。采用调查、分析的方法对影响汉语教学的各种环境因素及其对汉语教学的影响进行分析,以确定教学目标是否合适、能否实现。

1.3 汉语教学目标的内容

汉语教学的总目标是语言综合运用能力,由语言知识、语言技能、策略和文化意识四部分组成。其中语言知识和文化意识中的文化知识部分都属于认知领域的目标,语言技能属于技能领域的目标,策略方面和文化意识方面一部分属于情感领域的目标。不同类型的目标有不同的表述方式。

第一,汉语知识和技能的目标

汉语知识和技能目标可以采用"行为目标表述模式"进行设定,包含三个组成部分:行为表现(performance)、表现行为的条件(conditions)和可接受的行为标准(criteria)。

该类目标的设计也有相应的三步:首先,确定学习者的行为表现,即可观察、可测量的学习者的汉语学习结果。关键在于用精确、明白的言语来描述学习者的行为结果,使其可以具体、清楚地观察和测量。其次,界定表现行为的条件,即学习者的行为在什么样的特定条件下才会发生。这种条件可以有一个,也可以有多个(但不能太多)。如"无关键性新语法点、生词量不超过2%、话题熟悉的语料"。另外,这里的"条件"最好是学习者在将来应用汉语交际技能的生活和职业中肯定会遇到的条件,以便教学目标更自然、更实用、也更有针对性。最后,陈述可接受的行为标准,即学习者的行为表现要达到什么样的熟练程度(或者完成行为的时间限制),才算达到了标准,实现了目标。这属于学习者期待达到的学业成就水平。具体方式有多种,最常见的是考试中做对题目的数量(即分数),其他还有描述性的如出错率低于5%;语速为每分钟120字至140字左右或对行为完成的时间进行规定,如"五分钟内";等等。

第二,汉语情感和态度等方面的目标

情感和态度等方面的目标可以采用"认知成分与情感体验相结合"的方法设定,即目标描述包括两个部分:一部分是情感、态度等认知成分;一部分是情感体验等成分,如"通过学习中国文化,增强学习者对汉语学习的兴趣"。

第三,汉语交际能力目标

"言语交际能力"目标的设定可以用"表现性目标表述模式"或《欧洲语言共同参考框架:学习、教学、评估》提出的"Can Do"方式来设定,即指明学习者、学习者将要处理的问题以及将要完成的任务等,而不是指出学习者在完成学习活动后所获得的具体行为。如:"能根据自己的感冒体会,陈述感冒的感觉。""了解北京的天气特点,并能用所学词语介绍自己国家的天气特点。"

1.4 有效设计汉语教学目标的建议

为保证汉语教学目标设计有效、有用、切实、可行,可注意以下几点:

（1）要适合学习者原有的汉语水平，提前做好预测和调查。

（2）与学习者沟通，最好吸引其参与目标的设计过程，至少让其了解已制定的教学目标。这是有效教学的条件之一。

（3）要建立在学习者所学内容之上，与学习者关注的兴趣点相关。

（4）学期和单元目标要全面，能促进学习者在知识、技能、情感、态度和交际能力等方面的发展。王向晖老师的教案中所设定的目标就很全面，具体分为认知领域、技能领域、情感领域和学习策略等几个部分。[①] 但具体一堂课的教学目标也要防止程式化和面面俱到，应从具体的教学内容出发，允许集中在某个方面，兼顾其他方面。孟艳华老师的教案中所设定的目标就集中在听力微技能和言语表达两个方面。[②]

（5）目标，尤其是汉语知识和技能类的目标要规定得具体、明确、可观察、可测量，可以用具体行为表现出来，但同时又要简洁，避免模糊和啰嗦，也不应把测量行为弄得非常烦琐和复杂；行为条件应普遍、常见，行为标准应适当。

（6）要有不同层次，考虑到不同学习者汉语学习水平和语言学习能力之间的差异。

1.5 案例分析

美国南卡罗莱纳州格伦比亚东点学校小学一年级综合课汉语教师陈雅婷为课文《你好吗？我很好，谢谢！》（1课时45分钟）所设计的目标如下：

[①] 王向晖.《文学与艺术》教案.对外汉语听说课优秀教案集.北京：北京语言大学出版社，2011：51－52.

[②] 孟艳华.《找工作》教案.对外汉语听说课优秀教案集.北京：北京语言大学出版社，2011：69.

教学目标	认知领域	1. 通过词语的学习,能够准确掌握生词的意义和用法,正确率达到90%以上。 2. 通过语法的学习,能够掌握带"吗"的一般疑问句的语义特征、句式特点和准确用法,正确率达到90%以上。 3. 通过课文的学习,能够理解课文内容,能将本课词语和句式结构基本完整地运用在日常交际问候中,新语言点和词语的正确使用率在90%以上。
	技能领域	1. 听:能够听懂基本问候语。 2. 说:能够以对话体表演和运用课文内容,表达流畅。
	情感领域	1. 了解中国人见面时的问候方式。 2. 有问候、关心他人的意愿。

本案例中陈老师所设计的教学目标就相对比较规范,不仅把目标分为知识、技能和情感三部分,而且知识和技能两类的目标都很具体、明确,知识领域的目标还有判断标准。美中不足的是,技能领域的目标没有提供判断标准;情感领域的目标缺乏认知成分。

资料来源:陈雅婷.《你好吗?我很好,谢谢!》教案[A].国际汉语教学优秀课例集3[C].北京:北京语言大学出版社,2015:11.

第二节 整合教学内容

《国际汉语教师标准》(2012)要求汉语教师"能根据教学需要选择、加工和利用教材与其他教学资源","熟悉常用的汉语教材","能合理选择、加工和使用汉语教材","能根据教学需要利用各类教学资源制作、补充教学材料"。其实就是希望汉语教师能够有效整合汉语教学内容。

汉语教学目标是通过教学内容来实现的。具体的教学内容需要汉语教师基于对汉语(外语)课程标准、教学大纲、教学目标、汉语教材、学习者、教学环境等因素的认识来整合和把握。整合汉语教学内容是汉语教师必备的一项重要教学能力。它具体又包括把握教材内容、明确重点难点、预测学习问题,以及整合教学资源等具体技能。

一、把握教材内容

很多有过海外教学经历的汉语教师都表示,这项教学技能对于海外的汉语教师太重要了,因为常常找不到适合自己班级学习者的教材。考虑到这一点,郭睿(2013)曾提出汉语教师应创造性地使用教材,并探讨了如何创造性使用教材。张莉等(2012)也曾详细讨论过教师的教材加工能力。

对该项技能的理解和操作如下:

1.1 科学的教材观和教材开发意识

汉语教材既是教学内容的主要载体,也是课堂教学的主要媒介,是最主要的教学资源。因此,很长时间以来,很多汉语教师一直认为教师的主要任务是"教书",即"教汉语教材"。这种观念有意无意地过于倚重教材,认为所教的汉语内容不应超出汉语教材的范围,强调"以本为本";有的甚至认为只要把汉语教材教好了,学习者的汉语也就自然能学好了。实则不然,教材只是课堂教学的媒介,是学习者学和教师教的一种凭借和资源。汉语教师要树立"用教材教而非教教材"的观念,在教学实践中根据学习者的实际情况、教学环境等采用一定的方法来重新组织、使用教材,以更好地实现教学目标。

汉语教师既是教材的"生产者",也是最"前线"的"生产者"。一线汉语教师应具备教材开发意识,要认识到自己不仅是单纯的"使用者",也是教材的"生产者",即需要根据实际情况创造性地使用汉语教材。

在海外任教的汉语教师常常自编汉语教材和讲义。国内汉语教学中,汉语教师也常会遇到汉语教材难度与学习者水平不符,课文中出现超纲的词汇和语法点,例句不规范、不典型。教材内容过时,这些情况都需要汉语教师具备创造性使用汉语教材的能力。

1.2 汉语教材的类型及编写理念

优秀的汉语教材都是依据一定的教学理念编写而成的。参考吕必松(1989)的分类,初级汉语教材主要有以下几种类型,分别依据不同的理念编写:

(1) 结构型,即汉语教材以汉语语法体系或句型结构为核心,强调语法系统或句型结构在汉语学习中的重要作用,重点讲解语法规则,其目标就是掌握整个汉语语法系统,并在此基础上形成阅读能力等。该类型代表性教材为《汉语教科书》和《基础汉语课本》。

(2) 结构—功能(情景)型,即以语法结构为主线,在此基础上出现各个语法项目的功能或情景,既强调语法结构,又重视如何运用、在什么场景下运用这些语法结构,还包括这些语法结构表达什么样的意念或功能(如问候、介绍、询问等)。该类型代表性教材为《实用汉语课本》和《初级汉语课本》。

(3) 功能(情景)—结构型,即以功能或情景为主线(或明线)进行排列,然后再配以语法结构为副线(或暗线),力图在兼顾结构的同时更重视语言的意义和功能,注意培养学习者的言语交际能力。该类型代表性教材为《汉语会话 301 句》。

(4) 话题—结构型,即以话题作为组织内容的主线,围绕话题安排功能、情景和语法结构等几个方面的内容,在此基础上再确定应学的汉语词汇等,既重视话题、功能、情景等,又重视语言结构,意在让学习者在一定的情景中通过对某个话题的讨论来掌握语言结构,从而形成言语交际能力。该类型代表性教材为《中文听说读写》(*Integrated Chinese*)和《速成汉语基础教程》。

中高级汉语教材可分为以下几种类型:

(1) 文选型,即以入选教材的文学作品为核心,学习者依据课文来扩充词汇量、掌握更高层次的语法项目、了解中国文化和历史,在此基础上巩固并提高运用汉语的能力。该类型代表性汉语教材为《文选》和《中级汉语教程》。

(2)功能/情景型,即以语言的功能项目或情景为核心,其他部分也围绕语言的功能项目或情景来设计,强调语言的功能、意义以及交际发生的情景,主张通过学习一系列的功能项目和情景对话来培养学习者的言语交际能力。该类型代表性教材为《说什么和怎么说》等。

(3)话题型,即强调言语交际的话题,主张以话题为核心,并以此来统摄功能、情景、结构等内容,以提高学习者的言语交际能力。该类型代表性教材为《中国家常》和《当代中国话题》等。

此外还有《话说中国》等文化型汉语教材。

1.3 全面熟悉整套汉语教材

汉语教材是依据教学大纲编写的。要想创造性地把握汉语教材,汉语教师需要全面、深入地熟悉自己正在教授的汉语教材。

汉语教师最好通读、熟悉、吃透全套汉语教材,从整套教材的高度来熟悉、把握其编写理念和意图、目标体系、内容结构、练习设计以及插图和附录等(尝试发现教材是如何体现课程教学大纲的精神和理念的,采用了哪套教学法体系),注意汉语知识和技能的结构体系和各部分之间前后呼应的逻辑关系(教材的词汇总共多少,每课有多少;语法体系是什么,具体语法点出现的先后顺序是什么;一共有多少功能项目,是怎么安排的;等等),从汉语教学总目标和阶段目标以及学习者的实际情况来把握具体每个单元、每课内容的轻重缓急、主次详略和相互配合;具体到某一单元,最好根据奥苏贝尔"有意义学习"的理论,把新内容与学习者原有知识联系起来,利用原有知识引出新内容,当然也要为以后相关内容的学习做好铺垫,打好"埋伏",如使用《新实用汉语课本》,教师和学习者就要好好琢磨理解"前言"中所提到的各种编写理念和特色(如强调螺旋式编排、突出功能和汉字教学等),以及每一课的各个部分;其"课文"中的功能提示、"会话练习"中的图片、"汉字"中的笔画层级和模拟象形尤其值得好好利用。

1.4 创造性地使用汉语教材

(1) 筛选,即依据汉语教学目标、学习者汉语水平以及生活化、交际化等原则从语言要素、结构、功能、交际情景、文化等项目中选出合适的教学内容。它既包括从汉语教材中的词汇、语法、功能、情景、文化等项目中筛选出重点进行讲解和实践,还包括从教材以外的大量汉语素材中筛选合适的内容。如《捷径:中级速成汉语课本》第 8 课主课文《北京的胡同》有生词 36 个,加上 5 个专有名词,共 41 个,不可能都讲。这就涉及"筛选"的问题,需要汉语教师把具有跟学习者母语易混淆的、义项多的、有文化内涵等特点的重点词语选出来进行重点讲解。

(2) 增补,即依据汉语水平等级标准、教学目标和学习者汉语水平,对汉语教材中语法等语言要素知识、交际情景、功能、任务等方面进行增加补充,使相关语言形式更加全面、功能更加多样、练习更加生活化。增补既包括具体知识点方面的,也包括内容主题方面的,还包括形式方面的。在具体知识点方面,汉语教师可以填补一些所学教材内容中没有,但不学又影响学习者对教材内容理解的内容。如学习《速成汉语基础教程·综合课本3》的第六课《他喜欢东方文化》时,课文中有一句话"怀特先生收到了艾米寄来的书,高兴得多喝了三杯酒!"学生很难理解,但后面的"语法"部分又没有相关内容。这就需要教师增补"多/少+V+O"这个语法点。在内容主题方面,如果是学习者不熟悉的话题,可以适当补充一些背景性知识(即我们所说的"先行组织者"),既能让学习者有新鲜感,也能帮其打开思路,否则即便在语言上并不难,学习者也未必能够听懂。王向晖老师在教高级听力《文学与艺术》这一课时,除了教材中有关京剧的一篇精听课文和一篇泛听课文,还补充了两段跟京剧有关的电视新闻内容。① 再如《捷径:中级速成汉语课本》第八课《北京的胡同》中的"不管"这个连词,教材解释为:"连词,'不管'表示在任何假设条件下,情况和结果都不会改变。基本句型是:'不管……都(也)……'多用于口语。"但学习者并不能真正理解和掌握,仍然会造出"不管这本书很贵,我都要买。"这样的错句。汉语教师在解释时应强调在"不管"后面一定要有并列词组或疑问代词。

（3）改编,即根据汉语教学的目标、对象、环境、条件等标准对教材中某些语言点、功能交际项目、任务、情景进行加工和修改以适合教学需要。改编主要包括内容改编和形式改编两个方面。在内容改编方面,汉语教师可以对教材中没有时代性的内容进行更新改造,使其与现实生活、学习者的个人生活经验相关联,再套上原来的形式。另外,汉语教师在进行板书设计时对教材中生词的适当分级、归类和扩展,明确哪些词要重点练习语音声调、哪些词在书写时会出现错误、哪些词需要重点讲练、哪些词只需一带而过、对重点和容易犯错的地方进行不同颜色的标记,等等。这些也属于改编。

（4）整合,即依据教学目标和学习者的汉语水平把教材上的和增补的语言点、交际情景、功能项目、任务、社会热点、日常生活、网络资源、视听媒介以及学习者生活经验等相关要素通过整理、组合等方式有机结合在一起,在整体优化的基础上形成新的汉语学习内容,以实现各要素间的优势互补。它既有语法、功能、情景、任务各个项目内部的整合,也包括两个或多个项目之间的整合;既有单元内的口语、听力、阅读、写作、综合学习的整合,也有课内、课外学习内容的有机整合。如把"是字句"语法结构与"介绍"功能整合起来。

此外,置换、调整重组等也都是创造性地使用汉语教材的重要方

---

① 王向晖.《文学与艺术》教案.对外汉语听说课优秀教案集.北京:北京语言大学出版社,2011:62.

法。彭锦维就对自己所教授的课文《受伤以后》进行过调整重组①。在教学实践中,汉语教师完全可以使用多种方法来对汉语教材进行准确把握并予以创造性地使用。卢华岩(2011:34－44)也曾详细讨论过教学语料的增加与删减、教学语料的难度与语料处理、教学语料的补足还原处理。

1.5 案例分析

王磊老师在教授高级汉语口语《电视这东西》一课时就大幅度改编课文,如原文的其中一段是:"曹女士:我觉得这位先生说的'家家缺不了,人人离不开'的现象真令人担忧。这说明人们对电视的依赖性越来越大,电视也越来越多地占用了我们宝贵的时间。大家也许听说过,在读书人的圈子里流行着一句话:'关上电视,打开书本。'电视虽然能传播很多信息,但它只是把现成的东西送到你面前,不用你进行太多的思考,被动地接受就行了。这样容易养成人的惰性,以至于最终导致思维的退化。所以我觉得与其把有限的时间花在电视上,不如用来多读几本书,也许这样收获更大。"王磊老师改编为:"曹女士:您说得没错,现在很多人回到家第一件事就是打开电视机,而电视也的确给我们带来了大量的信息,丰富了业余生活。但电视是把现成的东西呈现在你面前,你基本不用思考,被动接受就行了,这是最让人担忧的地方,因为这样很容易养成人的惰性,让人们对电视的依赖性越来越大,以至于最终导致思维退化。要是人们天天都抱着电视看,心里倒是不空落落的了,可没准儿就只会傻乐了。所以电视给人带来的弊端远远大于好处,让我说啊,与其把有限的时间花费在电视上,倒不如用来多读几本好书,也许收获会更大。"

案例中的王磊老师的改编非常成功,属于在充分把握汉语教材内

---

① 彭锦维.《受伤以后》教案[A].对外汉语综合课优秀教案集[C].北京:北京语言大学出版社,2010:49－51.

容基础上"创造性地使用"的层次。王磊老师曾对此说明：课文改编时主要考虑人物性格特点，也就是说，说话要符合她的特点；另外为学生理解人物、获得相应观点提供帮助，以便为后面的活动和辩论提供铺垫。北京语言大学校级督导李杨对此点评到："不迷信教材，从教学出发，大幅度修改课文。增加口语表达功能句式，修改不合适的语句，减去多余话题、多余人物角色，使课文始终围绕中心话题，亦步亦趋地达到语言水平的提升，成为有利于教与学的范本"。

资料来源：王磊.《电视这东西》教案[A].对外汉语听说课优秀教案集[C].北京：北京语言大学出版社，2011：207－252.《电视这东西》为《高级汉语口语》(刘元满等编，北京大学出版社2004版)第一册第九课。

二、明确重点难点

对于实现具体的教学目标来说，教学内容的不同部分所起的作用是不相同的。因此，无论是一套教材，还是一个单元或一节课，都有自己的重点和难点。

对该项技能的理解和操作如下：

2.1 对"重点和难点"的认识

重点是汉语学科知识网络上的关键知识点，是概括性和理论性较强的知识和基本技能，是对学习者达到学习目标起关键作用的重要内容。如在汉语词汇教学中，虚词和实词中的动词就属于重点。掌握了重点，学习者便更容易形成一个有关汉语知识和技能的网络，更好地记忆知识；能提纲挈领、举一反三、触类旁通，更好地迁移和运用知识；对一般性的内容也更容易理解。

难点是学习者学习起来比较困难并难以理解的"关节点"。从对比分析的角度来看，母语中一个项目对应目的语中多个语言项目(如英语的"or"对应汉语的"或者"和"还是")、母语中没有而目的语中却存在的全新项目(如汉语中的"量词""动词重叠式")、母语和目的语中都有但各自分布不均的语言项目(如"被动句")等几类都属于难点,而且往往是学习者(尤其是相同母语背景的学习者)共同的难点。

需要说明的是,重点未必是难点:如声母和韵母是重点,但声母中的难点往往是 h、j、q、x、z、c、s、zh、ch、sh、r 等几个,单韵母中的难点往往是 o、e、ü、er,复韵母中的难点往往是前鼻韵母和后鼻韵母;难点也未必是重点:如有些过于繁复的汉字。当然,重点和难点有重合的时候。如汉语中的特殊词类"量词"、表示结构关系的助词"的""地""得"、表示时体关系的助词"了""着""过"等。

把握住了重点和难点,汉语教师对教材的把握和处理就可以做到以简驭繁、以纲带目。因此,汉语教师进行教学时要有轻重、主次、详略,把重点放在中心位置,采取多种方式进行讲解和练习。对难点同样如此。

2.2 教学重点是相对于学习者的学习目标而言的

教学重点是相对于学习者的学习目标来确定的。教学目标不同,教学重点也不同。了解学习者的学习目标,有助于我们把握教学重点。如对将来学了汉语想在中国经商的学习者来说,经济方面的知识以及经济领域的语言就是其学习重点;对中医汉语学习者来说,古代汉语是重点。同一内容领域在不同阶段重点也不一样。以《速成汉语基础教程》第5册第8课为例,教学重点是:1.重点生词"越……越……肯定、立刻、心思、可、弄、并、并且"的词义和用法;2.语法(1)掌握有标记被动句的正确用法;(2)理解并正确运用"一个比一个/一次比一次/一天比一天/一年比一年"格式;(3)正确运用句型"……就……吧……"。[①] 再以《成功之路·进步篇》第2册第16课为例,教学重点主要是:1.重点词语"特意""进行""干""中"的意义及用法。2."是……的"结构在着重

---

① 莫丹.《我的自行车被人偷走了》教案.对外汉语综合课优秀教案集.北京:北京语言大学出版社,2010:3—4.

指出事件施事者时的用法。3. 围绕课文内容而展开的成段口头表达训练。4. 围绕课文内容而展开的书面表达训练。①

另外,有些内容从长远来看,相对于总目标是重点,但相对于课时目标或单元目标(即在具体一个单元、一节课内)未必是重点,其出现可能仅仅是为后面的学习进行铺垫。如言语表达中的流利性,相对于汉语学习总目标来说非常重要,但在最初学习阶段,不如准确性更重要。

2.3 难点往往是由学习者的母语负迁移造成的

顾名思义,难点就是学习者学习起来比较困难的内容。汉语的声调、汉字、量词、离合词、虚词、隐性语法关系、语序等方面内容,对母语为印欧语系学习者来说都是难点。对母语为日语学习者来说,量词也是难点,因为日语中的量词和汉语中的量词意义和用法都不一样。当然,学习者的年龄、语言学能和学习背景不同,所感知到的难点也有不同。汉语教师最好能懂一点儿学习者的母语,可以更好地理解教学内容的重点和难点。

2.4 积累汉语教学的重点、难点及其教学方法

关于汉语教学的重点和难点,业界已有相当程度的梳理和研究。在语音方面,如对不送气音 b/d/g 的教授、对 ü 音的教授、对 z/c 的教授等;如声母和韵母的教学顺序(声母教学顺序一般为 b、p、m、f、d、t、n、l、g、k、h、j、q、x、s、c、z、sh、ch、zh、r)。在基础阶段中的语法阶段②,语序、语法句型、生成规范的句子等是教学重点;在紧接其后的短文阶段,教学重点就成了词汇学习和成段表达训练,而且这里的词汇更多是近义词、虚词、描述性强的词语、文化词等。具体到课文学习,包含重点词语

---

① 于天昱.《喇叭盗窃案》教案. 对外汉语综合课优秀教案集. 北京:北京语言大学出版社,2010:108.

② 汉语教学界往往把基础汉语教学阶段再分为语音、语法和短文阶段。这三个阶段也有各自不同的重点和难点。

的句子、长句、有文化背景或百科知识的句子是重点。如陆应飞(2008)在教部分抽象词语和成语的时候就充分利用了学习者的母语:教"逻辑",不好解释,告诉他"logique";教"痛哭流涕",用"pleurer comme une Madeline"来解释;教"说曹操,曹操到",用"quand on parle du loup, on en voit la queue"来解释。学习者不但很容易理解,而且感到亲切生动,对汉语学习更有兴趣。

2.5 案例分析

在墨西哥国立自治大学孔子学院任教的钟晓路老师在教《我全身都不舒服》这一课时,考虑到面对的墨西哥学生只学了三个月汉语,而且多数为成年学生,把教学重点和难点确定为:1.词汇:想、要、愿意、每、还是、一起、给(介词)、有点儿;2.语法:主谓谓语句、选择疑问句、能愿动词谓语句。

这是在汉语教师教案中呈现"教学重点和难点"的最常见的形式,比较清晰、明确。但有一点,就是重点和难点没有分开,二者在本质上是不同的,分开似乎更好些。

资料来源:钟晓路.《我全身都不舒服》教案[A].国际汉语教学优秀课例集1[C].北京:北京语言大学出版社,2015:21.《我全身都不舒服》一课载《新实用汉语课本1》(刘珣主编,北京:北京语言大学出版社2002版)

三、预测学习者问题

这里的"问题"既包括学习者在学习汉语过程中提出来的一些困惑和质疑等问题,也包括学习者在理解和表达汉语时所出现的各种错误(包括偏误)。

由于汉语本身的特点及其与学习者母语之间的差别等因素,学习者在学习汉语过程中总会存在这样那样的错误和问题。"教"是为"学"服务的。如果能有效预测学习者的错误和问题并做好准备,汉语教师就可以采取相应措施(如多花教学时间、准备好纠错的方法和问题答案、进行针对性地练习等），以提高自己的教学质量和效果。

对该项技能的理解和操作如下：

3.1 错误和问题是一种教学资源，适当宽容并有效积累

学习者的错误和问题是一种教学资源。如果知道了某些学习者易犯的错误并加以梳理和研究，不仅可以对学习者进行纠正提高，而且可以提醒其他学习者预防和避免，同时还有利于汉语教师教学水平的提高。

基于此，汉语教师要宽容学习者在言语交际中的错误，有意识地进行总结、积累、梳理和归纳，使之成为学习者提高的机会和教师教学经验的增长点；积极鼓励学习者说，而且要说复杂的句子结构，增加汉语输出量和暴露错误的机会，然后根据其错误分析原因、"对症下药"进行纠正，加深学习者的理解。

3.2 学习者出错的原因

学习者出错的原因我们列举以下几点：

第一，语际负迁移。即所学汉语内容与学习者自己的母语中相对应的部分不一致，学习者倾向于把母语的规则运用到目的语中。如欧美学习者往往会把母语的语序套在汉语上（"我学习汉语在北京""他是高""多三十岁"），韩日学习者往往把谓语和宾语倒置（"我汉语学习"）；越南学习者往往把汉语中的声调"去声"（调值为51）等同于自己母语中的两个降调（调值分别为32和331）。这是学习者出错的一个主要原因。

第二，汉语内的负迁移，或者规则泛化。即把部分目的语的规则运用到所有类似的内容上。如学习了桌子、椅子等，学习者倾向于把"背包"说成"包子"；学了全天、全年，还会说全月、全星期；学了"你尝尝"，学习者会说"你吃吃、你喝喝"。

第三，文化因素负迁移。即根据母语文化规范来表达汉语时所犯

的错误。如学习者称呼中国人姓名时往往把姓氏当成名字(美国人叫姚明为"姚"或"中国姚")。

第四,汉语教学过程中的一些因素。所学语料难度的增加,表现为所学语料中生词过多、主题偏僻(如科普)、听力语料的语音不标准/有口音等,也会造成学习者出错。

3.3 积累纠正错误和解决问题的方法和策略

学习者在学习过程中会犯一些错误或出现一些问题,汉语教师要掌握、积累纠正错误和解决问题的方法和策略。

(1) 积极预测学习者的错误和问题。即预测学习者在具体某个知识点上易犯的偏误。如在"时量补语"上可预测到以下偏误:放在动词前(如"一个小时打了")、放在句尾(如"打球了一天"),在此基础上再准备相应的策略。

(2) 在预测的基础上,考虑如何对错误和问题进行准确地讲解和回答。如对程度副词和时间词,可以考虑用刻度进行直观呈现的方式来讲解。对学习者常犯的、比较典型的错误最好在课上统一讲解、纠正;对某个学习者偶尔出现的一些错误可以等到课下再单独纠正。

(3) 搜集其他汉语教师在教学中所遇到的学习者所犯错误和问题及其解决方法。

(4) 尽可能学点儿学习者的母语,做一些针对性的汉外对比研究。因为一部分错误和问题是由学习者的母语负迁移造成的。如懂法语才明白为什么法国学习者容易把"天坛"(tiāntán)念成"天堂"(tiāntáng);懂德语才明白为什么德国学习者容易把"买卖"(mǎimài)读成"每每"(měiměi);懂日语才明白为什么日本学习者发 a 和 u 时开口度不够大;懂韩语才明白为什么韩国学习者发不出 f 和 ü 这两个音;懂汉语和泰语语音的异同(如泰语有 5 个声调、元音有长短之分、有 8 个尾辅音等,都能区分意义),教泰国学习者语音时才能做到得心应手;

懂西班牙语才知道西班牙语背景学习者在学习 z 和 j 这两个音时为什么容易出错。华燕君(2012)就提到,阿曼汉语项目老师就从阿拉伯人的语音习惯入手,创造出了与阿拉伯人语音认知相匹配的拼音注释系统(如把 i 和 u 写成 ee 和 ooo,有助于学习者读准音长;把 ü 写成 eww 有助于学习者找到音位),使其更容易理解汉语发音的特点;该项目老师还针对阿拉伯学习者对汉字有畏难情绪、不愿学习的情况,巧妙利用中文版的《古兰经》,让学习者阅读和抄写;同样该项目也会从中文版的《古兰经》中选录讲解语法的例句,阿拉伯学习者同样很感兴趣。

3.4 案例分析

资深汉语教师冯惟钢老师,2015 年新接了零起点的短期速成班,班内学习者有近一半都是韩国人。因为有在韩国任教多年的经历,冯老师预测班上的韩国学习者在发 f 和 ü 这两个音上有困难。韩语中没有 f 这个音,学习者倾向于发成 p 音。基于这种情况,冯老师告诉学习者:这个音在韩语中没有,但在汉语中有,属于唇齿音;同时给学习者示范:下唇靠住上门齿,形成一条缝,气流从缝隙中摩擦出来,不让鼻子出气,注意声带不要振动。ü 这个音严格来说在韩语中也没有,但有一个近似的音[Π],受此负迁移的影响,韩国学习者通常把 ü 念成 wi,但韩语中有 i 这个音。基于这种情况,冯老师告诉学习者:汉语中的 ü 不念 wi,先发 i 这个音,慢慢地把嘴唇往前伸,由扁平状慢慢收缩成扁圆状(注意:舌位不变,声带一直振动)。从教学方法的层面来说,这属于带音法。冯老师又带领全班学习者进行了针对性的操练,韩国学习者这两个音的整体发音情况有了明显改善。

案例中的冯老师对韩国学习者易犯的错误预测精准,知道这是受学习者母语负迁移的影响,并在此基础上准备了有效的教学方法。

四、利用教学资源

除了前面提到的"把握汉语教材内容并能创造性地加工使用"外,

《国际汉语教师标准》(2012)还要求汉语教师具备一项重要的教学技能,即"利用各方面汉语教学资源"。在教学实践中这两种技能往往是结合在一起的。

对该项技能的理解和操作如下:

4.1 对"汉语教学资源"的认识

一切有利于提高学习者汉语综合运用能力的教科书、图片、字典、报纸、杂志、图书馆、互联网、教师、同学、社区等素材或条件都可以称之为汉语教学资源。

汉语教学资源可分为素材性资源和条件性资源两类。前者是指能够直接成为汉语教学内容的资源,是学习者要掌握的对象。如教科书、教师手册、字(词)典、例句、语料(包括趣闻和文化知识)等。后者虽不是教学内容,但却是保证汉语教学顺利进行的条件,同时还影响甚至决定汉语教学的范围和效率。如语音实验室、教学时间、空间和投入资金等。汉语教学资源也可分为看得见摸得着的显性资源和不太能具体化的隐性资源(如校园文化、学习氛围、行为方式、生活方式等)。汉语教学资源还可分为校内资源和校外资源。

4.2 开发汉语教学资源的几个原则

一般来讲,开发汉语教学资源时,汉语教师需要把握好目标性、适切性、经济性等原则。目标性是指开发的汉语教学资源要有利于实现汉语教学目标;适切性是指开发的汉语教学资源要建立在学习者和教学环境等各方面的具体情况之上;经济性是指尽可能花费较少的金钱、时间和精力等成本来开发汉语教学资源。另外,汉语教师还应考虑资源来源的多样性,尤其是网络上的音频、视频等资源。

谢绵绵(2010)曾在分析了几个开发教学资源案例的基础上提出了几条原则,笔者深表认同,转录如下:

- 资源开发应符合课程教学大纲的总体要求,符合当地的教育体系。

- 要寻求适合学生心理认知发展和教学环境的最佳资源,并注重教育对象的文化心理结构、知识背景和个体差异。
- 注重学生汉语言初始状态和学科中关键教学词汇之间的距离,教学资源的开发和生成要符合第二语言习得的规律。
- 要合理组织已有的教学资料,并开发生成新的资料。
- 资源开发应符合为达到课程目标所选择的教学模式(过程模式、结果模式、结合模式、学科模式等)和教学策略(类型、结构、顺序、节奏、方法、活动等)。
- 提倡资源开发模式多样化,最大限度地满足不同地区、不同学校、不同学科、不同学生的需要。
- 教材资源开发和生成所呈现出的结果应该具有动态的、变化的特征,不应该是静态的、不变的。

谢绵绵(2010)还提到在加拿大埃德蒙顿地区教中文的两个老师进行教学资源开发的例子。吴中伟(2014:95－96)也提到开发教学资源应注意处理好三个关系,即交际性、实用性、趣味性、针对性的关系;教学材料的规范性和真实性的关系;教学材料的语言教学价值和文化内涵的关系。

4.3 案例分析

在美国普渡大学孔院拉法叶学区任教的赵晋烨老师,面对汉语仅为入门水平美国5－6年级学生,自编了一节《我家的宠物及十二生肖》汉语课。在收集材的过程中,赵老师就利用了学生的爱好(即所养宠物)、动态图片、动物、童谣、视频(十二生肖儿歌)、中国文化、体育明星、游戏、多媒体、网络等各种形式或内容的资源。

本案例中的赵老师在利用各方面资源方面做得非常好,充分利用了多种形式和内容的资源。因为海外缺乏现成的教材,几乎所有的课程内容都需要自编。这一技能对在海外任教的汉语教师来说也尤其重要。

资料来源:赵晋烨.《我家的宠物及十二生肖》教案[A].国际汉语教学优秀课例集3[C].北京:北京语言大学出版社,2015:37—43.

第三节 设计教学过程

汉语教学过程的设计是教学设计的主体部分,主要是对如何展开教学进行规划和设计。设计汉语教学过程的能力具体包括安排教学流程、设计课堂活动、制定教学策略等几个具体技能。

一、安排教学流程

对该项能力的理解和操作如下:

1.1 对"教学流程"的理解

教学流程是汉语教师教学思路的步骤性体现。汉语教学是教的活动和学的活动结合起来的统一体,在时间和内容上表现为一个动态的过程。教师教的活动和学习者学的活动在不同时间先后发生,从整堂课的角度来看就构成了一个由不同教学环节、步骤和活动构成的"链",形成一个动态的教学流程。如美国阿尔弗莱德大学孔子学院的宋艳芳老师所设计的课堂教学流程[①]:组织教学(5分钟)——课堂讲授(40分钟)——游戏(20分钟)——互动练习(20分钟)——结课及布置作业(5分钟)。

我们说,教学流程是由教师教的流程和学习者学的流程相结合的统一体,前提是两个流程相互作用和影响,发生了内在的、必然的逻辑关系,否则教学流程就无法构成一个有机的完整统一体。在两个流程

---

① 宋艳芳.《能愿动词"想"的用法》教案.国际汉语教学优秀课例集3.北京:北京语言大学出版社,2015:148.

中,学习者学汉语的流程是主要方面,教的流程要以学的流程为主,为其服务。换句话说,汉语教学流程是建立在学习者学的流程基础之上。因为学是在学习者头脑中发生的内部活动,而教则是为了能够影响学习者头脑里进行的活动而提供的各种外部教学活动的总和。

合理的汉语教学流程可以促使外部的教的活动和学习者头脑内部的学的活动发生密切的关系,使学习者能够积极地投入汉语学习过程中。

1.2 "五环节"汉语教学流程

"五环节"汉语教学流程为国内综合教学法所主张,是以教师为中心的教学模式,通常采取"精讲多练"的形式,精要解释,附带举例,并提供大量的练习和反馈,还有很多师生互动,包括问答、复习、纠错等。这种教学模式的实质是汉语教师控制下的一种小步骤、快节奏、条理化的知识传递和技能练习。其具体环节如下:

(1) 组织教学(1-2分钟):主要是了维持课堂秩序、检查出席情况、稳定师生情绪。汉语教师可以通过点名、讲故事、提问、宣布开始上课、呈现新信息(如图片)等方式来完成这个环节。

(2) 复习旧课(约20分钟):主要是检查、巩固前一课内容掌握的情况,提高熟练程度,且为新课铺垫,引出新内容。汉语教师可以通过提问、让学习者修改彼此的家庭作业、抽查作业完成情况(如口头任务汇报)、听写、汉字认读、朗读等方式来进行复习,尤其是与新课内容相关的内容。如上节课学了形容词谓语句,汉语教师就可以提问:"我们的学校大不大?"如果发现大多数学习者没有掌握,需要重教或者安排辅导。

(3) 学习新课(70-75分钟):主要是学习生词、重点句型和语法、课文等内容。在实际操作中,汉语教师往往把该环节分成处理生词、词组训练、讲练课文、讲练语法点、重点词语练习、创造性应用等几个小环节(有些教师也习惯先讲练语法点,再讲练课文,即"生词讲练——语法/句型讲练——课文讲练——交际会话活动")①。其中"讲练课文"这个小环节又包括朗读、讲解、检查、操练等具体几个步骤:一般是先让学习者朗读,当然要纠错,如果错误太多还要范读、领读;然后提出一些较浅层次的问题(在课文中一般都能直接找到答案)让学习者来回答,以确定其是否理解了课文;然后再提问一些较深层次的问题,引导学习者更为深入地理解课文;最后领说课文或者让学习者复述/概述课文;其中对特别有意义的争议问题或热点问题单挑出来进行讨论或辩论。总的原则就是小步骤、小块化呈现和学习新内容,而且细分后每一小块新内容(生词或语法)都应建立在学习者已掌握的汉语内容上面。相对于每个知识点来说,本部分既包括呈现方式,也包括讲解和练习的方法等。

(4) 本课小结(2－5分钟):主要对本课所学的内容进行归纳总结,如果安排恰当,可以边练习边总结,以便加深学习者的理解和认识,进而提高其运用能力。

(5) 布置课外作业(1－2分钟):主要是要求学习者复习、掌握本课所学的内容,一般包括书面作业和口头作业两种。如果面对的是初级阶段的学习者,汉语教师要明确告诉其作业的位置和范围,如在第几页、第几道题、什么时候交等,甚至可以考虑写在黑板上。

崔永华(1992)在此基础上将基础阶段的汉语综合课教学流程概括为:检查复习预习情况——生词处理——语法点处理——课文处理——归纳总结——布置作业。另外有些教师(如李德津、张伟)还在课堂最后增加了"预习生词"这个环节。

"五环节"教学流程层次清晰、步骤明确,既是长期教学实践经验的

---

① 如果是国外的汉语课堂,因为教学时间偏少,一般没有独立的"生词讲练"环节,大部分(尤其是比较简单的)生词让学习者课前预习,比较难的虚词等一般会融合在语法、课文等环节。

积累和结晶,又建立在哲学认识论基础之上,加之符合心理学理论,如有意义学习、记忆和遗忘规律等,具有强大的生命力。从1980年代至今,国内初级汉语综合课教学主要是采用这个流程。《对外汉语教学课堂教案设计》《对外汉语教学示范教案》《对外汉语综合课优秀教案集》《教学督导的实践探索》等教案集,以及王青(2006)的调查研究证实了这一点。

《国际汉语教学通用课程大纲(修订版)》曾在附件六"汉语课堂教学常见课型结构流程建议表"中分别列出了常规模式、任务模式、主题模式、跨学科内容模式等四种模式的教学环节,而且交代了每个教学环节的目标、活动形式和教学原则,基本能够满足海内外汉语教学需要。[①]常规模式的教学流程为:热身活动——新知呈现——语言操练——综合运用——小结并布置作业。任务模式的教学流程为:热身活动——任务实施准备——实施任务——分享展示任务成果——小结和评价。主题模式的教学流程为:热身活动——引入主题——主题学习活动——分享学习成果——评价。跨学科内容模式的教学流程为:热身活动——新知呈现——操作练习——综合运用——评价、小结并布置作业。

还有五步教学法:①Review(复习):除了复习所学内容还包括组织教学、营造氛围、激发学习者信心,5－10分钟;②Presentation(呈现、简要解释):包括呈现所教内容,并能让学习者理解和明白,10分钟左右;③Drilling(操练):教师带领大家操练,15－20分钟;④Practice(练习):学习者自己练习,可以采用活动、任务或游戏的方式,10－15分钟;⑤Consolidation(检查、巩固):可以进行非正式的小测验,进行所学内容的巩固,10分钟。其实都差不多,都可供大家参考。海外还常把教学流

---

① 孔子学院总部/国家汉办.国际汉语教学通用课程大纲(修订版).北京:北京语言大学出版社,2014:150－159.

程分为两类:直接教学流程和间接教学流程。

直接教学流程一般为:①复习,检查前一天的作业;②对新内容的呈现和结构化(提供概要、"小步快走");③指导学习者进行实践练习;④给予及时反馈和纠正;⑤布置学习者独立完成的练习,以便其能形成自动化反应;⑥安排每周和每月进行复习。

间接教学流程一般为:①提前提供一种组织内容的方式(如先行组织者或概念框架);②使用归纳法和演绎法来提供内容的演进;③使用正反例;④使用高层次的问题来指导学习者的探究发现过程;⑤鼓励学习者运用自己的例子或经验来澄清或类比;⑥允许学习者评价自己反应的正确性和得体性;⑦通过讨论来鼓励学习者进行批判性思考、判断结果正确性、进行预测和发现规则等。(Borich,2003:195)

1.3 其他教学法流派中的语言教学流程

不同的语言教学流派有不同的教学理念和行为,因此有不同的教学流程。历史上的很多语言教学流派的教学流程都经受住了时间的考验,至今仍有生命力(郭睿,2015:212-214)。

第一,听说法所主张的 PPP 模式:呈现(presentation),即呈现语言点,汉语教师可以直接呈现,也可以通过引入一个教学情境来呈现。练习(practice),即学习者练习,汉语教师可以安排机械操练,也可以安排有意义练习。表达(production),即学习者运用所学语言点表达自己的意思,汉语教师可以通过提供交际情景或安排任务的方式来组织这个环节。

第二,认知教学法所主张的教学流程:语言的理解,即学习者理解语言点的意义、结构和用法的阶段。汉语教师可以采取复习旧知识引入、引领学习者自己发现、简明扼要的讲解等方式。语言能力,即培养学习者运用语言能力的阶段。汉语教师可以围绕课文设计各种练习,如组句、联句、改组句子、扩展句子、造句、各种形式的问答以及转述课文等。语言运用,即培养学习者运用所学语言材料进行听、说、读、写目的语的能力。汉语教师可以设计多种交际性练习,如情景搭配、在具体情景中交谈、就指定的题目进行讨论或座谈,以及游戏或剧目中的角色扮演等。

第三,任务式教学法所主张的教学流程:任务前阶段(the pre-task phase),即为完成任务做准备。教师往往提出任务要求,介绍话题(introduce the topic),布置任务(assign tasks),解释任务的意义并激发学习者积极参与。任务阶段(the task-cycle/the during-task phase),即完成任务的阶段。汉语教师主要监督学习者完成该阶段的活动,如准备任务、计划报告和报告任务结果等。语言分析活动阶段(the language analysis)/任务后阶段(the post-task phase),即完成任务后对重点语言结构和项目进行学习和操练的阶段。汉语教师主要设计以下活动:根据学习者输出的语言针对性地设计一些语言活动、学习者进行这些活动、教师对重点的语言结构和项目进行归纳和总结等,还有对任务完成情况的反思等。

第四,社团语言教学法(Community language teaching)所体现的教学流程。社团语言教学法崇尚以学习者为主体、教师为服务者和辅助者的理念,以学习者的即时需要为目标,以课堂中所发生的事件为教学契机,以相应的语言材料和情景为学习内容,无论是教师还是学习者在课堂上都应积极地思考、感知、理解和应用。其教学流程是创造性的、也是富有挑战性的,而很难提前设计好。这种社团语言教学法的教学流程在国内很少用,但在国外有一定的市场。

1.4 语言要素和语言技能的教学流程

1.4.1 语言要素的教学流程

(1)语音。汉语语音教学流程一般为:呈现(可用图表或图示的方式)——范读(示范发音)——解释说明(精讲要领)——领读、齐读和个别读(也伴随纠音)——多样化反复练习。

(2) 汉字。汉字教学流程一般为(汉语教学分为集中识字和分散识字,这里只说集中识字):掌握基本字,即先让学习者掌握一些基本的独体字作为学习其他汉字的基础。如"女""子""十"和"木"等;学习偏旁部件,即先学习一些常用的部件,作为扩展汉字的依据,如"艹""扌""讠""广"等;基本字带字,即利用这些独体字或基本部件适当扩展出一些常用汉字,如"月"可扩展出"肚""脸""肝""肤""胖"等;学习一组汉字,即对扩展出的这组汉字进行解释学习;用交际情景或课文进行练习,即设计一个交际情景或课文练习巩固这组汉字。

(3) 词汇。汉语词汇教学流程一般为:展示生词,即通过领读、板书、听写、卡片、实物等各种方法让学习者感知词语,建立感性认识;讲解生词,即通过直接讲解、对比讲解、直观释义、例句释义、语境释义、提问释义等方法对词语的词义和用法进行讲解;操练生词,通过朗读、扩展生词、限词答问、限词改说、同(反)义词、词语搭配、词语辨析、联想练习、交际练习等方法帮助学习者掌握词语的词义和基本用法,以使其能够正确地使用词语(通过这种扩展性的交际练习就可以带出课文中比较重要的句子)。当然在实际操作中也有一些变通的流程:学习者预习——听写——朗读——巩固性练习——认读练习。Scrivener(2002:81-83)也曾提到初级阶段和高级阶段两种词汇教学流程。[①]

(4) 语法。汉语语法教学流程:一种是演绎式的,其教学流程为呈

[①] 初级阶段的阅读课和口语课,面对多国学习者,词语教学程序为:①教前引入(Pre-teach vocabulary):在黑板上画一个飞机场,引出下面的单词:飞机、登记、起飞、延误、乘客、海关、急救、货币兑换处。练习发音。尤其是注意重音。确保学习者进行口头练习。②书面练习(Written practice of vocabulary):发给学习者每人一张练习纸,纸上印有飞机场图片,周围有一系列的单词。学习者用直线把单词和图片中相应的事物连起来,然后与其他学习者相互检查。③口头练习(Oral practice of vocabulary):让学习者结对子,让他们回忆自己最近一次去飞机场的经历,相互描述从到达机场到飞机起飞的过程。他们喜欢什么,不喜欢什么。④发现细节信息的阅读(Reading to find specific information):用希思罗机场的宣传单作为快速阅读的材料——学习(转下页)

现语法规则——解释语法规则(结构、意义、使用条件等)——列举例句说明语法规则——把语法规则总结为若干句型并具体化为范句——通过模仿、替换、类比等方式带领学习者反复操练——结合语境练习(限制性巩固应用)——应用语法规则创造句子(在真实的交际活动情景中应用);另一种是归纳式的,其教学流程为呈现一定数量蕴含语法规则的例句——引导学习者采取朗读等方式感知这些例句——解释这些例句,突出语法规则——引导学习者归纳总结出语法规则——反复操练——结合语境练习——应用语法规则创造句子。

从教学活动组成的角度,语法教学流程为:语法项目理解的活动——口头操练的活动——在真实或接近真实的情境中练习——书面练习活动——测评活动。

就中高级阶段的语法教学来说,因为所学的语法内容学习者在初级阶段都碰到过,只是在此基础上进行拓展和加深。可以采用这样的流程:汉语教师先选择用得上语言点(如结果补语或把字句)的教学活动或任务让学习者来完成,并记下学习者在活动或任务中所出现的语言问题;活动或任务完成后,教师针对学习者所犯的错句呈现和讲解要讲的语法点;教师再次安排类似的交际活动,以让学习者得以巩固。

(接上页)者必须尽快找到所设计的十个问题的答案,如货币兑换处几点关门?(回答问题能用到前一阶段所学到的单词)⑤词汇拓展(Further vocabulary work):完成上面活动后,问一些问题,集中在到达、离开、免税、移民、行李认领等学习者问到的词语。⑥交际活动(一个使用所学词语的机会)(Communicative activity, an opportunity to use vocabulary learned):小组内角色扮演:每组有一名学习者在信息台;其他学习者有各种问题来这儿获取信息。在高级阶段的词汇课上,词语教学程序为:①展示地球的图片。地球有一张卡通脸,大汗淋漓,在擦汗。引出它的意思(全球变暖)并探知学习者的观点。②引出/教臭氧层、冰山、物种灭绝、废气、紫外线。③布置一个任务:阅读一篇文章并找出两条分别支持和反对禁止汽车的论据。④学习者阅读文章并完成任务,一起讨论答案。⑤引出/教单词:危言耸听、压力团体、目标、宣言。⑥学习者被分成两个对立的小组并利用文章材料准备一个详实的论据,或者支持或者反对。准备过程中,教师可以提供词汇方面的帮助。⑦模拟:联合国正召开一个两派磋商的正式会议。参见 Scrivener, J. *Learning Teaching : A Guidebook for English Language Teachers*. Shanghai Foreign Language Education Press, 2002:81-83.

1.4.2 语言技能的教学流程

(1) 听力教学流程。从较为宏观的角度来分,听力教学流程可分为:听前导入阶段(Pre-listening)——听力理解阶段(While-listening)——听后巩固阶段(Post-listening)。具体到"听力理解阶段",还可以分为:对整篇文章材料的大概理解——对文章材料中一些细节信息的理解——对其中的一些语言项目进行学习。从具体活动的角度来分,听力教学流程可分为:导入(Lead-in),一般是介绍要听什么故事/话题、展示一下相关图片等;扫除听力障碍,主要是简单讲解一下相关的生词,预测一下故事/话题的内容等;明确具体的"听力任务"(set task),主要是要让学习者知道要干/完成什么任务;播放录音(play tape),主要是指学习者通过听磁带完成事先安排的任务,避免试图弄懂录音中的所有细节;对学习者完成任务情况的反馈(feedback on task),一般通过学习者协商或者师生探讨来完成,避免问一些事先并没有安排的问题;总结(conclude),一般是明确学习者的总体情况,并予以巩固。如果学习者普遍都没听懂,可以重新播放录音或者让学习者阅读听力的脚本。

(2) 口语教学流程。一般为:生词的处理——学习课文及重点词语用法——口语练习——归纳总结、布置作业。如果是任务式教学,流程一般为:话题引入——针对生词的任务活动——针对语法的任务活动——课文学习——综合任务活动。如果是国内100分钟的汉语口语课,时间比较长,可以安排两三个活动,即先展示课前准备好的口语活动(其他学习者点评),然后再安排一个即兴创作的活动,准备3—5分钟后马上开始。

(3) 阅读教学流程。一般为:阅读前活动(包括教师简要介绍一下与课文有关的文化背景和情景知识;让学习者快速看一遍课文或根据题目预测内容)——阅读中活动(包括处理词语、分析课文、推断课文的深层意义)——阅读后活动(包括回忆细节,完成字词理解层的练习;理解难句,完成语篇理解层的练习;对课文作进一步归纳、推理;安排学习者就文章涉及的话题展开课堂讨论)。

(4) 写作教学流程。一般为"过程教学模式",包括写前准备(Prewriting)——初稿写作(Drafting)——修改阶段(Revising)——定稿阶段(Editing or proof-reading)等环节和步骤。在"写前准备"环节,还可以再细分为:写作主题的介绍(包括小组讨论这个主题、写作任务的清晰化、面向读者的特点、具体写作要求的梳理、可能遇到的困难等);在前一环节基础上进行头脑风暴,列出所想到的一切"观点";选择合适能用的"观点"并排序;考虑表达这些观点的语言模式;小组合作拟定一个写作框架,等等。在"修改阶段"环节,还可以再细分为:自我修改;在自我修改的基础上与同伴协商修改;在汉语老师反馈的基础上修改。

(5) 课堂教学活动流程。一个完整的课堂教学活动流程包括:课前准备,汉语教师要熟悉活动规则和程序,准备好必须的用具;规则的讲解和示范,汉语教师要亲身示范或者采取师生配合示范的方式讲解活动规则,确保学习者都能明白;开展活动,汉语教师要在学习者开展活动时进行实时监控,及时点拨和帮忙;教师总结和点评,汉语教师要在全部活动完成以后及时给予总结和点评,点评应具体,指出优缺点及其理由。

1.5 有效设计汉语教学流程的原则

第一,以学习者的语言认知过程为基础。前面提到,教学流程是建立在学习者学的流程之上的。学习者学习语言的活动流程以其语言认知过程为基础。因此,汉语教学流程应以学习者的语言认知过程为基础。语言认知过程就是感知、理解、练习、运用。当然这也是学习者学习和掌握汉语的过程。

第二,遵循汉语学科知识的内在逻辑。汉语学科知识(尤其是语法知识)是有其内在逻辑顺序的,如在学习可能补语之前应先学结果补语和趋向补语;学习趋向补语之前先学结果补语,等等。

第三,环节清楚、环环紧扣、主次分明、详略得当、有节奏感。不同的教学环节和活动的重要程度是不同的,有的是重点和难点,需要足够的时间保证,有的则可以一带而过。突出重点和难点,开好头,收好尾,有准备、铺垫、发展和高潮,以最大限度地促进学习者进行有效学习。

1.6 设计汉语教学流程的注意事项

(1) 明确具体的教学环节,环节背后的目的,以及目的是否达到的标准。一般性的教学环节包括引起动机、明确目标并告知学习者、呈现感知语言材料、教师精讲、学习者演练、布置任务、交际性练习、巩固性复习、布置作业等。新手教师尤其要思考设置这些环节的目的是什么,如何判定这些环节达到了原定目的等。只有把这个环节的准备工作做扎实了,才能有效提高自己的课堂驾驭能力。

(2) 将确定好的教学环节按照一定的顺序进行有机组合,形成一个整体结构。如于昆老师教授《罗布泊——消逝的仙湖》这一课时所设计的教学流程共有三个大的阶段:组织教学,复习热身;运用词句,说练课文;讲练语法,扩展话题。其中每个阶段又由多个教学环节组成。"组织教学,复习热身"所包括的教学环节有:组织教学,营造氛围;创设情境,复习热身。"运用词句,说练课文"所包括的教学环节有:课文第三部分;初步解题;课文第一部分;课文第二部分;段落概括;完成解题;课文第四部分;课文第五部分;梳理课文脉络。"讲练语法,扩展话题"所包括的教学环节有:讲述罗布泊的故事;讲练语法要点;扩展话题,布置任务。①

(3) 检查教学环节之间的完整性、关联性和层次性。一节课是一个紧密结合的整体,各个环节之间要做到"无缝"衔接。各个环节是相互牵扯、环环相扣的,是由教学目标和内容串联起来的有机组合,不是彼此孤立的。各个环节也是有层次性的,组织教学和复习旧课两个环节属于准备,然后是讲授新课,即生词讲练、语法讲练和课文讲练属于层层铺垫,到对本课内容的创造性练习和应用达到高潮,最后小结和布置作业。

1.7 案例分析

1. 案例一

王艳老师和郑家平老师教案中的教学环节(流程)曾得到校级教学督导的肯定和评议,转录如下:

王艳老师上的是初级汉语综合课第17课《祝你生日快乐》,第1、2课时的教学流程如下:1.复习(8:00—8:10am),该环节包括(1)根据课文内容回答问题朋友来的时候,大内正在准备什么呢？大内的房间打扫得怎么样？她的东西收拾得整齐不整齐？水果洗了吗？什么东西还没买？大内的作业做完了吗？大内的妈妈昨天寄来了什么礼物？大内是哪年出生的？她属什么？兔子跑得快不快？大内呢？金汉城是属什么的？怪不得他怎么样？(2)复述课文(用PPT列出提示词)两个部分。2.新课生词(8:10—8:45am),该环节包括(1)朗读、(2)讲解(主要通过扩展和简单回答的方式讲解)两个部分。3.课文(从开头到"太感谢你们了。")(约8:45—9:25am),该环节包括(1)以听带说、(2)朗读课文;(3)重点句型扩展等三个部分。4.语法:"V一下儿"(约9:25—9:35am)5.交际性练习(约9:35—9:48am),该环节包括(1)分组练习(3—

---

① 于昆.《罗布泊——消逝的仙湖》教案[A].对外汉语综合课优秀教案集[C].北京:北京语言大学出版社,2010:184.

4人一组)(2)抽查练习情况两个部分。6.作业(约9:48—9:50am)写在本子上:(1)预习17课生词(19—39)(2)P295—296模仿练习(1)—(4)复习:生词和课文。

郑家平老师上的是初级汉语口语课第10课《现在几点》,第1、2课时的教学流程如下:(一)组织教学(询问周末情况、是否给父母打电话,引入复习环节)(1分钟);(二)复习第9课(5—10分钟)问答:你今年多大?你父母多大年纪?(图片)他几岁了?你父母在哪儿工作?你有没有兄弟姐妹?你哥哥做什么工作?(三)新课环节1.生词(1)(20分钟),包括(1)检查预习。(2)领读(要求学生在读第一遍时看拼音,注意音调;读第2遍时看汉字,在注意音调的同时,认读汉字),同时纠音正调。(3)学生齐读后单个读生词,巩固、纠正音调。(4)扩展领读:将生词扩展成短语、串联成句子(紧扣本课语句)。(5)重点生词讲练:钟点的读法。2.语言点:重点表达法:(20—30分钟)3.课文1(20分钟),包括(1)领读(先慢读,然后正常语速读)(2)学生齐读。4.交际练习(25分钟)。5.总结(4分钟)。6.作业(5分钟)。

案例中两位老师所设计的教学流程及其环节都是典型的"五环节"模式,而且是国内初级汉语综合课普遍使用的教学流程。听课的校级教学督导鲁健骥教授认为:"两份教案的教学环节的安排能够体现目的要求,而且环环相扣,步步提高,最后的交际性练习顺理成章,显示出较强的逻辑性。""个别环节缺乏有效性(如复述)""预习和复习的要求不够高,没有让学生做他们能够做的事,复习和预习没有成为课堂教学的一个有机的组成部分。……预习的内容不仅是让学生念生词、记生词、念课文。……就拿生词来说,为什么不让学生去教材中(包括前面学过的)找出可能的搭配呢?上课的时候,教师让学生先把他们找到的搭配说出来……我们总担心学生的汉字回生。那么为什么不让学生在预习的时候也做些汉字的工作呢?我们不能简单地笼统地让他们记汉字、写汉字,上课时只是做听写这样的单调的练习。如我们可以让他们从不同的角度对学过的汉字进行归纳。还可以从语素教学出发,让学生按语素归纳已经学过的和即将学的词语中的语素。如果是预习课文,那也不仅仅是念一念。教师应该根据自己对课文的处理,让学生先做一些工作。……两份教案中的复习环节也比较薄弱,这也是我们听课中发现的一个主要问题。一般来说,到了复习环节,教师应该让学生完成一些有创造性的、'实战'性的任务(这应该是课外练习的重要内容),上课就是要检查他们完成这些任务的情况。……"

资料来源:韩经太主编.教学督导的实践探索[A].北京:北京语言大学出版社,2008:105—122.

2. 案例二

美国伦斯勒理工学院的岳建玲老师对《"的"字结构的教学》这一课设计过这样的任务式教学流程:(1)热身引入(约 5 分钟)1.围成半圆形的几张桌子上放着好几部手机,课前教师悄悄把自己的手机放在离讲桌最近的一部手机旁边。2.问好,集中学生注意力,稳定课堂秩序。3.教师好像无意地拿起离的最近的一部手机,"哦,不是我的。""这是谁的(手机)?"一学生答"是我的",教师重复:"哦,对不起,这个是你的,那个是我的。"4.教师又拿起在课前跟学生聊天儿时悄悄藏起的学生的帽子、书、笔、橡皮、小辞典等用品,一一询问,"这是谁的?"5.一个东西可能出现两位同学辨认的情况:"我的?(辨认后)哦,不是"。某个同学也可能说"是×××的。"教师追问被指的同学:"这本书是你的吗?"6.教师鼓励学生这样自然的交流,并引导开口相对较少的学生自己说出"(那本书)是我的",东西归还该学生。(2)归纳解释(约 2 分钟)Presentation 1.PPT归纳,并配简要解释:"这是一本书,对不对?你们都知道,我不需要说。是不是?可是我想知道这是谁的书。我可以给你看这本书,然后问:'这是谁的?'"2.引导学生复习巩固刚才练习中已经使用了很多遍的"你的、我的、他的、你们的"(并配合以手势或图片)以及"白杰的、凯丽的"等。(3)深入操练(约4分钟)Practice 1.引入形容词性和动词性短语加"的"的表达。先是现实生活的照片引入,然后是问答巩固。2.鼓励学生说出多种可能。3.创造机会让所有的学生都积极参与进来。没有课堂的"死角"。(4)小组会话(约4分钟)Practice 1.参考PPT,学生小组会话,进一步操练巩固。2.顺便复习"A还是B"的句型和前边"租房子""购物"的一些表达。例:A:我想租一个公寓。B:你要带家具的还是不带家具的? A:我要带家具的。A:我想买一件毛衣。B:你要大号的还是中号的? A:我要中号的。(5)任务活动(约12分钟)Production & Task-based activity 1.创设情境"现在你们作为优秀学生,要被选派到中国(免费)学习体验一个月。首先需要买机票。"2.信息差活动 学生两人一组,各持一张卡片(信息差),互相询问、讨论、商量、选择,决定以什么样的价格购买什么时间、飞到哪儿、什么航空公司的、什么样的机票等。(6)后续加强(约3分钟)Follow-up activity 1."订票"的学生向大家介绍自己"所订"机票的情况。2.提供机票信息的同学做简要评价——"你认为这是最佳选择吗?如果是你,你会买哪种票?为什么?"(7)布置作业 这是一个30分钟的教学演示课,没有布置作业。相反地,教师感谢学生在课余花时间来配合系里的教学演示,也恭喜他们多了一个跟"最美的老师"学习的机会。

案例中岳老师所设计的教学流程是一个任务式教学法理念下的课堂教学流程,围绕"任务"来设计,有为完成任务打基础的语言点的学习,更有情境创设和信息差活动,还有后续的加强活动。

资料来源:岳建玲.《"的"字结构教学》教案[A].国际汉语教学优秀课例集1[C].北京:北京语言大学出版社,2015:87-89.

二、设计课堂活动

《国际汉语教师标准》(2012)明确要求汉语教师应"能根据学习者

的特点,设计、组织教学活动""了解课堂教学任务与活动的主要类型及特点""具备设计教学任务和组织教学活动的能力",而且还"能有效地组织课外活动"。《国际汉语教师标准》(2007)也要求汉语教师"能设计适当的教学活动,最大限度地引导学习者在课堂上、小组讨论中使用汉语""能组织不同形式的语言实践活动,提高学生参与各种口语活动的积极性"。

对该项技能的理解和操作如下:

教学活动其实包含着"任务",因在第二语言教学中提及"任务"较多,故我们在论述中把它凸显出来。

2.1 对"教学活动和任务"的认识

教学活动和任务是教学内容的呈现形式,也是课堂教学的基本单位,还是师生之间、学习者相互之间极为重要的互动形式。汉语课堂教学是由一个个教学活动和任务组成的。如"单独完成课后练习然后跟同桌对答案""听录音回答问题""给朋友或父母写封信""重复教师所说的句子""扮演某个情景中的某个角色"等等。

教学活动和任务能体现课堂教学的趣味性、灵活性和实践性,意味着交际的发生和汉语的使用。可以说,能否设计一系列合适、有趣、有效、多样化的教学活动和任务,并予以实施,不仅影响着汉语教学的顺利进行,而且决定着汉语教学的交际性和有效性,甚至在很大程度上决定课堂教学的成败。因此,设计课堂教学活动和任务是汉语教师的一项基本教学技能。

作为课堂教学单位的"教学活动和任务",至少包含以下四种基本要素:①目标,即开展这一教学活动和任务是为了达到什么具体目标,如练习问候、掌握存现句,等等;②基本信息资料,即开展这一教学活动和任务所需要的基本资料信息(或者其他资源);③具体程序和要求,即开展这一教学活动和任务的具体步骤、程序、方式、方法、人数(个人还是小组)、时间,尤其注意保证交际双方存在信息差、推理差和观点差,等等;④清楚、明确的预期结果,即开展这一教学活动和任务最终应达到的结果,而且要清楚明确,如最后的报告要求、与目标的对比、活动和完成任务中所出现的意外情况处理,等等。当然,开展活动或完成任务的环境、所需时间、具体教学辅助策略、学习者的情况(需求、兴趣等)、活动或任务常规(如阅读活动一般限时5分钟)等要素也很重要。汉语教师在设计活动或任务时也要有所考虑。

任务有很多种类型,可概括为操练性任务和交际性任务。前者是指为练习所学语言形式和功能而设计的任务,如"大声朗读课文""用所学的语法项目和词汇即兴演讲""向全班学习者介绍北京地铁";后者是指真实的、有意义的、有信息差、观点差和推理差的任务,如"设计一份指示图,让没来过北京的人能顺利到达北京语言大学""一名学习者描述北京地铁路线图,另一名学习者根据其描述画一张地铁路线草图(在没有看到该图的条件下)"。还可分为真实任务和教学任务,前者如"到社区租房""买票到现场看球赛",后者如"对话练习如何租房""抄写三遍第19课的生词"。也可分为封闭性任务和开放性任务,前者一般限定任务范围或者在完成任务的过程中一定要使用哪些语言点,后者往往没有这类的限制。还可分为基于输入信息的任务和基于输出信息的任务,前者一般是重点练习"听"和"读"等技能的任务,后者一般是重点练习"说"和"写"等技能的任务。还可分为真实性的任务和限制使用的任务,前者如"看电视新闻并告诉同伴",后者如"看教科书上的某篇文章,找出其中的结果补语"。还可分为全班参与的任务、分组进行的任务、同伴结对完成的任务和个人独自完成的任务等等。

还有更具体的分类,Ur(2000:113-114)就把听力活动分为四类:第一类是不需要明显反馈的活动,如听故事,听歌曲,看电影、戏剧、录像等;第二类是只需简短反馈的活动,如遵循指令(如"边听边画")、边听边打勾、边听边判断对错、边听边挑错、听后完形填空等;第三类是需要更长的反馈的活动,如听后回答问题、边听边记笔记、听后做概括、听后填充空白信息(较长)等;第四类是拓展反馈的活动,如听后解决问题、听后阐释等。

2.2 积累一些常用、成熟、有效和有趣的教学活动和任务

教学活动一直都是汉语课堂教学步骤的主体。在过去长期的汉语教学中,已经积累了很多有趣又有效的教学活动。如杨惠元(1996)在教学实践中总结了听力训练81法,依次练习语音、词语、句子、对话和短文,并在每个部分都配有听和说(如听后复述)、听和写(如听后画图)、听和做(如听后做动作)等灵活多样、实用有效的活动。再如王艳(2004)调查发现了汉语教师和学生认为最有效的六种课堂教学活动:老师带领学生反复操练(如学习句型);让学生在课堂上做口头报告;让学生演戏剧、扮演角色、唱中文歌和做语言游戏;语法练习;让学生两人一组进行课堂对话/讨论;采用视听手段,如让学生看电视、看录像等。不仅如此,英语教学界较为成熟的教学活动经过改造后同样可以应用在汉语教学中。如杜申诺娃、王小庆(2010)就曾编过一本英语教学游戏的书,针对不同话题编选了两百多个教学游戏,大多数都可以用在汉语课堂教学中。

《国际汉语教学通用课程大纲》(修订版)"附件八—汉语教学常用评价活动建议表"中提到的形成性评价常用的一些活动,就属于教学活动,如"……听写练习,小组讨论……看谁说得快、多、准,看谁写得快、多、准,听后画,听后复述,听后猜,听后写,听后演,读后画,读后复述,读后猜,读后演,看图说话,看图写话……"。Scrivener(2002:63-66)提到了 Pairs interview、Pairs compare、Picture difference、Stamp collecting、Planning a holiday、Survival、Whole class puzzle 等交际性活动。Jin更是总结了16类常用的任务类型:角色扮演、模拟、采访、演

剧、头脑风暴、信息差、信息拼凑、寻找差异、解决问题与决策、讨论/意见交换、看图讨论、分组辩论、语言游戏、课题、探宝、当地探索。① 丁迪蒙(2006:189-255)也提到过很多对外汉语教学的游戏、活动等。姜丽萍等(2014)曾出版过一本《课堂活动设计指南》,专门讨论了汉语课堂中的活动。很多一线汉语教师也广泛使用了以上诸种活动和任务。王枫老师在教《手里拿着红手机》一课时,为了练习"S+(在哪儿)+V""地方+V着+东西/人"这两个语法点,就提供了两张阅览室的图片,让学习者找出并描述两个房间内全部的差异。② 游锋华老师在教《丝绸古城——苏州》一课时,为了练习成段表达能力,引导学习者用课文的结构来描述"瓷都——景德镇";同时布置课下学习者分组搜集资料并介绍中国以茶叶闻名的城市、以瓷器闻名的城市和以酒闻名的城市。③ 赵雷老师在教《职业选择》时也采用任务式教学法布置了多个真实交际的任务活动,而且非常详细地安排了具体任务、分组、角色、采访步骤和主题等。④ 王磊老师在教高级口语课《电视这东西》时设计了辩论会。⑤ 李东芳老师就详细描述过在中级汉语综合课上如何进行探究式学习。⑥

需要注意的是,汉语学习者可能会在已设计任务的基础上提出随机性和真实性的想法,这个时候汉语教师尽可能地进行引导,对学习者的合理要求予以满足。如赵雷老师在教《职业选择》时,乌克兰学生金

---

① 参考靳洪刚2015年7月21日在北京外国语大学"国际主流语言教学法高级讲习班"上的讲座。
② 王枫.《手里拿着红手机》教案[A].对外汉语综合课优秀教案集[C].北京:北京语言大学出版社,2010:72.
③ 游锋华.《丝绸古城——苏州》教案[A].对外汉语综合课优秀教案集[C].北京:北京语言大学出版社,2010:170.
④ 赵雷.《职业选择》教案[A].对外汉语听说课优秀教案集[C].北京:北京语言大学出版社,2011:136-149.
⑤ 王磊.《电视这东西》教案[A].对外汉语听说课优秀教案集[C].北京:北京语言大学出版社,2011:242.
⑥ 李东芳.中级汉语综合课实施探究式学习的研究[A].对外汉语综合课课堂教学研究[C].北京:北京语言大学出版社,2010:93-98.

安娜突然提出想真实采访现场的听课老师。①

2.3 有效设计教学活动和任务的原则

从整个课堂教学和具体教学活动的效率出发,设计教学活动总体原则:

(1) 具有针对性、趣味性和灵活性。活动是为汉语教学目标服务的。不同的课型(尤其是具体的言语技能课,如听力、口语、阅读和写作等)需要不同的活动。如在听力课上的活动要做到:活动的完成确实真正需要"听"(有的听力材料貌似科普,如介绍太阳系及其九大行星的,对很多学习者来说即便不听也能理解,把题做对);有明确的需要听的内容(要科学设计"听前问题"),最好让学习者边听边做标记或笔记;能激发学习者的思维活动,而不只是简单地听(让学习者之间相互对照答案并进行讨论);任务是有意义的、有用的,确实有助于提高学习者的听力;帮助学习者克服听力上的困难,获得具体结果,等等。

不同的内容和教学环节也需要不同的活动。如汉语教师都很熟悉的"角色扮演",其实并不适合所有的内容,只相对比较适合看病、住宾馆、换钱等情景性内容。同样,练习词汇、语法、听说读写等技能,以及文化教学的活动都各不相同。组织教学环节需要热身活动(warm ups),言语技能训练时需要综合性课外活动等。有一定趣味性的活动和任务学习者才愿意参与。如果设计活动时能考虑到学习者的背景,则不仅使其有话可说,而且还让其感受到学习汉语的趣味性。如"到饭馆点菜"这个活动,如果仅限于汉语教材上所学到的几种中国菜名,学习者参与一次往往就没有积极性了,而设计活动时如果让学习者开自己民族或国家的特色餐馆,就会带动其查阅其特色食品的中文名字,也能提高其积极性。

---

① 赵雷.《职业选择》教案[A].对外汉语听说课优秀教案集[C].北京:北京语言大学出版社,2011:145.

考虑到所教内容、学习者兴趣爱好、性格特点和学习背景等方面的因素,教学活动和任务还要有一定的灵活性。如汉语教师对解释活动规则方式的选择,对中小学学习者最好通过演示和示范,对成人学习者则可以考虑用简单的语言进行解释说明。

(2) 规则和指令清晰、简单、好理解、好操作。活动规则和操作指令,越清晰、简单、好理解、好操作,学习者越好明白、越愿意参与。否则,学习者(特别是汉语水平较低的学习者)可能会在理解规则上耗费很多时间,影响活动的顺利开展和进行。汉语教师可以提前设计好自己的活动介绍和操作指令,多用短句,简单句,而且要有逻辑性;用动作辅助;讲解时避免说含糊不清、模棱两可的句子,不说与活动和任务无关的话。

(3) 以学习者的生活经验和兴趣为出发点,与当地教学环境相关。在很多国家和地区,中小学的课堂教学都可以到社区博物馆、图书馆、公园、景点等地方去开展。还有所在国家的节日、庆祝日等。这些地方和节日都是学习者(尤其是当地中小学的学习者)生活经验的一部分。汉语教师可以充分利用这些条件,设计活动,让学习者去接触和体验汉语和中国文化等。如有位在美国任教的汉语教师曾利用西方的万圣节,以此为主题,指导学习者用剪纸的方式制作南瓜灯,并借此机会学会了一些英语的节日用语,还了解了中西不同的文化。

(4) 要保证学习者全体参与。设计的汉语教学活动和任务要具有开放性,即每个学习者都可以参加,都有事可做,能够表达自己想表达的内容,交流个人观点和感受,虽然具体要求可能不一样。如设计的利用词卡认词活动,教师把词卡摊在地毯上,一边摇铃(或敲鼓)一边跟学习者一起围着词卡转圈,铃鼓一停,学习者需要立即拿一张词卡,并找到持相同词卡的同学做朋友;全体学习者都要参加,汉语水平高的学习者,除了找到朋友外,还要读出词卡上的词,造个句子;而不能读出词语的学习者,只需找到朋友即可。再如放一段中国古典音乐,让学习者把自己想象到的描述出来,汉语水平高的学习者可以写一段话,汉语水平不高的学习者可以写一句话、几个词,甚至也可以用图画表达;每个学习者都参与其中,都有所收获。

要想全体学习者都参与,活动和任务的开展也可采取小组合作的形式,即把一个复杂的任务分为几个小任务,把全班学习者分为几个小组,每个小组负责一个小任务,各自准备;在小组内对每个学习者要完成的任务或目标应明确,以保证学习者之间的合作和言语交际的多向性(不是单向的告知和要求);每个小组展示(presentation)的时候,其他小组的学习者都会认真听,因为有信息差,很多内容需要了解。

(5)要有信息差(information gap)、观点差(opinion gap)和推理差(reasoning gap),以激发学习者的思维活动。信息差、观点差和推理差是汉语教学活动(尤其是交际性活动)的"灵魂",可以使活动具有真实性和交际性。如学了年月日等日期表示法以后,汉语教师可以让学习者制作一个卡片,介绍自己最喜欢的月份、最喜欢在什么时候旅行、对自己来说每年最重要的日期及其原因。这就有了信息差。同样,组织讨论、辩论活动时要注意挑选有争议的题目,这样学习者之间有观点差。给学习者提供较为杂乱的各种信息,让其通过推理、演绎、分析、比较等一系列思维活动,从中找出新的或所需要的信息。这就有了推理差。

(6)结合汉语教师自己的特长。为了保证活动的顺利进行,汉语教师在开展活动时最好结合自己的特长。如有文艺特长的汉语教师可以带领学习者改编歌曲,用学习者熟悉的曲调唱中文的歌词。有的汉语教师曾把《两只老虎》引入课堂,而且还在原来的基础上进行了替换,即把"老虎"分别替换成"老鼠""兔子""猴子";把"跑"分别替换成"跳""走";把"快"替换成"慢";把"眼睛"替换为"鼻子""嘴巴""耳朵""尾巴"

"眉毛";把"奇怪"替换为"可爱"。(周健,2009:135)有过编辑工作经历的汉语教师可以指导学习者设计或编写学汉语的教材,或者直接改编故事;学习者在编写过程中就掌握了汉语,而且这些教材还可以作为学习者的学习成果来展示。当然,会武术的汉语教师可以在课外教学习者武术、太极拳;会烹饪的汉语教师可以在课外教学习者做中国菜、包饺子等。

很多活动都值得充分挖掘。以歌曲为例,歌曲不仅可以作为调节气氛和教学节奏的重要方式,还可以作为教授词汇、语法、功能等知识内容,以及练习听力、口语、阅读等技能的语言材料。如把歌词作为阅读和听力的语料;给学习者听一两遍歌曲,然后让学习者讨论歌曲的来源、特点以及带来的感受等;把歌词的一些句子空出,让学习者边听歌曲边写出空缺的歌词;把歌词打乱,让学习者排序,然后再听歌曲进行对照讨论;听歌曲的同时画出你的感想图;边听边跳;等等。

(7) 注意在时间等方面的经济性。课堂教学时间是固定的、有限的,汉语教师在安排教学活动时要重点考虑教学时间的因素,注意活动开展所需时间的长短(最好不要超过 10 分钟),以及在一堂课内可以开展活动的次数等;为了更充分地利用教学时间,汉语教师还要在每次活动前保证活动所需要的设备、技术和教学工具等运转良好;比较耗时间的可以考虑安排到课外时间进行,如看中国电影《我的父亲母亲》《霸王别姬》《卧虎藏龙》等,就可以让学习者课余时间去看,第二天上课时讨论。

(8) 积极促进汉语与其他学科相互联系和渗透,提升教学效果。这个原则在国外的中小学汉语教学中尤其重要。其他学科(如科学、历史、地理、健康)的内容可以作为汉语的内容载体。因为需要表达其他学科内容,有关汉语的词汇和语法会更全面地被使用;同时因为学习者已经理解了作为载体的具体学科内容,这又能促进其对汉语的理解。

如练习数词,可以让学习者计算自己家庭成员的平均身高或年龄,讨论体育课上的具体比赛成绩,估算到某个地方旅行的距离和时间,等等。再如可以用汉语玩"历史穿越"的游戏、玩"地理大冒险"的游戏,类似于《神奇校车》(*Magic School Bus Series*)。

(9)形式多样化。课堂教学活动和任务可以有多种形式,既可以是语言表达,也可以是表演,还可以是手工制作中国特色文化产品(如中国结、风筝等);既可以是个人独立完成,也可以是小组合作完成,还可以是师生共同完成或者拿回家作为亲子活动完成,等等。以"阅读"这一基本活动为例,可以有:师生共读(教师读说明部分,学习者读对话部分);学习者阅读完以讲故事的形式复述;学习者分角色朗读;学习者先默读然后表演某个场景;让学习者读最后一段然后预测前面发生了什么;在故事的两段之间让学习者想象增加一个段落,把故事的某个关键句抽掉,让学习者确定哪儿有空白并考虑如何弥补;让学习者根据故事画一幅画然后比较讨论;写(说)出故事中的人物关系;把故事改编成剧本、把故事改编为另一种结局等多种形式。再以"角色扮演(如买东西)"这一基本活动为例,有很多不同的表演方式:可以在人物角色(顾客和售货员)的不同情绪状态下表演,高兴的、悲伤的、怒气冲冲的;也可以在不同的角色关系下表演,如男顾客、女顾客、年老的顾客、未成年顾客、朋友顾客、陌生人顾客等;也可以在不同的地点进行,如小卖部、大商场、超市等。

2.4 有效教学活动和任务的标准

靳洪刚[①]提到教学活动和教学任务的标准或检查单。笔者认为可以作为汉语教师检查自己所设计教学活动和任务是否有效的标准,至少是一个参考。

---

① 参考靳洪刚2015年7月21日在北京外国语大学"国际主流语言教学法高级讲习班"上的讲座。

靳洪刚提出的综合教学任务设计、实施检查单：①任务是否界定清楚，能否获得教学效果？②任务是否提供大量、丰富的语言输入，为学习者提供表达框架？③任务设计是否做到语言功能与形式相结合？④任务是否遵循断层、决策/共同协议、双向交流原则，有否预期结果？⑤任务是否可形成任务链，任务之间是否有相关性：一个任务的信息是否可用来补充或完成下一个任务？⑥任务是否促进交际策略的使用，引导学生语义协商，并综合使用所学知识和技能，进行批判性思维？⑦任务是否符合学习者的社会及年龄背景：兴趣、爱好、认知发展等？⑧任务在排序、复杂度等方面是否安排合理？⑨任务是否要求接近真实生活，使用大量目标语言？⑩任务的完成能否同时训练能力的不同方面：人际交流、理解诠释、表达演说？⑪任务设计是否可操作、公平、值得占用教学时间？

三、制定教学策略

制定教学策略包含"选择恰当的教学方法和技巧"，因教学方法和技巧更为大家所熟悉，我们把它凸显出来，即"选择教学方法、技巧和策略"。

《国际汉语教师标准》(2012)要求汉语教师"掌握汉语教学的基本原则和方法，并能运用于教学实践""掌握汉语语音、词汇、语法和汉字教学的方法与技巧，并能根据不同的教学对象采用适当的教学方法""掌握汉语听、说、读、写教学的方法和技巧，并能有效的组织教学"。美国的《外语教师培养标准》也要求外语教师"能运用多种教学模式和方法满足不同学习者需求。"可见，制定教学策略是汉语教师必备的一项教学技能。

对该项技能的理解和操作如下：

3.1 对"教学方法、技巧和策略"的认识

教学方法、技巧和策略是教师引导和调节学习者掌握汉语知识和

技能,形成言语交际能力的规范体系,是为实现教学目标、完成教学任务所采用的操作规范和步骤。我们通常讲,"教学有法,但无定法,贵在得法。"这句话有三层意思:第一,教学方法是重要的。能否设计或选择好适当的教学方法,在很大程度上影响汉语教学的成败。第二,每一种教学方法都有其适用的环境。没有一种教学方法是万能的、放之四海而皆准的。第三,每位汉语教师都应根据自己的教学目标、教学内容、教学环境等因素找到恰当的、有效的、适合具体学习者的教学方法和策略。

因此,汉语教师可以对汉语教学目标、教学内容、学习者和教师特点以及外部环境条件进行详细了解和具体把握,这是前提,然后在自身教学经验的基础上结合自己的特长积极积累和不断反思,形成个人独特、恰当、有效的教学方法。这也是后方法(postmethod)的理念(崔永华,2016)。

3.2 积累一定数量、针对不同目标和内容的教学方法

跟教学活动和任务一样,汉语教学领域也积累了很多成熟、有效的教学方法。当然,外语教学领域内的一些方法也可以拿来借鉴。

(1)语音教学。语音教学常用的教学方法有:示范模仿法、描述法、直观演示法(让学习者看清楚你是如何发音的)、对比法(尤其是相似的音,一定让学习者辨别出关键区分点)、带音法如从[i]带出[ü])、夸张法、体态法(用手势表示音节的轻重)、游戏法(如用 bingo 卡玩拼音的游戏)等。其中语流教学(如词重音、句重音、节奏等)需要与语法、词汇的教学相结合;让学习者自己标出一句话的音节、重音和节奏;让学习者说出某个音(或字、词)的不同声调、轻重,以表达不同的意思。

(2)汉字教学。汉字教学常用的教学方法有:象形识字法(如日、月、水、火、人、竹等)、部件识字法、构词识字法、字簇理论识字法(汉字网络)、图片法、分析法、拆字法、比较法、分类法、游戏识字法(即学习者

拿着"部件"或"残缺不全"的汉字找它的另一半,或者直接相互拼凑,组成汉字)、循环识字法、集中识字法等。

(3) 词汇教学。词汇教学常用的解释方法有:直观法(包括实物、模型、图片、视频、音频、体态、表情等)、定义法(用简要的语言进行界定)、语素法、查词典法、同/反义词法、扩展法、归类法、归纳法、讲解法/阐释法、描述法(即详细描述所指事物的外观、品质等)、联想法、对比法/对比法(尽可能一组一组地来教,同时如果是近义词或同义词,重点在比较其意义和用法的区别)、语境法(即给出一个句子或几个句子构成的场景,尤其是意义比较抽象的词语)、游戏法、表演法、举例法、搭配法、图表法(如将程度副词"有点儿、很、非常、太"等画成刻度予以具象化)、变换法(如把"难怪"变换成"这不奇怪";把反问句中的"何必"变换成陈述句中的"没有必要")、主题(语义)联系法和翻译法等。常用的词汇练习方法有图片与词语配对连线、由汉字组词(如与其他可以组词的汉字搭配连线)、在一堆词语里面找反义词/同义词/搭配词等、对一堆词语进行分类、用给定的一组词完成一个任务(如根据所给图片编写一个对话;或者直接编一个故事)、选词填空、绕口令、拍苍蝇、词语接龙(教师说出一个主题,每个学习者说出一个相关词语,后说者不得重复)、词语分类(老师或某个学习者读出一组词,让其他学习者说出它们的主题)、完形填空,等等。

(4) 语法教学。语法教学常用的教学方法有:操练法(对典型例句进行高强度口头练习,甚至是重复训练,教师纠错)、替换法(可以用卡片/图片来替换,也可以让学习者在所有卡片/图片中自己找合适的)、归纳法(先告诉学习者一组典型的正反例句,让其总结出语法规则)、演绎法(把具体语法规则清楚告诉学习者,然后再举出一些例句来验证)、情景法(根据情景提问来引出要学的语法,在此基础上讲解语法,利用情景练习语法)、比较法、翻译法、图表法,等等。还有练习语法的方法,如替换法(用相似的内容或情境来替换)、完成句子(包括完成剩余的一半句子、用所学语法变换句子、直接造句等多种方式)、小测试、合并/拆解句子、用所学语法描述图片(或其中的某些信息)、用所学语法/句型编故事、图片故事,等等。

(5)课文教学。处理课文的方法主要有:朗读、串讲、提问—回答、改变说法、复述(既包括直接复述,也包括在提示词、图片等信息提示下复述,还包括概括性复述和变换复述)、转述、打乱后重新排序、背诵、改编课本剧、角色扮演等等。

(6)听力教学。听力教学中常用的方法有:自上而下的方法,即先激发学习者有关听力材料主题的背景知识,并要求其根据背景知识对所听材料进行积极预测,然后在听的过程中进行验证;自下而上的方法,即先进行语音、词语、句子和段落等微技能的训练,然后再进行整篇材料的听力理解;此外还有听后提问、听写、听后画图等具体方法。

(7)口语教学。口语教学中常用的方法也有很多,如图片故事法,即先介绍话题或主题;集中学习和处理要用到的核心词汇、语法结构和功能项目等;给学习者看有逻辑性的系列图片,引导其讨论,讲解学习者可能提到的更多的语言项目;让学习者根据图片讲故事(两人一组,相互讲故事并修改,最后形成一个比较完整的故事)。也可以调整步骤:介绍话题或主题;让学习者看图片并讨论;在学习者所讲故事中抽取共同或必要的词语、语法和功能项目;让学习者重新讲故事,要求不再出现前面出现过的错误。角色扮演法、语境练习法、言语实践法、看图说话、话题讨论、叙述与描述、视频配音、视频解说、模仿表达、讲述个人经历、看图说话、分级辩论等。

(8)阅读教学。阅读教学中常用的教学方法有:范读(重点展示正确读音、词语连读和句子的停顿等)、讲解、带读(尤其是学习者没见过的新材料或者低水平的学习者)、自己读、听同学读、轮流读、成对读、接龙读、集体读等。具体操作流程可以是：用简短的问题针对课文内容进行提问、根据课文的逻辑排列每段课文所对应的图片、把课文的段落打乱重新排序、在课文中寻找与教师另外提供的词意义相近的词语、根据课文描述画一幅画（或根据课文描述在另外一幅画上找错误）、阅读课文并列出文中主要观点、给每段课文拟定小标题、从课文中提前摘出几个句子让学习者放回去、对课文写评论或回信、预测课文内容等。

（9）写作教学常用的方法有：产品取向的教学法（product-oriented approach），该法注重汉字、词语、句子、语法等形式层面的内容，主要分为确定题目、学习者写作、写完后交给教师修改三个步骤；过程取向的教学法（process-oriented approach），该方法把写作看成一个不断修改、提高的过程，提倡学习者相互之间以及与教师的互动，主要分为写前准备、完成初稿、修改、完成二稿、上交给教师批改、教师点评反馈等几个步骤；写作与阅读相结合，模仿写作和自由写作并重；写作任务尽量真实化（如求职信），而且跟学习者相关；把完整故事中的各个句子的顺序打乱重组（可以独立进行，也可两人合作进行）；扩/缩写、续写故事；按照既定框架模仿写作（先提供范文及其结构框架，给类似的题目让学习者按照此框架写作）；图片想象写作（给出一系列逻辑严密的图片，故意抽掉一个，让学习者想象补充写作）；集体创作（教师给出一个题目，每人一句顺着往下说/写，最后形成一个逻辑合理的故事）；等等。

3.3 选择合适教学方法和策略的原则

第一，有利于实现汉语教学目标和满足学习者需要。目标是灵魂，而方法是手段。教学方法都是为教学目标的实现服务的。同时，教学方法都是在教学过程中使用的，能满足学习者需要，引起其兴趣，这样才能有利于学习者汉语交际能力的形成和提高。如学习者喜闻乐见的全身反应法、跟做法、游戏法、指令法、角色扮演法等。

第二，适合学习者的学习风格、学习习惯和特点。有的学习者倾向于通过视觉通道(visual)感知信息、进行学习,有的学习者倾向于通过听觉通道(auditory)感知信息、学习语言,有的学习者倾向于通过触觉(tactile)感知信息、学习语言,有的学习者(尤其是低龄学习者)倾向于通过动觉(kinesthetic)感知信息、学习语言,有的学习者倾向于小组合作学习,有的学习者倾向于个人单独学习。汉语教师选用教学方法和策略要充分考虑到学习者的学习风格、学习习惯和特点,尽可能采用多感官刺激(multisensory)。

第三,适合具体的汉语课程内容。汉语教学内容很多,即便是"课文",因在不同阶段具有不同特点,教学方法也不一样。初级前半段的课文一般是对话体,与生词、语法关系紧密,主要是为所学的词语和语法提供一个真实运用的交际情境,促成学习者对所学词语和语法的迁移和运用;初级后半段(即短文阶段)一直到中高级阶段,课文中选用原文较多,篇幅较长,体裁也多样化了,所要处理的课文重点不再是单句,而是语篇层面的衔接和连贯,篇章结构的把握等。

第四,尊重和符合语言学习的普遍性规律。如所选择和采用的方法能否带来丰富、适切的语言输入和较多的语言输出的机会,能否带来学习者之间的互助和合作,能否带来学习者对语言及其文化的体验,能否兼顾语言的意义和形式,是否以活动或任务为语言学习的载体,是否符合大脑处理信息的规律和学习者语言发展的规律等等。

第五,符合汉语教师的实际情况。汉语教师最好选择符合自己实际情况,而且自己较为擅长的教学方法。有的教师擅长讲练,有的教师擅长指导学习者进行各种模拟活动,有的教师喜欢带学习者去体验真实的言语交际,等等。

第六,为外部环境条件所允许。选择或创建合适的教学方法还要考虑汉语教学的外部环境。部分教学方法对外部环境都有依赖性。如言语任务实践,它需要汉语环境。如果是国外的汉语教学,周围又没有华人社区,或者有华人社区但其主要流行粤语或闽南语,那么这种方法就不适合。

3.4 案例分析

1. 案例一

沈庶英老师在教《会展经济篇·第113届春季广交会》一课时这样选择和设计教学方法:

1. 案例教学法。通过真实商务案例,全面解读广交会参展、筹展、布展、撤展的全部过程,学习会展经济知识,掌握会展筹备和策划能力。

2. 实践教学法。尽量运用可操作的内容提供学生实践的机会,由学生完成展会中的一些实际工作内容。

3. 探究式教学法。引导学生针对展会中的一些现象进入深入分析,理解其中深层内涵,了解中国商务文化特征。例如,对三期会展时间安排、展品安排、各期间隔时间等现象进行分析,追究其原因,探寻商业策略。

4. 交互式学习法。小组讨论合作完成学习任务,通过合作交流,培养学生团队意识和组织协调能力。

案例中的沈老师使用了4种教学方法,而且都适合教学内容,符合语言学习的普遍规律,同时外部条件也具备,有利于教学目标的实现。

资料来源:沈庶英.《会展经济篇·第113届春季广交会》教案[A].国际汉语教学优秀课例集2[C].北京:北京语言大学出版社,2015:39.

2. 案例二

李彦春老师对中国影视作品欣赏课《新来的钟点工》这样设计教学方法:

1. 在教师的指导下观看影视作品。

2. 举例法：教师对"影视语言"进行举例说明，可以让学生一目了然。

3. 讲解法：教师对熟语、句式、时代背景、文化等问题进行说明讲解。

4. 情景法：设定情景操练词语和句式。

5. 问答式：采用教师提问、学生回答的方法，以检查学生掌握影视作品内容的情况。

6. 复述法：复述影视作品中的重要片段，有利于训练学生的口头表达能力。

7. 总结和概括法：总结和概括影视作品的主要内容、人物性格、主题思想等，可以训练学生的理解能力和提高学生成段表达的能力。

8. 讨论式或辩论法：关于人物的性格特征、主题思想等，都可以运用讨论或辩论的方式，让学生充分发表看法。在这个环节中，教师要注意在讨论或辩论结束之后，指出学生发音和语法上的错误，以保证讨论或整个辩论的顺利进行。

需要注意的是：教师必须在上课之前熟悉教室里的教学设备，以免影响课堂教学效果。

资料来源：张和生，马燕华.对外汉语教学示范教案[A].北京：北京师范大学出版社，2009:291—292.

3. 案例三

浙江传媒学院的李新老师在教"要是……该多好/就好了"这个语言点时使用的是情景教学法：

1.要是……该多好/就好了

（1）范例：

我希望可以每天上汉语课——要是我每天上汉语课该多好/就

好了。

(2)设置情景,引导学生说出句子

情景一:下雨了,可是你没有带伞。用"要是……就好了"怎么说?——要是我带伞就好了。

情景二:要考试了,你没有认真复习,考试时很多题目你不会,考完试后,你很后悔。用"要是……该多好"怎么说?——要是我认真复习该多好。

情景三:你要去赶早上8点的火车,可是你起床后发现已经7点59了。用"要是……就好了"怎么说?——要是我早点起床就好了。

否定训练:

情景四:妮娜上课爱睡觉,考试了,她发现自己很多都不懂,很后悔,她可以说——要是我没睡觉就好了。

李新老师并没有对"要是……该多好/就好了"这个语言点进行正面的详细解释,而是通过使用情景练习让学习者去理解,效果也很好。此即情景教学法。

案例中李老师选择的情景教学法,非常适合语言点(尤其是用法较为复杂、规则不容易说清楚的语言点)的教学,即通过设置一系列的情景,让学习者从使用情景中悟出语言点的意义和用法。

资料来源:李新.《要是我能年轻10岁就好了》教案[A].国际汉语教学优秀课例集2[C].北京:北京语言大学出版社,2015:67—84.

第四节 制定教学计划

《国际汉语教师标准》(2012)明确规定汉语教师要"能合理设计课程并制定教学计划","能根据教学要求编写教案"。

教学计划是在课堂教学之前所做的一种预设和准备,其目的就是促使学习者更有效地进行汉语学习。它包括长时计划(即学年/学期和单元)和短时计划(即课时计划,又叫教案)。总体来说,教学计划制定得越全面、越详细、越具体(即针对不同学习者的具体情况准备相应的内容和方法),越有利于汉语教师应付汉语课堂教学上所发生的各种情况和事件,越能促进学习者的学习。

当然,这并不是说,教学计划一旦制定,汉语教师在教学中就要毫厘不差地严格遵循而罔顾其他。且不说长时计划,即便是短时计划,也应有一定的弹性。以短时计划(教案)为例,虽然规定了课堂教学的方方面面,但课堂教学有生成性,汉语教师(甚至成熟汉语教师)都很难准确预知将来课堂上可能发生的一切。遇到学习者情况不符或者有突发(偶然)事件时,汉语教师仍需要从实际出发,而不是从计划出发去进行教学。

长时计划和短时计划既有共同点,也有不同点。我们分开来看:

一、制定长时计划

对该项能力的理解和操作如下:

长时计划具体包括学年计划、学期计划和单元计划三种。前两种更接近,我们统而论之。单元计划单独讨论。

1.1 学年(学期)教学计划的实质

学年(学期)教学计划的实质就是体现汉语课程标准和教学大纲的理念和精神,从整体上考虑一学年或一学期的汉语教学要教哪些内容、学习者要达到什么水平、具体进度和时间表(需要多少个周,每个周学多少)以及需要什么样的资源支持等。

学年(学期)教学计划的最大特点是综合性,而且与所在学校或学区在外语教学方面的目标相一致。它是单元教学计划和课时计划(即教案)设计的基本依据和指导,可以让汉语教师在安排教学时能够从长计议,有足够的时间和精力准备教学所需要的各种材料资源。

1.2 学年(学期)教学计划的主要构成

学年(学期)教学计划主要构成要件有：①教学目标和要求，即一学年或一学期后学习者应达到什么样的汉语水平；具体表述可以相对宏观一些，用表现性目标(expressive objective)来表述。②学习者情况，即教学对象的原有汉语水平、兴趣爱好、性格特征等各个方面的信息。③教学内容大纲及其重点难点，即整个学年教学内容要点有哪些，其中的重点是什么，难点是什么，教学思路是什么。④教学进度，即各部分教学内容的课时分配、到什么时间点完成、需要多长时间等。⑤教学资源，即安排好教学所需要的具体教学语料以及教具等支持性教学资源。⑥教学评价，即确定学年(学期)结束时对学习者汉语学习情况进行评价的方式。

1.3 制定学年(学期)教学计划时需要注意的事项

在国内，学年(学期)教学计划一般是由大学内的整个学院或系来统一制定的。在国外，有些学区或学校会需要汉语教师来制定。因此，制定学年(学期)教学计划也属于汉语教师所应具备的"独当一面"能力中的一项。在操作中注意：

第一，有长期的、整体性的眼光，能从宏观层面整体把握汉语教学。首先要好好通读和把握汉语课程教学大纲和汉语教材，尤其是汉语教材，把握好其逻辑系统，各部分的内在联系、重点难点，考虑教学实践中可能会出现的困难及其解决办法。其次对教学目标、学习者情况、教学内容和任务、教学时间、教学进度、教学方法、教学环境条件有一个整体把握。在国外还要符合各学区或学校的总体教学计划。因为汉语课程只是学习者的诸多课程之一，其学年(学期)教学计划是学习者整体学习计划的一部分。学习者的整体学习计划和标准又是各个国家、各个学区教育部门统一规定的。

第二，建立在学习者的原有汉语水平之上。教学计划的关键在于确定学习者要掌握哪些汉语知识和技能、能完成哪些任务等。这些方面的确定需要建立在对学习者原有汉语水平的详细了解之上，以确定汉语教学内容的"起点"。当然，还要考虑学习者的语言学能、学习风格、学习兴趣、生活背景等几个方面的情况。一句话，教学计划是为学习者量身定做的。

第三，明确列出汉语教学内容的要点。即要确定学多少汉语知识和技能才能保证学习者达到应有的水平，具体包括要学多少个语法项目、多少个词汇和汉字、多少个功能项目、多少个情境和文化等内容。成长中教师可以把汉语教材或教师用书作为制定学期计划的基础，在此基础上再补充更多材料；对成熟教师来说，自己的教学经验和当地在汉语课程上的学期目标是制定学期计划的基础，汉语教材或教师用书则成为一种补充。

第四，处理好制定教学计划的其他问题。如要制定教学进度表，明确哪段时期必须学到哪些内容；以清晰明确的事件（单元总结或测验）来开始和终结各个单元，积累单元教学的成果（单元总结或考试成绩）；学期开始前留出足够的时间（至少提前两周）来制定学期计划，以便为做各个单元计划奠定一个良好的基础，也让汉语教师有充足的时间去准备语料。

1.4 对"单元教学计划"的理解

学年或学期的教学内容是由一个一个的单元组成的。单元教学计划是对各个单元的内容进行适当切分、确定具体的教学要点、选择教学活动和方法、安排教学时间等。单元教学计划要从属于学年（学期）计划，是学年（学期）计划的具体化，能反映汉语课程标准或教学大纲的基本精神和理念。它为课时计划（教案）提供了清晰的方向，为搭班/合作教师进行合作教学提供了思路和参考。

单元教学计划主要分两种:纵向的单元教学计划和横向的单元教学计划。前者是指对要教的汉语知识和技能等内容按照一定的逻辑标准(从简单到复杂、从易到难等)进行排列,要保证先学习前提性知识(如学习"可能补语"所需要提前学习的"结果补语"和"趋向补语")。后者是指跨学科的知识和内容领域,以某个特定话题或问题(如人口、污染等)为中心,跨越传统的学科领域和边界,将不同学科的内容以某种系统的方式结合在一起。横向的单元教学计划一般出现在海外的中小学汉语教学中,如美国犹他州和明尼苏达州的沉浸式汉语教学。

1.5 单元教学计划的构成

单元教学计划通常包括以下几个部分:①标题,即要学习的主题或目标。每个单元教学计划必须有一个连贯而统一的主题,统摄各课的汉语知识、技能、情感和交际能力等内容。②教学目标,即学习者学完该单元后可期待的学习结果。最好既有描述性的目标,又有具体的行为目标。③对学习者的估计和分析,即每个学习者在学习该单元之前的汉语知识、技能以及交际能力的水平,当然也有更具体的在性格特点、兴趣爱好等方面的特征。④正文,包括主题纲要、教学内容、重点难点、教学活动和方法、教学资源和时间框架等。以主题纲要为例,其实就是单元内容的"要点",包括语言点、功能、情景、文化等,仅仅列出来还不够,还要考虑不同"要点"之间的相互关系,确定从何处入手,在何处结束,以及在不同课时的分配,以使后面的"要点"在先前"要点"的基础上得以拓展和深化,产生累积效应。⑤评估方案。即如何对学习者进行评估,一般是从学习者学业成绩和主观满意度两个层面进行评估。⑥教学资源和参考资料等。

1.6 案例分析

1. 案例一：国内汉语教师的单元计划

单元教学计划示例

单元名称	《新概念汉语》第1册第12单元	备注
教学目标		
对学习者的估计和分析		
教学内容（重点与难点）、主要教学活动、方法，以及课时分配	重点词语：公共场所；方位 语言点：(1)用"怎么走"问路；(2)介词"往"表示方向；(3)副词"就"表示加强语气 汉字：很、行、往 听：对话《电影院在哪儿？》 读：课文；方位词 活动：假定你的朋友到你家暂住，告诉他/她从你家到最近的银行（邮局、电影院、超市、商店、医院）怎么走。 ……	
教学资源	自备的图片、方位图等；录音带/mp3	
评估方案	随堂测试	
参考资料		

案例中呈现的这个单元计划示例是国内使用最普遍的单元计划形式，结构清晰、项目完整，也很规范。

2. 案例二：国外语言课学期/单元教学计划

Scrivener(2002:55—57)曾提到过两个教学安排，类似于我们所说的学期教学计划和单元教学计划。

学期教学计划。这里呈现的是西班牙一位英语教师所写的一个六个月英语课程的教学计划中的一部分，即第二个月的教学计划。该英语课程为普通英语，成人学习者，每周两个小时的课，英语水平为初级

(不是初学者,知道一些句型结构,也能生成一些句子,虽然经常有错误)。

第五周	第六周
讨论学习者的已有经历:课堂讨论 教师聚焦在现在完成时的运用上,区分形式和用法。 学习者结对子做一些口头练习活动——发现他们做了什么。 C6单元——学习者听第三个任务,并写第七题。 家庭作业:本周坚持写简单的日记。	教师利用调整钟表的方式来讲述和讨论"时间"的表达(四课前) 教师提问学习者所知道的其他的时间表达(如"在周末");写在黑板上;集中在 on、in、at 的用法。 学习者采取三人一组的方式,相互比较如何度过上个周,同时为其他学习者填上日记表格。 C10单元:学习者做练习三。游戏:过去分词小测验(上一课调整) 家庭作业:C10单元练习1、2
第七周	第八周
词汇:关于房屋。用大的招贴纸来确定他们已经知道的单词和用法。 听:学习者必须在一个房屋的图片上填写相关信息。 说:分组设计他们理想的家。 家庭作业:写一个描述房子的短篇。	全班讨论到目前为止所设的课程。 协商/计划下个月的课程。 学习者分组工作设计下一课的试卷。 听:流行歌曲。任务:听并且完成课文中的空格。

本案例其实只是教学安排,类似于我们的单元教学计划。呈现的这几个单元教学安排,结构上都不太完整,有的主要呈现了主要教学内容,有的呈现了教学活动,等等。仅供读者参考。

资料来源:Scrivener,J. *Learning Teaching*:*A Guidebook for English Language Teachers*. Shanghai Foreign Language Education Press,2002:55—57.

二、编写课时教案

对该项技能的理解和操作如下:

2.1 对"教案"的认识和理解

具体一堂课的教案,也叫课时教案,其实就是汉语教师进行课堂教学的具体实施方案。它具体描述了在一两节课内所要讲授的具体内容的要点、目标及其使用的步骤和方法,所开展的教学活动,所使用的教学材料和工具,以及各个教学步骤的时间安排(有时要精确到每分钟做什么)。教案能够体现出教师对汉语教学的认识、理念、经验、智慧、个性、风格等各个方面。

教案的特点就是计划性、具体化,整合各种材料和活动等资源来进行教学,而不仅仅依赖教材。教案有很多形式,最常见的就是传统的流程式教案,即先有教案设计部分,包括教学要求、教学重点、教学方法、教具等部分,然后是教学过程,包括组织教学、复习旧课、学习新课、本课小结、布置作业等,最后是详细的教案,对每个教学环节的具体活动和要求等都描述得很详细。另一种常见的教案形式是表格式,即用表格的形式把教学目标、教学活动、教具等方面的信息呈现出来。

赵金铭(2003)曾论述过教案的重要作用:"教学带有一定的盲目性、不具备科学程式,不讲求操练技巧,缺乏行之有效的纠错改正能力,对教学中可能出现的问题不能未雨绸缪,缺乏预见性,应变能力差,诸如此类。如欲解决这些问题,唯一的办法就是认真写教案,反复思考,写细写好。"

《国际汉语教学通用课程大纲》(修订版)附件七"汉语课堂常用综合教学模式课例"中分别对汉语常规模式、汉语任务模式、汉语主题模式、跨学科(内容)模式等教学模式各附上了三个课例,主要包括教学环节及其包含的教学活动描述,类似于简单教案,可供我们参考和模仿。

汉语教师要编写规范、可行的教案:提前(三天,甚至一周)就写好;

对每一节课的教学目标有清楚的认识;对教学内容进行"消化"组织;设计多种形式的教学活动;对每个教学环节和步骤都给出具体明确的时间安排,规定好哪些练习课上做、哪些练习课下做,哪些先做,哪些后做。

2.2 教案的构成

教案一般由以下几个部分构成:

(1) 题目,即课文的标题。如"第七课《现在几点了》教案"。有的还附带上课教师姓名、上课日期、具体学时、上课地点、上课班级、所用教材等信息。

(2) 教学对象,即主要包括学习者的国籍、人数、汉语水平、第一语言、业余爱好、主要性格特点等信息。

(3) 教学目标,即学习者学完本课后达到的、清晰、具体、明确,可测量的学习结果。

(4) 教学内容及其分析,即确定"教什么"和"学什么",包括全部教学内容和教学重点、难点、兴趣点,尤其是教学重点和难点,要明确。汉语教师要从实现教学目标的角度来整合、"消化"教学内容,并依据学习者的情况确定其中的教学重点和难点。

(5) 过程、活动和方法,主要包括如何推进课堂教学进展的教学过程、独立的教学活动/任务和针对特定内容的教学方法。这属于教案的重点内容,要清楚说明这节课如何导入(清楚描述导入方式,将要学习的内容与学习者已有知识结合起来)、如何按照教学步骤依次展开,具体包括教学过程、教学活动和主要教学方法(包括如何用精确简练的话语讲解、如何进行练习、讲练如何结合、如何提问、提问什么、如何板书、板书写什么等),即教学环节要清晰,而且应安排合适的时间。

(6) 教学资源,即所需教学材料和教学工具,明确要使用哪些教学手段、教具和材料来实现目标,甚至包括对教学环境的建议。如我们所熟知的汉语教材、例句等语料、音频、视频、教具、图片等,尽可能丰富多样,而又有针对性,有利于学习者理解并实现教学目标。

(7) 板书设计,即对课堂中在黑板(白板)上要写内容的规划。板书设计要附在教案中。

(8) 评价方式,即在本节课结束的时候采用什么方式对学习者的学习状况进行评价。如小测验、综合练习或者家庭作业。当然也可以有非正式的评价方式,如提问和观察学习者的面部表情、体态语和口头反馈。

(9) 结课,即采用什么方式来结束这节课,且要在规定的时间完成。如我们常用的回顾小结式,让学习者清楚自己学到了哪些知识和能力,并将所学的内容与以往和将来的学习联系在一起,以及在现实社会中应用。

(10) 反思,也称"教学后记",即审视并思考这节课的优缺点及其背后的原因,并有意识地加以改正。如学习者理解问题时存在哪些问题?作为教师,自己在哪些方面需要注意?哪些方面在下次应有所提高?等等。

教案可详可略,可以写得非常详细、正式,一个部分都不少,具体步骤环节都很清楚;也可以写得不太正式、很简略,甚至只有一些教学活动的纲目。建议成长中汉语教师在分析学习者、学习内容和学习环境等情况的基础上撰写完整、规范、合理、独特、实用的教案;允许教学经验丰富的成熟汉语教师写得简单一些。

2.3 编写教案的一些原则

第一,有效。编写教案要从课堂教学实际出发,贴近教学内容和学习者的具体情况,以增强课堂教学的效果和效率。要保证有效,汉语教师一方面要熟悉学习者的基本情况,尤其是已有的汉语水平、在所学内容上的掌握情况等。另一方面要熟悉所教内容,吃透教材,弄清楚编写者的编写意图和教学理念。教案其实就是在汉语教学内容和学习者具体情况之间架起"桥梁"。

第二,科学、规范。"科学"是指内容正确无误,所使用的例句等语料为真实使用的句子,安排的教学活动有利于实现课堂教学目标,教学指导思想和具体程序步骤符合课型特点。"规范"的核心是结构完整,编写教案时一定要注意保证教案的结构完整。当然教案中的语言、书写也应规范。避免为了应付检查而写教案,避免不经过思考盲目模仿照抄同事的教案,避免用多媒体课件代替教案。

第三,具体。前文提到,与长时计划相比,短时计划(即教案)最鲜明的特点就是具体,包括达到什么目标、要教哪些知识点、要用什么方法或教具、具体有哪些教学步骤、如何评价学习者的学习情况、具体安排了多少个教学活动、每个教学活动安排了多长时间、准备了哪些动机策略,等等。

第四,简洁、清晰。刚才提到,教案要具体,即汉语教师对未来的课堂教学要考虑得细一点儿,但不一定要全部反映在教案中,可以用简洁的语句代替。尤其是教学内容和教学步骤,点明即可,语言要简练。另外,教案要清晰,一目了然,以免上课需要参考时理不清头绪。

第五,灵活,有弹性。课堂教学有生成性,不可能完全跟着教案走。有经验的教师都知道,在实际教学中总有一些自己在备课时没有想到的内容,在上课时想起来了,也总有一些东西是在跟学习者互动中现场激发出来的,当然也会有一些偶发事件会发生。所以,在编制教案时一方面要具体、明确,另一方面还要让教案有一定的弹性(如多准备点儿内容,多留点儿时间等),以便在课堂教学中灵活处理、变通应用。同时要允许特殊学习者(如学习障碍者、超常儿童等)按照自己的节奏和步调前进。

需要说明的是,这几条原则是针对成长中汉语教师来说的,如果是成熟汉语教师,有些原则可能并不适用,如具体化。在编写教案的过程中,汉语教师可以参考德国的迈尔曾提到备课(编写教案)的十个问题,即:①上一节课哪些还未解答的疑问、哪些还没完成的任务、哪些难点或矛盾会影响到下一节课?如何注意到它们?②学生可能拥有哪些与教学主题相关的前提知识、经历和兴趣?必须考虑到学生的哪些个人进步要求?③这节课的主题是什么?结构如何?可以分为哪些分主题?④要完成的任务是什么?学生上完这节课和上课前相比,应该有哪些进步?⑤哪些教学步骤是必要的?这些步骤该如何合理安排?⑥哪些教学行为模式可用来解决布置的任务?学生已经掌握了还是还需要练习?⑦有哪些教学组织形式?哪些较适合集体讲授,哪些适合小组或独立完成?学生习惯合作吗?⑧要怎样安排座位?现有哪些教学媒体和材料?还需要准备哪些?⑨该如何评价这节课?和学生一起,还是和指导教师或同学们一起?观察者应该特别注意课堂教学的某些方面或某些学生吗?⑩我具备必要的专业知识吗?哪些优点我可以运用到课堂上?我还需要特别准备些什么?[①]

2.4 案例分析

附录1中有两个中国教师的课时教案。Scrivener(2002:46—49)曾提到几个课时教案(Lesson plan),是国外教师常用的[②],而且区分了正式的教案、熟手教师(experienced teacher)写的非正式教案,以及最简单的教案。

正式教案

姓名:Jo 日期:4/9 星期:星期六 学习者水平:初级 上课时间:45分钟

目标(学习者):上完本节课学习者将在英语口语中能准确使用不

---

① [德]希尔伯特·迈尔.备课指南.夏利群译.上海:华东师范大学出版社,2011:40.
② 孔子学院总部/国家汉办.国际汉语教学优秀课例集3.北京语言大学出版社,2015.

同的介词来描述事物的地点。

判定学习者达到目标的证据/标准:a.他们将能够成功地完成信息交换活动;b.他们在操练和回答问题时将能准确得体地进行言语表达。

目的(教师):a.我将努力减少教师话语量;b.让学习者更多地进行相互听。

语言技能:说——描述事物在哪儿,问问题;听——听对方的描述。

语言知识系统:地点介词:next to, on, on top of, near, under, opposite, behind.

具体的要学的例句/词语/功能项目:

$$\text{It's} \begin{cases} \text{on} \\ \text{on top of} \\ \text{next to} \\ \text{under} \\ \text{opposite} \end{cases} \begin{cases} \text{the table} \\ \text{the cupboard} \\ \text{the book} \\ \text{the chair} \\ \text{the window} \end{cases}$$

话题/语境:房子里有只老鼠!胆小的丈夫想知道它在哪儿。

材料/文本/视觉辅助/听力材料:自备材料——黑板上的图片。

假定学习者:熟悉家居词汇,如桌子、冰箱,等等。

预计问题:对 opposite 的意义产生困惑;to,of,the 等词语的弱发音。

教学流程(lesson procedure):

1. 10分钟。全体学习者。目标:学习者回忆地点介词,并能在口语练习中准确使用。使用厨房绘图。检查他们对词汇(桌子、冰箱等)的掌握情况。树立一个害怕不敢看的丈夫形象。"伊克,老鼠在哪儿?"在各个地方画上老鼠,并露出它在哪儿。扮演丈夫和妻子两个角色改正、操练句子。

2. 15分钟。4/5的学习者小组。目标:进一步口头练习。学习者即兴拓展较短的对话并能进行角色扮演。一个小组展示,其他小组看。

3. 10分钟。全体学习者。目标:口头练习的书面巩固。安排一个学习者在黑板上写;从对话中全班回忆并听写一个句子。换一个学习者继续听写新的句子。

4. 10分钟。搭档/结对子。目标:在交际环境中进一步进行口头练习。分发标有A和B的家居图片(老鼠在图片A和图片B中的位置不一样)。两人搭档活动中,每个学习者相互向对方解释老鼠在哪儿(前提是没有看到对方的图片);另一个学习者必须正确画出老鼠所在的正确位置。

非正式的教案:教学笔记

1. 导入——你喜欢改变过去吗?简单讨论一下。给学习者讨论他们想法的机会。如说今天课上我们将讨论过去——但是过去没有发生过的事,而且如果发生也会是不同的事。

2. 图片——肯尼迪和赫鲁晓夫——显示他们是谁——发生了什么。鼓励使用条件句"如果"——纠错并让学习者重复正确的句子,而且发音也要正确(注意不要忽略了形式,否则我也听不懂他们在说什么——也应注意有趣的思想)。

3. 当形式结构在课上被掌握了(一定数量的句子以后——大部分学习者能说正确的句子)在黑板上写上一到两个句子。主要关注其结构是如何形成的——nb If ＋ subject ＋ had/'d ＋ past participle ＋ would've/might've/could've ＋ past participle etc.

4. 介绍角色扮演话题——使用黑板画来设置场景并解释问题情境(宾馆很混乱——这是谁的错?)简要讨论这个基本的形式——然后分发角色卡片。给他们大约三分钟去阅读和思考卡片。

5. 角色扮演。不要打断。倾听并记下所学语言结构的用法——以便下次上课时使用。

案例中呈现的两个教案,第一个是正式的教案,第二个是有经验的熟手教师所写的非正式教案。很明显,正式教案结构比较完整,相对也详细一点;而非正式教案则更像一个教学思路或大纲。

资料来源:Scrivener,J. Learning Teaching:A Guidebook for English Language Teachers. Shanghai Foreign Language Education Press,2002:46—49.

第三章　汉语教学实施能力

　　课堂教学是汉语教师将教学计划（包括长时计划和教案）在课堂上付诸实施的过程。如果说教学设计能力是关于如何教汉语的"纸上谈兵"的能力，那么课堂教学能力则是汉语教师在课堂上"真刀真枪"进行"战斗"的能力。因此它是汉语教师的核心能力。有多年培养年轻汉语教师经验的陈军老师就曾提到，很多年轻的汉语教师知道要"怎么做"，但不能很好地去实施。[①]

　　考虑到全球各地的汉语教师所面对的学习者和教学环境都不一样，我们在对汉语课堂教学进行分析的基础上提出了激发学习兴趣、呈现和讲解、指导学习者学习、促进课堂互动等几项能力，然后再分为更具体的教学技能。

第一节　激发学习兴趣

　　《国际汉语教师标准》（2007）规定汉语教师"能够激发学习者学习汉语的兴趣和潜意识"。激发学习兴趣是有效进行汉语教学的前提，其实质是汉语教师对课堂教学气氛的一种组织和驾驭，尤其是当汉语课堂比较沉闷的时候。没有兴趣，学习者就不愿在学习上付出时间和努力，当然也就无法学好汉语。我们将"激发学习兴趣"的能力细化为导入学习状态、把握教学节奏、结束课堂教学、激发学习动机等几项教学

[①] 引自陈军老师2015年参与本项研究的调查问卷中的开放性问题答案。

技能。

一、导入学习状态

对该项技能的理解和操作如下:

1.1 导入的实质和分类

导入是汉语教师把学习者注意力引入特定内容(一般是新内容),使其进入学习状态,并激起其学习兴趣的一种行为方式。其实质就是为学习者建构一个认知情境或者通道,并为接下来要学的教学内容进行铺垫。

在课堂教学中,导入分两种:一种是整节课的导入,即"组织教学",它是课堂教学的第一个环节,是其序幕和路标;另一种是具体知识点或某个活动的导入,语法、重点词语、话题、功能、文化、言语交际活动等项目的教学都需要简单的导入。

导入做得好,不仅能集中学习者的注意力,使其迅速进入学习状态,还能在很大程度上激发起其学习兴趣和求知欲(即学习动机),形成对所学内容的期待,进而提高汉语教学的质量和效果。

1.2 整节课的导入——组织教学

组织教学(即导入)是课堂教学的第一个环节,主要是为了安定课堂秩序,稳定师生情绪,建立师生互动的氛围和基调,并把学习者的注意力引入到所学内容或与此相关的以前所学内容上。

组织教学的方式主要有回顾上节课(或以前相关的)所学内容、点名、做游戏、从社会日常生活导入、看视频、讲故事、用新颖有趣的方式介绍与学习者有关的话题、用独特的问题来激发学习者的兴趣和好奇心、告知学习者学习目标并指出其与生活的关系等。

汉语教师可以通过查阅书刊、观看优秀课堂教学录像等方式积累一定数量的导入方式,也可以基于本节课教学目标、所教内容、学习者的特点以及自己的教学经验尝试设计独特的导入方式。如游锋华老师在教授《丝绸古城——苏州》(中级阶段)时是这样导入的:"第9课我们学的是《乌鲁木齐人》,了解了在一座城市中生活的居民的共同特点;今天我想跟大家一起去了解另一座城市。苏州既有漂亮的园林,丝绸也非常有名。今天我们就要介绍有'丝绸古城'之称的城市——苏州。"①

如果是在一个新的教学机构、面对一群新的学习者的第一次课,组织教学会复杂一些,但很有必要。具体程序大致有:问候学习者、自我介绍、点名、发放汉语教材、说明上课的基本规则等;当然也可以使用"破冰游戏",让学习者相互熟悉。如当老师说"开始"的时候,每位学习者都应快速站起与同学握手打招呼,同时也问是否去过北京或其他中国城市,谁先完成谁赢。

1.3 具体知识点或某个活动的导入

具体知识点或某个活动的导入不仅仅旨在激发学习者的学习兴趣,引起其有效注意和感知,还能降低所教知识点的难度,引导学习者进行更广阔、更灵活地思维,以更好地理解所教内容。新词语的导入一般是汉语教师(或者让学习者)直接朗读一遍。一般来说,只有比较重要的知识点(如某节课的重点语法或功能项目)、学习者较难理解的语言点(不采取一些方式导入,大多数学习者理解不了)、情景、功能或者课文,汉语教师才会采取比较明显的导入方式。如采用简短地回顾以前所学的内容,以旧代新(用已学过的"动宾结构"引出"动补结构":写汉字——写得很好),设置语境的方法("动作的进行":他在打电话呢),对比的方法(动词加词尾"着""了""过":吃着、吃了、吃过),图表的方法(趋向补语的引申用法"动词/形容词+起来":先展示3月到8月的气温图表,提示学习者气温逐渐升高:天热起来了),就学习者熟悉的某个话题展开讨论等各种方法,帮助学习者从自己原来学过的、相似的、更

---

① 游锋华.《丝绸古城——苏州》教案[A].对外汉语综合课优秀教案集[C].北京:北京语言大学出版社,2010:160.

简单的知识过渡到所要学习的新知识。尤其是对某些课型的具体内容,如听力课中的课文理解,听前的提问和导入能使学习者对课文主题有一个合理预期,调动起自己原有的相关知识,然后通过听来判定是否符合自己原来的设想。

具体知识点或活动的导入方式也没有一定之规,是灵活多样的。我们认为,只要能达到吸引学习者的注意力、减轻其学习困难度的目标,就是好的导入方式。

1.4 导入学习状态的基本方式

(1) 直观导入,即在正式讲解前让学习者先观察实物、模型、图片、视频、动画等,以激发学习者注意力和学习兴趣。如讲解饺子、月饼、旗袍、粽子等词语时,就可以直观导入。有的语法点也可用直观导入,如"V+着",汉语教师可以指着"教室的门"说:"教室的门开着还是关着?"学习者:"关着。"教师也可以呈现一张下雨的图片:"图片上天气怎么样?"学习者:"下雨了。/正在下雨。"教师:"用'着'也可以说——'下着雨'"。这种导入方式更适合文化词语、情景内容等的导入。

(2) 由已学内容导入,即在正式讲解前先通过提问学习者已学过的相关知识作为铺垫和支点,然后再过渡到新内容。如学习"可能补语"时,先复习一下"结果补语"和"趋向补语";学习某个话题时,在黑板上写上话题名称,让学习者说出或写出能想到的词语、句子、场景或事件。另外,通过处理学生作业的方式导入,也属于由已学内容导入,即上课前先处理、讲评上节课的作业,对普遍性的错误进行纠正、讲解。

(3) 直接导入,即正式讲解前直接告诉学习者学习新知识的作用、意义或目标,以引起学习者的学习兴趣。如学习"换钱",就可以先告诉学习者到国外旅游学会"换钱"的用处;学习存现句,可先告诉学习者在这个语言点上要达到什么目标。直接导入更适合中高级阶段、有一定学习主动性的汉语学习者。

（4）已有经验导入，即正式讲解前先告诉学习者自己或其他学习者的相关经验，以引起学习者的学习动机。学习"休闲娱乐"这类话题时，可以从学习者平时的业余爱好开始；学习"印象"话题，可以让某个学习者谈谈对中国的感受、到中国某地的旅游经历；等等。这种导入方式更适合交际类、文化类、话题类内容的导入。

（5）故事导入，即正式讲解前先通过讲故事的方式引出学习内容。如学习中国文化(春节、中秋节)时就可以采用这种导入方式。"春节"可用"年"的故事导入，中秋节可以用"嫦娥奔月"的故事导入。讲故事也有一些基本技巧：提前准备好故事，将故事的关键情节、描述语言、情绪等都掌握熟练，可以给些提示；给出清晰的指令语(如我要讲一个故事，大家注意听，看是不是会喜欢)；讲故事，不是读故事；故事讲完后，可以引导学习者讨论感兴趣的地方。

（6）悬念导入，即正式讲解前先通过一个现象或表达方式吊吊学习者的胃口，使其带着悬念学习新内容。如学习"北京的四合院"，可以让学习者猜猜哪个房间最好，一般住什么辈分的人；学习交际话题，可以描述一个交际场景并点明其中人物，让学习者猜测人物将会说什么。运用这种导入方式，需要汉语教师提前设计好有趣味的问题。

（7）想象导入，即先让学习者自己想象相关内容，然后与随后学习的内容相比较。如在导入课文时，可以先把课文的题目写在黑板上，让学习者写下所有想到的、可以放在此题目下的词汇、句子等各种表达方式。如果是对话式课文，汉语教师可以把对话发生的场景和人物写在黑板上，让学习者进行想象式续写。这种导入方式也主要是在中高级阶段使用。

（8）情境导入，即创设跟所授内容相关的情境，让学习者先感受一下气氛，有些感性认识。如学习"端午节"，就可以先播放一下赛龙舟的视频，让学习者有些感性认识，同时也烘托一下气氛，激发一下兴趣。

王丽琴老师在教《我是谁》这一课时,就设计了情境导入方式:播放用《两只老虎》伴奏音乐填上新词的儿歌《你叫什么名字》,并用身体语言吸引小朋友注意听歌曲并按节奏做出拍手动作,示意小朋友跟随拍手。① 贾放老师这样设计高级汉语会话课《话说"孝道"》的情境导入:播放歌曲《常回家看看》的MTV(播放前将歌词发给学生)。第一遍请学生看着歌词听,听后提出歌词中的疑难问题,由教师解答。②

(9) 事例导入,即汉语教师通过某个事例,引导学习者在事例中说出要学的语言点。如"V+过":老师问:"北京烤鸭好吃吗?"学习者:"好吃!"老师:"你是怎么知道的?"学习者:"我吃过。"再如前面提到的趋向补语的引申用法(动词/形容词+起来):老师:"现在是夏天,与春天相比,天气开始怎么样了?"学习者:"热了!"老师:"对,这是一种'情况的开始',也可以说'热起来了'。"这种导入方式跟"从已有经历或经验导入"很相近。

1.5 有效设计导入时的一些注意事项

导入的宗旨在于激发学习者兴趣,将其注意力吸引在所学内容上。为更好地发挥这一作用,汉语教师设计导入时要注意以下几点:

① 目的明确,即激发学习者的兴趣,并将其注意力吸引到所教授内容上,进入学习状态。②丰富,多样,有趣味,方式新颖(相邻的两课导入方式尽量不要重复),能让学习者感兴趣并迅速吸引其注意力。③有启发性,即能引起学习者对一些现象或问题的思考。④紧扣目标,贴近内容主题和学习者,即与教学目标、教学内容和学习者特点相符合,避免关联度不高。⑤语言清楚、明白、富感染力和艺术性,语速要适中,跟学习者汉语水平相适应,避免导入语比授课内容还复杂。⑥简洁明

---

① 孔子学院总部/国家汉办.国际汉语教学优秀课例集3.北京:北京语言大学出版社,2015:18.

② 张和生,马燕华.对外汉语教学示范教案.北京:北京师范大学出版社,2009:58-62.

快,即要开门见山,避免拖沓冗长和扯得太远。整节课的导入时间不宜超过3分钟,一般以2分钟左右为宜。

1.6 案例分析

1. 案例一

刘佳音(2014)曾谈到一位国际汉语教师在讲授关于服装的课文时就特意穿了一件旗袍作为导入:

T:"大家好!今天老师换了一件新衣服对吗?"

S:"对!"

T:"这件衣服漂亮吗?"

S1:"很漂亮!"

S2:"非常漂亮!"

S3:"很好看!"

T:"大家知道这件衣服叫什么吗?"

S4:"旗袍!"

T:"很好,旗袍,大家跟老师一起读旗袍。"

S:"旗袍。"

T:"很好。旗袍是中国非常有特色的服装,那么今天我们学习的课文就是和服装有关的一个话题。"

案例中刘老师所设计的导入,不仅仅围绕教学目标、教学内容,而且是从自己随身穿的衣服引申、启发,显得相对比较自然、简单、直观、有趣,也充分调动了学习者的积极性和好奇心。这属于直观式导入。

资料来源:刘佳音.国际汉语教师课堂导入话语的语用研究.《长春师范大学学报(自然科学版)》,2014(6).

2. 案例二

张会(2009)在中级汉语精读课《愉快的傣乡行》一课时,就这样

导入:

中国有 56 个民族,各有各的风俗,各有各的习惯。如果你喜欢旅游,你会发现,中国不但有美丽的自然风光和著名的故宫、长城等人文景观,还有各具特色的少数民族风情。

傣族是中国云南的一个少数民族。云南在中国的西南部,那里气候温暖。每年的四月,傣族人都要过一个最重要的传统节日——泼水节。

泼水节是个什么样的节日呢?学了这篇课文以后,相信大家会对泼水节有一个初步的了解。

案例中的张老师从相关的民族风俗引申,再具体到傣族的泼水节,引而不发,卖关子,让学习者产生强烈地学习课文的动机。这属于典型的悬念式导入。

资料来源:张和生,马燕华主编.对外汉语教学示范教案.北京:北京师范大学出版社,2009:13.

3. 案例三

泰国川登喜皇家大学素攀孔子学院的李海阳老师在教授《让传统文化走进汉语课堂》一课时是这样导入的:

同学们,上个学期我们一起学了《快乐汉语》六个单元的内容。大家已经可以说一些汉语了,我很高兴。这个学期,我们将要一起学习一些有趣、有挑战性的东西(握拳做用力状,板书:挑战,tiǎozhàn,challenge)大家有没有想过,什么是语言?什么是文化?语言和文化的关系是怎样的?上个学期你们学习汉语的时候,我也学习了泰语,我现在可以说一些简单的泰语了,我可以去饭店点菜,我会问好。(双手合十)上个星期泰国的著名高僧去世了,我穿了15天黑色衣服。(示意黑色衣服)可是,我还不理解泰国人。我想知道,泰国人为什么尊敬他们的和尚,为什么爱他们的国王,为什么喜欢五颜六色的衣服。我想,你们学习汉语的时候也是一样的,你们也一定想要知道,为什么中国人尊敬孔子,中国人的家庭是什么样子的。都说中国有五千年历史,这五千年里到底发生了什么?今天开始,我们将一起学习《三字经》。(板书:三 sān 字 zì 经 jīng)。这是一本700年前的书。(700年)不用怕,其实学习《三字经》一点都不难。

案例中的李老师从上学期已学内容开始说起,结合自己学习泰语的经历,引出要学的《三字经》,既包括"从已学内容导入",也包括"从教师已有经验导入",属于典型的常用导入方式。

资料来源:李海阳,《让传统文化走进汉语课堂》教案[A].国际汉语教学优秀课例集 3[C].北京:北京语言大学出版社,2015:162.所用教材为李教师在《三字经》基础上自编。

二、把握教学节奏

对该项技能的理解和操作如下:

2.1 对"教学节奏"的理解

根据认知规律,学习者会高度集中于新学习或感兴趣的内容,同时学习的动机也很强烈,一旦掌握以后,学习者的注意力会转向其他内容。汉语教师如果在教学时能够把握这一规律,在学习者注意力高度集中的时候施加影响,促进其对学习内容的掌握,这就形成了一个类似于音乐上的"节拍"。

多个这类的教学"节拍"连在一起,学习者的精神和注意既有紧张和集中,也有松弛和分散,教学活动既有高潮也有平缓,教学速度也有快有慢,就形成了起伏跌宕的、有一定重复性和规律性的"教学节奏"。李景蕙(2008)早就提到过"适度的节奏"对调动学习者学习积极性和提高课堂教学质量的作用。

汉语教师所习惯的教学节奏主要建立在教学环节和教学内容等自

然节拍的基础之上,如根据组织教学、复习旧课、讲授新课、小结等环节形成快慢不同的节奏,或者根据复习上节课已学内容、学习生词、学习语法、学习课文、处理练习等教学内容形成一定的教学节奏。其实还可以根据不同的教学方式或方法,如讲解、练习、质疑、讨论等不同方式或方法形成教学节奏;当然也可以根据学习者反馈的情况(即学习者思维),如学习者疲惫时可以平缓一些,学习者精神良好,强度就可以大一点,学习者松懈,可以紧张一点。另外还有在教学速度和课堂话语等基础上形成的教学节奏。

2.2 教学节奏的几个主要维度

第一,快慢。快慢是教学节奏最明显的一个维度,即汉语教师的教学速度有快有慢。如果是教师讲练速度快,信息量就大,汉语课堂就显得很满、很密。反之,教学速度慢,信息量就小,汉语课堂就显得很疏松。一般来讲,在复习、熟悉新内容和操练技能时要快,使学习者尽量达到脱口而出的地步;在讲解重点、难点和交际性练习时要慢一点,给学习者思考、琢磨和消化的时间。

第二,动静。动静也是教学节奏较为明显的一个维度,即汉语课堂上有时是比较活跃的教学活动,有时就相对比较安静。前者如操练、游戏、讨论、交际活动等,学习者参与的积极性高、情绪也相对高涨一些;后者一般是汉语教师在讲课,学习者在听课,或者留出时间让学习者深入思考、琢磨、消化所学内容等,整个教室相对比较安静一些,学习者的情绪也比较舒缓。汉语课堂中,学习者如果一直处于情绪高涨的活动之中,缺乏冷静思考,其收获会打折扣,正如有些学习者所反映的"课堂虽然很热闹,但觉得学不到实在的东西";学习者如果一直在听课、思考,则又容易造成课堂气氛沉闷,学习动机也容易被抑制,情绪不高。

第三,详略。详略也是教学节奏的一个维度,即汉语教师有的时候讲练得比较详细、充分,有的时候讲练得比较简略。前者如重点词语、语法点、中国文化内容等,后者如名词、课文内容等容易理解的内容。

第四,强弱。主要是学习者情感方面的强弱变化,汉语课堂上重点内容的操练、交际活动的开展、游戏的实施等都属于学习者情绪较强的环节,课堂气氛也会热烈、高涨,而在讲解、过渡、铺垫等环节,学习者情绪相对较弱,课堂气氛也会显得低落一些。

汉语教师要形成教学节奏的意识,有意识地做出安排,提前做好设计,使课堂动静结合、张弛有度,以最大限度地促进学习者的汉语学习。

2.3 有效调节教学节奏的几种方法

(1) 课堂话语调节。在复习、领读、操练等内容和环节如果想达到一个较快的节奏,汉语教师可以把自己课堂话语的速度加快,即领读得快,声音大,而且急促,以此带动学习者的思维节奏变快,接收的信息量也大。汉语教师可以根据教学需要调整课堂话语的语速,有快有慢,快慢结合。

(2) 非言语调节。在复习和操练等环节,为增加学习者的开口率,很多时候汉语教师是不说话的,只是用手势指挥学习者开口练习。这里有一个前提,即汉语教师的各种手势、眼神、表情等非言语动作神态有比较确切的含义,能够被学习者所理解。如右手掌向上伸向某位同学表示让其开口单练,一个说完马上伸向另一个,非常紧凑,属于短平快式的练习。

(3) 教学活动调节。汉语课堂教学是由各种教学活动组成的。有些教学活动的气氛比较热烈,如竞赛性的听写等小组活动等,这个时候教学节奏就快一些,学习者思维运转也快,其情绪也相对高涨;有些教学活动气氛就相对平缓,如讲完生词后学习者自己阅读回答问题等。汉语教师如果想加快教学节奏,可以采取措施让教学活动充满竞争性。如默写汉字,加上时间限制,或者两个组进行比赛,就会充满活力;再如,把对汉语生词的自认改成"拍苍蝇"的游戏,就会变得紧张、刺激。

学习者思维和认知也会变快,更有效率。

2.4 一堂汉语课的教学节奏

在具体一堂汉语讲练课中,从基本教学环节来看,复习旧课和组织教学往往是舒缓的,属于对后面高潮的铺垫。在生词阶段有几个小高潮,即对重点词语的扩展:词——词组——句子,如"人——中国人——我是中国人"。句子领读后,引导学习者一起读几遍,课堂气氛会形成一个小高潮。然后再通过让学习者分别读、提问等方式,使教学节奏舒缓下来。到下一个重点词语可以再形成一个小高潮。到对话或课文阶段,遇到重点句子,通过学习者一起读,并用加快节奏、提高声音的方法来使教学节奏达到高潮。在学完对话或课文后,对重点句型和词语的情景练习,也可以达到一个小高潮,即不断地通过图片转换情景,让学习者快速说出句子。在角色扮演的最后表演阶段,也可以形成一个教学节奏的高潮。最后通过教师点评来舒缓教学节奏。

其中,处理课文以及紧随其后的交际性练习是最大的高潮。因为这是对整节课所学词汇、语法、功能等内容的整体理解吸收,并在此基础上融会贯通,进而在实际交际情景中进行表达和应用。该"高潮"部分的质量和效果往往决定着整节汉语课的成败。

海外的汉语课堂往往是由活动或任务组成的。汉语教师可以把一节课分成若干个 10-15 分钟的活动或任务,把不同的学习内容(如词汇、语法、语用交际等)"镶嵌"进各个活动之中。这样,学习者参与的每个活动就是一个小高潮,活动之间的过渡就属于铺垫阶段。这样的课堂教学节奏也很清晰。

2.5 案例分析

1. 案例一

莫丹老师在教授《她去过许多地方》(《速成汉语初级教程——综合课本》郭志良主编,第三十三课)时教学节奏就把握得很好。莫老师所设计的教学步骤为:组织教学、复习(包括生词卡、复习课文、成段表达、导入新课)、生词(包括领读、练习、认读、领读)、语法(包括导入、要……了、就要……了、快要……了、填空练习)、课文(包括导入、课文、分段练习+交际练习、领说全段课文——齐说——个别说、模仿交际练习、看PPT朗读课文)、将课文改成叙述体(包括说贝拉叙述的部分、两两练习白教师叙述的部分—轮流说)、总结本课内容、作业。

就案例中的教学节奏来看,"组织教学"环节和"复习"环节中的"生词卡认读"属于"紧锣密鼓"般地铺垫,到"复习"环节中的"复习课文"和"成段表达"两个步骤,就达到了一次小高潮;紧接着"复习"环节中的"导入新课","生词"环节中的"领读""练习"属于铺垫和发展,"生词"环节中的"认读""领读(包括重点句)"就属于第二次小高潮;在"语法"环节中,短暂的"导入"之后,就开始了持续快节奏的语法点讲练,一直到该环节中的"填空练习",都属于第三次小高潮;在"课文"环节中,短暂的"导入"后,就开始了持续快节奏的、逐段进行的课文问答、齐读、朗读、领说等,还有分段练习、交际练习、模仿交际练习、将课文改成叙述体等活动,都属于第四次高潮,这也是整堂课的顶点,持续性的最大高潮;随后的"总结本课内容"和"作业"属于收尾,归于平静。

校级教学督导李杨教授点评到:"100分钟的时间里精神持续高度紧张是很难做到的,对于重点、难点,教师调动起学生的高度注意力,同时也为课堂注入一些轻松的成分,利用课堂上的突发状况或学生的特点创造语境,达到活跃课堂气氛的效果。"其他教学督导也认为:"整个课堂教学设计及组织行云流水……教学环节精心设计,完整、自然;课堂气氛活跃融合,能够把全班学生充分调动起来……听这样的课真是一种享受,学生、教师以及评委都在又紧张又轻松自然畅快的气氛中不知不觉度过了一百分钟,几乎十全十美,无可挑剔。"

资料来源:韩经太.教学督导的实践探索.北京:北京语言大学出版社,2008:

126、138.

2. 案例二

英国伦敦南岸大学中医孔子学院王淼在教《你喜欢踢毽子吗?》(该教材为教师自编)一课时教学节奏把握得也很好。王老师设计的教学环节包括热身活动(20分钟)、新知呈现(15分钟)、语言操练(25分钟)、综合运用(20分钟)、小结及作业(10分钟)五个。热身活动环节包括互致问候、导入旧课(5分钟),内容一(5分钟),内容二(10分钟)。内容一为师生互动对话、分组操练,内容二为游戏"拍得快"。新知呈现环节包括新词学习(8分钟)和语法精讲(7分钟)。语言操练环节包括内容一口语表述训练和内容二"记忆大比拼"游戏。综合运用环节包括内容一日常对话训练、内容二扩展深化课堂教学内容、内容三"你来演,我们猜,争分夺秒游戏"。

从教学节奏的角度来看,王老师的课堂在轻重、缓急、收放等方面做得很好,首先在"热身活动"的20分钟内由慢到快,由相对安静到气氛热烈,达到一个小高潮。其次"新知呈现"环节属于相对安静和缓慢的阶段。"语言操练"环节则属于越来越紧凑和热烈的阶段。而且跟"综合运用"环节一起,共同推进了本节课的高潮。小结及作业环节属于收尾,但也有播放踢毽子视频等环节。

课例评析也提到:这节汉语课设计了丰富的学习内容和课堂活动,没有将"讲"与"练"完全分开,而是交互进行。教师更注重营造愉悦、轻松的学习氛围。90分钟的教学时间内,教师尽量让学生"多互动、勤开口",并保持浓厚的学习热情。

资料来源:王淼.《你喜欢踢毽子吗?》教案[A].国际汉语教学优秀课例集3[C].北京:北京语言大学出版社,2015:79-84.

三、结束课堂教学

结束课堂教学,简称"结课"。任何一项活动都是有头有尾,有开始有结束。上课同样如此,导入是其开始,结课自然就是其结束。普通教育界有个说法叫"凤头豹尾",就是要求教师上课既有较好的导入方式,也有较好的结课方式。较好的结课方式往往能起到强调本节课重点难点和总结巩固学习者所学内容的作用,使学习者有一种意犹未尽的感觉。

对该项技能的理解和操作如下:

3.1 对"结课"的理解

结课是指汉语教师在下课前(一般为两三分钟)采取一定的方式方法顺利结束课堂教学的行为。它往往把所教内容的要点简明扼要地予以重申和强调,或者拓展延伸,或者将其放在整个学科内容体系中,使学习者对内容理解得更深刻、更清晰,并产生进一步探索的动机和兴趣。

对一整节课来说,下课前的几分钟,也是教师和学习者容易松懈的时候,教师的控制力减弱,学习者容易走神,有的还可能会烦躁不安地摆弄文具或收拾自己的课本、笔等物品,并预测或想象下一节课或下一个活动,因而造成课堂教学时间的浪费和秩序的混乱。一个精彩的"结束"不仅能减轻或避免以上这些情况,而且能给学习者留下兴奋、好奇和意犹未尽的感觉,就像故事的精彩结尾,可以让学习者继续保持兴趣和投入。

基于此,结课大致包括以下几个步骤:简单回顾(带领学习者对所学内容进行简要回顾)——突出重点(指出所教内容的重点是什么,并予以强化)——指示应用(把所教内容应用到实际生活情境中,解决新问题)——拓展延伸,激发兴趣(引导学习者把所学知识与整个内容联系起来,构建一个相对完整的知识体系)。

3.2 有效结课的几条原则

第一,简明扼要,目的明确。课堂结束是在一整节课快要完成的时候,时间很短,一般都在3分钟以内。预留好结课的时间,避免拖堂结课。基于此,汉语教师最好用简单、清楚、明白的语言把所教内容的要点和脉络干净利落地归纳出来;归纳时紧扣教学目标,突出内容结构和重点,以巩固学习者的理解和收获,强化学习者的理解和记忆。

第二,深化提高,使知识系统化。除了对所学内容进行条理化归纳以外,汉语教师还可以依据学习者的水平联系所学内容的"前后左右",对其进行一定程度的总结、深化和提高,尤其是重要的词汇、语法规则、话题等内容;也可以将所学内容与学习者的原有知识和日常生活经验联系起来,使其拥有一个系统化、网络化的汉语知识和技能结构。

第三,结束方式多样化。为了更有效地巩固所教内容、激发学习者进一步学习的兴趣,汉语教师可以依据所学内容的特点和学习者各方面的具体情况不断变化,采取多样化的方式来结束。如可以采取检查提问的方式;可以采用引导学习者在实际交际情境中使用所学内容;可以把所学内容向其他方向拓展和延伸,以拓宽学习者的视野和知识面,激发其进一步探索;也可以预告与所学内容相关的未知部分,留给学习者悬念,激发其主动探究;等等。

3.3 结课时常用的几种方式

(1)归纳总结,即引导学习者对刚完成的教学活动或一节课进行归纳,尤其是所学内容的结构和重点,有时可采用纲要和图表,形成一个高层次抽象化结论。游锋华老师在教授《丝绸古城——苏州》时、于昆老师在教授《罗布泊——消逝的仙湖》时都在最后总结了所学文章的结构。[①]

[①] 游锋华.《丝绸古城——苏州》教案[A].对外汉语综合课优秀教案集[C].北京:北京语言大学出版社,2010:169;于昆.《罗布泊——消逝的仙湖》教案[A].对外汉语综合课优秀教案集[C].北京:北京语言大学出版社,2010:201.

（2）对比相似内容，即引导学习者把新学内容与已学相似内容进行对比，以更好地理解和记忆。如学了"趋向补语"，可以与"结果补语"进行对比。

（3）引导学习者自主学习和探索，即汉语教师不应限于对所学内容的总结归纳，还要在此基础上把学习者注意力引到相近的内容上去，鼓励其去探索和应用。如学了"问路"，可以播放实际生活中中国人多种问路方式的视频。

（4）提出问题，引发思考和讨论，即在理解所学内容的基础上，提出让人深入思考的问题，引起学习者讨论。如学完《干得好不如嫁得好》这篇课文后，可以提出以下问题让学习者思考：对女孩来说，家庭重要，还是事业重要？自己努力奋斗重要？还是找个好丈夫重要？

（5）适当布置作业，即针对所学的重点内容适当布置一些口头和笔头的作业。如学了"爱好"，让学习者收集十名以上中国人的爱好。注意：作业内容和要求要具体明确，必要时写在黑板上。成熟汉语教师在布置作业时可能还会考虑为下一节课作铺垫。

（6）安排活动，即针对所学内容安排一些言语交际活动（如角色扮演、讨论和汇报等）。这样既能练习、应用所学内容，又能使学习者在紧张的学习之余得到一定的放松，还能吸引学习者下次按时出勤。如学了"订购"等功能项目就可以采用这种方式结课。当然，也可以是单纯的表演活动，威尔士班戈大学孔子学院的金希老师就是用最后的4分钟表演京剧和陶笛的方式来结课的，并告诉学生如果有兴趣，以后还有机会接触。[①]

（7）考查评价，即设计一些题目或活动，对学习者进行当堂测验，并在其分数结果基础上给予反馈和评价。还有一种方式，教师只是发给

---

① 具体参见附录1中的金希老师教案。

学习者一个空白的表格,要求学习者自己总结课堂所学的主要内容、收获和问题。

3.4 布置作业——结课的重要组成部分

作业主要包括课堂作业和家庭作业两种形式。课堂作业即要求现场完成的课堂练习或活动等,前面已有论述。这里主要讨论家庭作业的布置。

从功能作用角度来讲,家庭作业主要有三类:首先是旨在复习已学内容的家庭作业;其次是旨在预习将要学习的内容的家庭作业;最后是旨在形成汉语交际能力的拓展性、创造性家庭作业。一般来讲,第一类和第二类的作业对所有的学习者都要布置。第三类的作业可以提供给学习者选做,鼓励汉语水平高的学习者进行尝试。当然,这三类家庭作业都具有评价作用,也都有师生之间沟通和交流的意义。

语言类家庭作业主要有以下几种形式:书面作业(如造句、写作等)、口头作业(如复述、背诵、朗读等)、交际实践作业(如调查酒文化、去购物或租房)等。

具体布置作业时,汉语教师可:

(1) 明确作业的目的和层次。首先,汉语教师要清楚哪些作业是巩固性的,哪些作业是预习性的,哪些作业是挑战性的。对国外的低龄汉语学习者来说,教学目的主要是为了培养其对汉语和中国文化的兴趣,尽量多布置一些活动性的作业,如访问社区内的华人家庭等。其次,布置作业要分层次,即有些作业是必须做的,如巩固性作业和预习性作业;有些作业是趣味性的、挑战性的、自愿选做的,学习者可以根据自己的情况决定做不做。

(2) 明确表述作业。明确告诉学习者:作业在第几页从第几题到第几题,必要时写在黑板上;做作业的要求,保证所有学习者都明白,自己回到家后能独立去做;交作业的时间以及最后期限。

（3）针对性地布置基本作业。基本作业最好直接针对当天所学内容或明天要学内容。如果是拓展性、挑战性的作业，允许融合更多学科的内容，以形成汉语综合运用能力。

（4）布置合适的作业量。汉语初学者，尤其是低龄的汉语初学者，可以布置较少的作业，如果在国外某些地区，要注意小学三年级以下的学习者做作业时间一般不宜超过15分钟，三年级到六年级一般不超过30分钟，而且最好不要布置重复性的汉字抄写作业。具体国家不同，时间可能不一样，汉语教师要询问当地的同事。

另外，对某些完成作业有困难的学习者提供一些必要的指导，尤其是拓展性的、创造性的综合性作业；使作业具有生活化、趣味性和实践性；也可以考虑给出多种形式的作业，让学习者自己选择一种；对学习者交上来的作业进行及时、具体的反馈等，也是汉语教师应努力做到的。

Osborn(转引自Good & Brophy,2002:481)曾提出以下布置作业的原则：①作业中应保持足够比例的与当前学习内容有关的知识；②还应保持一定比例的对学过内容系统复习的知识；③作业应体现学习内容中的要点；④为需要增加练习的学生提供额外的作业；⑤讲课应明白易懂，简洁；⑥教师对学生作业的批改方式应持续的阅览和写评语（不是画圈、画线、在词语之间画箭头等）；⑦应避免耍小聪明的，无多大作用的，费事且又费时的作业；⑧布置练习时应附带说明目的。

3.5 案例分析

1. 案例一

王枫老师在教授《手里拿着红色的手机》时这样结课：

教师通过提问帮助学生复习第十六课课文（一）、（二）的内容。

• 教师行为：一边提问一边展示PPT对第十六课的语言点和课文内容进行总结。

小结	第十六课 我穿着白色T恤
	课文(一)我只能坐着
	S+(在哪儿)+V着
	课文(二)手里拿着红色的手机
	地方+V着+sth./sb.

• 教师引导语:1.课文(一)中安妮怎么样了？她能动吗？(安妮的腿受伤了,她不能动,只能坐着或者躺着。)2.课文(二)瑞贝卡什么样子？大卫什么样子？(瑞贝卡上身穿着一件白色T恤,下身穿着一条蓝色牛仔裤,头上戴着一个白色的帽子,手里拿着一个红色的手机。大卫上身穿着一件黄色的毛衣,左手拿着一个黑色的手机,右手举着一张纸。纸上写着瑞贝卡的名字。)

• 教师行为:布置作业,并展示PPT辅助说明。

• 教师语言:1.语法练习语法活页练习册P7－8语法部分的练习题。2.口语和写作练习口语题目二选一:(1)准备一张跟朋友的合影,给同学看并通过语言描述让你的同学找到每个人。你需要描述照片上每个人的年龄、长相、穿着、状态等等。注意描述的过程中要使用本课所学的语言点。(2)准备一张家里或者宿舍房间里的照片,给朋友看并通过语言描述房间里各种东西的陈设和布置。你需要描述房间里的家具以及摆放的家电和装饰品。也可以通过进一步的描述,给你的朋友介绍你家别的房间。写作要求:将所介绍内容写在作业本上,要求100字左右。3.新课预习预习第十七课(一)的生词和课文。

王枫老师思路:学生在学完课文(一)(二)两部分的生词和语法后,通过一个简单的语法小结可以把学过的知识系统化、清晰化,有利于形成长久的记忆。布置课下作业,是帮助学生巩固生词、语法、课文的重要手段。本课在作业形式的选择上兼顾了听说读写各项技能的训练。同时在作业的设计上还注意了灵活性和针对性,不同的学生可以根据自己的喜好和特点选择口语作业的题目,充分尊重了学生的自主意识。

案例中王老师的结课方式是最普遍的、最常用的,也是最经典的,即通过复习、小结、布置拓展性作业来达到深化、系统化所学内容的目的。具体思路想法见上文中王老师的思考。

资料来源:王枫.《手里拿着红色的手机》教案[A].对外汉语综合课优秀教案集[C].北京:北京语言大学出版社,2010:73—75.

2. 案例二

美国南卡罗莱纳州哥伦比亚东点学校的陈雅婷老师在教《你好吗?我很好,谢谢!》一课时就是用总结及布置作业来结课的:

1. 通过问候引导学生再次复习和梳理本课及之前语言点。

2. 布置作业

(1) 设计并发放调查表

(2) 要求学生课后用本课语言点向家人老师朋友问候,同时在调查表上做记录。

陈老师的设计意图是:总结,使学生巩固所学内容。让学生课后继续练习,下次课根据学生交还调查表上回答的记录向学生进一步介绍"你好吗?"的其他回答方式。

这则海外案例中的陈老师同样是复习、梳理所学内容,并布置相应的作业。这种方式符合学习者的认知规律和教学原则,因而成为最主要、最常用的结课方式,无论国内还是海外。

资料来源:陈雅婷.《你好吗? 我很好,谢谢!》教案.国际汉语教学优秀课例集 3.北京:北京语言大学出版社,2015:16.

四、激发学习动机

很多有海外教学经历的汉语教师认为,这项教学技能非常重要,尤其是对于低龄的汉语学习者。

对该项技能的理解和操作如下:

4.1 对"学习动机"的认识

学习动机是学习者因为对学习感兴趣而倾向于在汉语学习上不断付出精力和时间的原动力,包括四个层面:行动的愿望、行动的兴趣、投入到行动中的时间和精力、(保持)持续性。它让学习者觉得汉语学习有兴趣、有意思,并愿意持续投入精力和时间。

激发学习动机是指汉语教师通过一些教学活动或事件聚集学习者注意力的过程,既包括把部分学习者从完全不注意的状态转变为感官(尤其是视觉和听觉)和意识都参与的状态,也包括把另一部分学习者从注意力投入不够的状态,提升为注意力有足够投入的状态,使学习者处于一种好奇、感兴趣、急于探究的状态。

影响汉语学习动机的因素很多,可分为内部因素和外部因素两类。内部因素主要包括汉语学习的需要、目的和预期结果等,外部因素主要包括教师、教学内容(教材)、教学方法、教学制度、家长、奖惩制度、学习成绩和汉语的难度,等等。各因素对不同学习者汉语学习动机的影响程度是不一样的。其中,学习者所学内容的价值和学习者期望学会这些内容的程度是影响学习动机的两个主要因素,即动机=期望(学习者期望学会的程度)×价值(所学内容的价值)。

学习动机可分为内在动机和外在动机,也可分为融合型动机和工具型动机。一般来说,内在动机和融合型动机更持久,更能促进学习者的学习行为。学习动机还可分为整体动机(global motivation)、情景动机(situational motivation)和任务动机(task motivation)。

只有有了相应的学习动机,学习者才会在教学内容上集中自己的注意。在具体一段时间内,注意是一种短缺资源,是有限度的,有可能被吸引到其他方面,造成分散的状态。只有保证其注意资源一直运用在汉语知识和技能等内容上,学习者才能有效掌握汉语知识和技能等内容,实现教学目标。只有具备了相应的学习动机,学习者才会产生汉语学习热情,愿意参与各种学习活动。

汉语教师要能在同一时间关注多个方面,既及时了解每位学习者都在做什么,还要保证其专注于学习任务;同时还要想办法激发并保持学习者的动机(如创造有趣的教学情境和挑战性的学习任务),避免其注意力分散;如果其注意力分散,汉语教师要能及时有效地采取措施将其吸引回来,以保证汉语课堂教学的质量和效果。

4.2 学习者缺乏汉语学习动机的原因

不同学习者缺乏汉语学习动机的原因是不一样的。任何一个影响汉语学习动机的因素出现了偏差,或者与某个学习者的具体情况不相配,都有可能造成其汉语学习动机的缺乏或减弱。如教学内容的实用性、趣味性、难易程度,教学节奏的快慢,教学策略的多样性,学习者要完成任务的难度,教师反馈的及时和频率,评价方式的科学性和适合度,教学环境舒适度,等等。我们以教学内容和教学节奏为例进行说明。

首先,教学内容缺乏实用性,即学习者学了以后,感觉没有多大用处,不能解决日常生活和工作中的言语交际问题。如我们以前课堂上学的很多教科书语言(textbook language):"这是书。那是本子。"其次,教学内容缺乏趣味性,使学习者感觉没有意思,如有些汉语教师只会讲解、领读、操练,就容易让学习者乏味。再次,教学内容在数量上不合适,安排过多,学习者往往会疲于应付;安排过少,学习者则没有收获感。最后,教学内容在难度上不合适,太难超出学习者的接受能力(即"吃不了"),太容易无法对学习者形成挑战(即"吃不饱"),这都会影响到学习者的学习动机。汉语教师要根据自己的理解和学习者的需要对教学内容重新整合,取其精要,适度安排,同时考虑其实用性、趣味性和难易度。

教学节奏安排不合理也容易让学习者缺乏动机。不同的教学步骤或活动之间应有一定的节奏,一直松松垮垮和始终绷得太紧都不合适,前者让人觉得没有挑战性,后者则容易让人过度疲劳。汉语教师要根据教学内容的难度、所花时间的多少,以及学习者的疲劳程度进行合理切分和调配,把课堂分成几个段落,如生词和课文之间,课文和交际性活动之间等,使不同的教学步骤或活动交叉进行,整个教学显得张弛有度,学习者也能劳逸结合,处于良好的精神状态。

Marsh(2005:49)曾提到过可能降低学习动机的情况:身体不适;来自老师的过度要求;老师有意无意对某一个人或群体表示较低的期望值;用课堂上没有讲述的材料来测试学生;学生要求老师的帮助没有得到回应;学生不得不以对他们来说太快的节奏应对;学生不得不听老师讲述一些他们不感兴趣的事情等。

4.3 有效激发并保持学习动机的几条原则

第一,让学习者体验到成就感。成就感是学习者对自己经过努力完成某些学习任务时所产生的成功体验和自豪感,同时也包含对自我学习能力得到认定的喜悦感。如果能在汉语学习过程中经常体验到成就感,那么学习者的汉语学习动机往往就很强。所以,汉语教师要创造条件让学习者体验到成就感。如根据学习者的能力水平设定汉语学习目标和选择学习任务;对学习者在汉语学习方面的进步及时给予表扬;准确诊断学习者在哪个方面相对较差,针对性地帮助提高;等等。

第二,增强学习内容、任务和材料的趣味性。如果学习内容和材料有趣味,学习者的汉语学习动机就会很强。所以,汉语教师要尽可能提高学习内容和材料的趣味性,或者在教学内容中积极寻找、拓展学习者感兴趣的"点"。如挑选一些蕴含有意思话题的语料,根据学习者的兴趣设计学习活动和任务,引导学习内容和任务跟学习者的以往经历联系起来,等等。当然,前提是先了解学习者对什么内容、任务和材料感兴趣。

第三,激发学习者对汉语和中国文化的好奇心。好奇心属于内在动机,一旦被激发,往往比较持久。汉语教师可以通过对比汉语(中国文化)与学习者母语及其文化的差异、质疑学习者的观点、给出同一问题的不同答案、制造同一情景下的两难问题等方式来激发学习者对汉语和中国文化的好奇心。尤其是开学第一课,汉语教师一定要注意所教内容的难度,有意挑选一些有趣的内容和材料,激发学习者的好奇心,使其形成学习汉语的内在动机。

第四,营造安全、人性化的学习环境。学习环境也是影响学习动机的重要因素。安全、人性化的课堂学习环境有利于激发并保持学习者的学习动机。所以,汉语教师要尽力塑造一个安全、合作、无威胁、放松的心理环境和人性化的物理环境。如多安排结对子或小组合作学习;多采用标准参照评价;鼓励学习者敢说、多说,不因其出现错误就严厉批评和责备;对所有有需要的学习者提供帮助,而不仅仅是汉语水平较高的学习者;如果在国外,要有意识地塑造一个汉语和中国文化元素丰富的教室环境,等等。

第五,让学习者能自主选择和决定某些学习任务和方式。一般来说,有了选择权和决定权,学习者往往能够对自己所选的某些学习任务和方式负责,具有较强的学习动机。所以,汉语教师要给学习者一定的选择权和决定权。如提供多种学习任务或者作业,让学习者自己来选择完成;让学习者自己决定完成学习任务的方式和时间;让学习者自己选择适合自己的汉语学习目标、汉语材料;允许学习者参与学习目标的制定;等等。

Marsh(2005:48—49)也提到一些激发学习动机的原则①,但笔者觉得更像是具体策略。

4.4　有效激发并保持学习动机的一些具体策略

Good & Brophy(2002:194—198)曾提到激发和保持注意力的一些策略:开始上课时就集中注意力;要保持适当的上课进度;上课期间监控学习者注意;定时激发注意力;保持责任感;迅速结束拖得太久的上课。Marsh(2005:42)也提到过一些激励内在动机的策略:给学生提供一个全新的课堂环境;利用逸闻趣事让学生给出个性化的答案;提出富有挑战性的问题;提供有关某个话题的相互冲突的信息;提供新奇的例子;运用案例研究报告。在此基础上,我们结合汉语教学的特点,提出以下有效激发并保持学习动机的具体策略:

(1) 设置合适的教学目标。这里的"合适"是指清楚、明确、可测量,可实现,又有一定挑战性。有了合适的目标,知道了自己在教学结束时会获得哪些汉语知识和技能,学习者往往会产生较强的学习动机。如果班上学习者的汉语水平参差不齐(如孔子学院的班级),汉语教师可以给出程度不同的多个目标,让学习者根据自己的情况选择适合自己的,并督促其完成。

(2) 情境化呈现和学习。干巴巴的汉语知识讲解和技能操练总是显得枯燥。汉语教师如能有意识地创造问题情境,把教学内容"融化"在日常的言语交际中,或者是交际困境中、实例中,用交际情景和实例来呈现内容,显示其意义,不仅能有效激发学习者的学习动机,还可以

---

① Marsh(2005:48—49)提到激发学习动机的基本原则:①用口头和书面的支持。②提供富有挑战及多种多样的学习机会——需要足够的多样性才能使兴趣得以保持;③课堂尽量使教学需要与学生兴趣结合起来;④利用可以实现的短期目标——短期目标具有较高的成就感。⑤选择有效的强化手段——这就需要老师时时监测哪些手段对哪些特定的学生和群体是成功的。⑥目标明确——学生如果被告知其学习的特殊目标,他们无疑会更有干劲。⑦利用新的刺激作为跳板——学生总会受到新的、复杂的或难以理解的刺激的强烈激发;利用这种好奇作为进入课堂的跳板。⑧利用模仿和游戏。⑨用熟悉的材料做铺垫。

减轻所学内容的难度。如新旧知识比较性问题情境(包括近义词、同义词等)、事物发展的过程性问题情境(有时表现为中高级课文的发展思路)、探索未知的问题情境(即通过提问点破学习者的未知领域)、批判性问题情境(对似是而非的观点进行讨论)、想象性问题情境(如听一段中国民乐,谈谈自己的感受),等等。

(3) 激发内外两种动机。内在动机属于促进汉语学习的自然力量,更主动、更持久。汉语教师要有意识地采取措施激发学习者学习汉语的内在动机。如设计轻松有趣的、有争议性的话题(如各国青年选择男/女朋友的标准和"干得好"和"嫁得好",哪个更重要);利用学习者在日常生活中的言语表达所需等内容作为课堂教学的例子;用班上的学习者作主语或者故事中的主人公(当然负面的例子应避免使用);用学习者使用过(包括作业中)的句子来呈现语法规则;等等。外部动机同样有利于促进学习者的汉语学习。汉语教师可以运用奖励和鼓励等方式,让学习者在学习过程中不断感受到"小惊喜""小刺激",激发其对汉语学习的外在动机。尤其是低龄的汉语学习者(如选修汉语课的中小学生)内在动机不够强,更要着重通过物质奖励等手段和方式来刺激。

(4) 对学习者有期望,并引导其对自己有合理期望。一方面,汉语教师要充分利用期望效应(又称罗森塔尔效应或皮格马利翁效应),对学习者取得汉语学习的成功有信心、有期望,发自内心地相信所有的学习者都能掌握所学内容,并尽最大努力去帮助每一个学习者。如果感受到教师对自己的这种信心和期望,学习者会相应地调整自己的努力程度和对自己的期望,产生较强的学习动机。尤其是对那些年纪小、成绩不够好又非常喜欢汉语教师的学习者,更容易受到教师期望的影响。因此,汉语教师不仅要让学习者感受到对他的期望,而且要用具体的教学行为来隐含表达自己的期望,而不是明确告诉。如经常微笑、点头并与学习者保持眼神交流;经常鼓励学习者发表意见,并表扬学习者;提供必要的指导;给予学习者大量、具体的反馈,帮助学习者改正错误的回答或补充不全面的回答;等等。另一方面,汉语教师还要帮助学习者设立合理期望值,即让学习者经过努力后能够达到自己的期望。

(5) 增强教学内容与学习者的相关性。首先,从学习者关心的事物引入教学。学习者都愿意讨论跟自己有关的事物,而对跟自己完全不相干的内容缺乏动机。汉语教师可使自己的教学内容跟学习者关联起来,激发其学习动机。如配合学习内容讲连环故事或漫画,一天一集/一页,注意前后连贯性,或者每天上课前报告新闻、天气预报等,都是增强学习者的兴趣的有效方式。其次,突出汉语教学内容与学习者所学其他学科之间的联系。尤其是在国外中小学任教的汉语教师,要把汉语教学内容跟学习者的其他学科相关联。这不仅能极大地激发学习者的学习动机,而且还能加强相关联部分的学习效果,即累积效应(accumulative effect)。

(6) 养成良好的个人品质。具有热情、幽默、有感染力等个人品质的汉语教师有助于带动学习者对汉语学习产生动机和兴趣。热情的汉语教师不仅热爱自己所从事的汉语教学,而且信任和尊重学习者。"幽默"能消除学习者的紧张情绪,使其感受到安全和信任。汉语教师可以提前计划好,也可自发随机使用幽默,最好是将幽默与所学内容、教学过程结合在一起,使学习者感到学习汉语的乐趣,但要避免为了幽默而讽刺、挖苦和取笑学习者(自嘲可以)。"有感染力"能迅速把学习者的精神和动机调动起来,使其深度投入到课堂教学之中。

(7) 体现多样化。多样化不仅能调动学习者的学习动机和兴趣,而且是有效教学的典型特征和关键行为。汉语教师可在各个环节和方面体现多样化:吸引注意的技巧有挑战性问题;教学手段调动多种感官(multisensory)的(如视觉、听觉、动觉,甚至全身)图表、图片、模型、音频、视频等;提问是发散性的、聚合性的、展示性的、参考性的、封闭性的、开放性的等多种类型;操练,可以集体说、个体说、全班同学轮着说、男生和女生说、学习者领说、正常音量说、小声说、大声喊、唱、表演等等。

古巴哈瓦那大学孔子学院的李亚楠老师就通过谈心等途径让一个名叫贝蕾丝的学生重拾信心,学习成绩提高了,当然学习动机也就增强了。[1]

汉语教师可通过查阅汉语教学类书刊、观摩优秀课堂教学录像等方式积累激发学习动机的策略和技巧;也可以在自己已有教学经验、教学内容和学习者特点的基础上反思,形成有自己特点的激发学习动机的策略和技巧。如说利用语言、动作、活动等教学技能和技巧吸引和保持学习者的注意力。Good & Brophy(2002:355-356)提到一个评价教师使用动机策略情况的表格,可供参考。

4.5 案例分析

在澳大利亚昆士兰科技大学孔子学院任教的章婷老师,教授《语言和文化的融入式教学——以面向澳大利亚中小学生的舞蹈与语言教学为例》时,选择以民族舞蹈为载体,以民族文化为切入,以孩子们的友谊为主题,以炫美的民族服装为吸引点,巧妙而自然地进行汉语教学。以期达到"了解中国文化、快乐学习汉语"的目的。(每人一件新疆舞的儿童马甲)

章老师的课堂共分为五个环节:(1) 文化导入与语言教学(8分钟),展示新疆民族风情的PPT,展示少数民族服装,配合相关重点词语的学习;(2) 课堂管理与语言教学(5分钟),发放服装,教师带领学生打拍子学生词,并通过此维持好课堂秩序;(3) 歌词学习与语言教学(10分钟),通过发放数字排队,分小组,同时发放歌词进行小组阅读,并以

---

[1] 王冀.帮学生战胜自卑学汉语.人民日报海外版,2015:12-7(8).

小组抢答的形式学习重点词语;(4)舞蹈教学与语言教学(15—20分钟),围绕舞曲主题《找朋友》分四个部分进行舞蹈教学,同时也进行语言教学;(5)巩固教学(5分钟),让孩子们通过学习后的自由表演来巩固学习。

章老师课后反思到:……虽然很多(澳大利亚)学校开设了外语选修课程,但是相比较于日语、意大利语、西班牙语,非华裔学生极少愿意选修汉语,这是无可争议的事实。究其原因主要有两点:一是汉语的独特性。二是合格师资的欠缺。传统的中小学文化体验项目,例如茶艺、绘画、剪纸、折纸、太极拳、功夫扇、书法、京剧脸谱等,年年做,已缺少新意,也极少结合语言教学。

这种以舞蹈为载体进行的语言和文化的融入式教学,十分生动有趣,有别于传统的文化体验课,增加了词语的形象性、语境的真实性和教学的趣味性,非常符合澳洲孩子们的活泼好动、擅长韵律的特征。经过10个月的实践,我的教学足迹遍及昆士兰州的20多所中小学,约有2000余名中小学生参加了这个文化学习项目,收到澳洲中小学校和孩子们的热烈欢迎。之后我们又编排了秧歌舞等多种民族舞蹈。每一种舞蹈都结合语言的教学,例如,秧歌舞我们将国内流行的《最炫民族风》曲子重新编排,选取秧歌舞的基本动作,串联成一个简单易学的舞蹈,以此为载体教授方位词,孩子们扭秧歌的时候,按照老师的指令,每一小组是一个方位,将彩绸甩向不同方位,再大组合练,边舞蹈边练习语言,学习氛围生动有趣,30分钟孩子们即能掌握"上""下""左""右""前""后"等汉字,学习效果十分明显。

案例中的章老师综合运用多种(如多种感官、与文化相结合、体验、情境等)方式有效激发了学习者学习动机,学习效果也很好,课上得非常成功,值得我们学习。

资料来源:章婷.《语言和文化的融入式教学——以面向澳大利亚中小学生的舞蹈

和语言教学为例》教案[A].国际汉语教学优秀课例集 3[C].北京:北京语言大学出版社,2015:169—173.

第二节 呈现和讲解

呈现和讲解是指汉语教师向学习者呈现所教内容并使其明白的信息传递活动。它是汉语教师诸种教学能力中最基本、最重要的能力之一,包括汉语教师课堂教学语言表达、呈现、讲解等几种具体技能。其中,汉语教师课堂教学语言表达能力包括口语表达、书面语表达、肢体语言表达等三种技能。教师课堂教学口语表达又称为"教师课堂话语",书面语表达主要体现为板书(也包括汉语教师在书面作业中反馈给学习者的批语),肢体语言又称为"体态语言"。汉语教学中的"呈现"是指把基本教学内容(如语法点、功能点等)引出来,让学习者看到、注意到,以便聚焦、感知和思考。如我们常用的"把语法点写在黑板上""让学习者翻开书看第×页的语法部分"。还有使用教育技术和教具进行呈现。讲解是对具体教学内容的解释(如通过举例),以让学习者理解、明白,为其准确、得体地应用打基础。如"'V+过'是表示……"。我们具体来看:

一、使用教师课堂话语

李泉(2005:88)把课堂教学的语言意识作为成功的课堂教学教师应具备的课堂教学意识之一。

对该项技能的理解和操作如下:

1.1 对"汉语教师课堂话语"的认识

汉语教师课堂话语的构成要素大致有语音、语调、音量、语言表达节奏、语速、选用词汇和语法等。就教学方面的要求来说,其核心要义在于清楚、明白,容易为学习者所理解。对各个构成要素都有要求:语音、语调要正确,符合普通话的标准,而且要正确传达所要表达的情绪信息;声音要洪亮,保证所有的学习者都能听到;语言表达的节奏要舒缓有度;语速要跟学习者的汉语水平相适应;选用的词汇是常用词并有一定复现率和日常生活词汇;语法要简单,尽量不用学习者没有学过的。

汉语教师课堂话语具有示范性、受限性和发展性等特点。它不仅是教学媒介语言,更是学习者模仿学习汉语口语的范例(即示范性),是重要的语言输入。汉语教学属于第二语言教学,教师课堂话语受到学习者汉语水平的限制,即受限性。汉语教师的课堂话语是一个逐步发展的过程,即教师课堂话语的发展性。

汉语教师可以从课堂话语的各个构成要素及其教学要求来审视自己的课堂教学用语,在课前做好准备,对每一个课堂指令和解释反复琢磨,使其更好地为学习者所理解。

1.2 教师课堂话语的基本类型

根据在课堂教学中所承担的不同作用和功能,汉语教师的课堂话语可分为以下几种类型:

(1) 讲述,即汉语教师向学习者描述或叙述中华文化、课文内容或交际故事的情况。一般要求做到条理清楚、通俗易懂,对基本内容要有明确具体的交代,形象生动。这种类型的课堂话语在高级阶段用得更多。

(2) 讲解,即汉语教师对词汇、句法进行解释和说明的行为。要求具有简洁性(语言简练)、透彻性(一针见血地道出问题的关键)、针对性(符合学习者的现有汉语水平)、逻辑性(从已知到未知)和启发性(多点拨、引发)等特点。

(3) 讲读和讲演。讲读是指汉语教师在处理课文的过程中一边讲解,一边范读(学习者有时也要朗读),"讲"在"读"的基础之上。讲演是汉语教师就教材中的某项内容或某个观点,系统、连贯地进行叙述或论证,一般会伴随着体态语言的运用,而且中间很少插入其他教学活动。这两种类型主要在中高级汉语教学阶段使用。

(4) 说明,即汉语教师在提问时会通过启发引起学习者对以往知识的回忆来正确回答问题。一般包括比较(比较语言现象的异同点)、分析(凸显例句结构)、抽象(突出本质特征)、综合(把分析出来的各个部分归类统一)和概括(归纳出语法规则)等。

(5) 论证,即汉语教师向学习者解释说明问题,并通过运用例句得出语法规则(如用归纳法讲解语法规则)。要求语言的逻辑性要强,充分说明例句和语法规则的因果关系,凸显语法特征,对总结的语法规则表述要简练、准确,有概括性。

根据不同的功能课堂话语还可以分为①导入语。如:"大家好!""现在开始点名!""今天天气怎么样?"②提问语。如:"这篇课文告诉了我们什么?""周末去哪儿玩了?能用这几个句型给我们说说吗?"③评点语。如:"回答得很好,这句话用得很地道。"只有一个语法上的小错误,"一点儿"的位置不对。④过渡语。如:"顺便说一下儿!""对了,还有一个通知!""这是生词,下面我们看语法!""现在我们看课文!"⑤指令语。如:"请不要说话!""明天上课前把作业交上来!"⑥结束语。如:"好,下课!"⑦示范语。如一些口语表达技巧的朗读或会话示范等。卢华岩(2011:54-64)也曾讨论过提问语的类型和设计原则。

1.3 汉语教师课堂话语的评价标准

汉语教师课堂话语随着汉语课程类型、教师主体、学习者的汉语水平、教学内容、教学环境等因素的不同而不同,但仍有一个基本的标准。

第一,汉语为主的课堂话语。在课堂上,汉语教师要尽量使用汉语作为课堂话语,在解释词语、语法和文化的时候,或讨论一些较为专深或有一定难度的话题(如中医、武术)时,控制使用学习者母语或媒介语。

第二,课堂话语要准确、规范。首先,语音语调要清晰、准确、标准、字正腔圆、声音洪亮,避免念错字和含混不清,语速要适合学习者汉语水平,适当停顿。词汇简单、规范,多用常用词、通用词,不用方言词,避免造词。再次,语法规范,多用结构完整的短句和散句,少用关联词及长句,多用陈述句、祈使句和疑问句(尤其是什么、为什么、如何等类型的简单疑问句)和口语语体,少用否定句和语言学术语,避免说残句、断句、病句,避免语体不合适,以及"可能、大概、中国人就这么说、说多了就会了"等这类模棱两可和搪塞性的话语。

中高级阶段的汉语教师课堂话语要注意语言流畅、语调抑扬顿挫、节奏适当、表达丰富多样、生动有趣、富有启发,适度运用幽默来提高教学效果。

第三,课堂话语要清晰明确。这是语言意义层面的要求。汉语教师课堂话语要清晰明确、简明扼要、准确规范、切中要害、不说废话、不离题,也不模棱两可;恰当使用例句(例句最好是学过的)、强调重点(语法规则、句式使用的条件、例外情况及其与学习者母语不同点等)。

第四,精讲多练。杨惠元(2010)在论述讲练关系时就提出:综合课,学生的练习时间不能少于60%;口语课,学生的练习时间不能少于70%。汉语教师要多引导学习者小组讨论、结对子谈话、竞赛等,以增加其话语量。

第五,运用一些话语调整策略。汉语教师如果能适当运用一些话语调整策略,如简化、重复、控制语速、变换说法(重述)、添加背景信息、停顿、拟声、夸张等,会有助于学习者的理解。

第六,课堂话语要平实自然。汉语教师课堂话语要语速适中,不徐不疾,适当使用情感性语言,表现出感染力,避免夸夸其谈、哗众取宠,还要注意表达的通俗化和避免低幼化(李泉,2005:89)。

1.4 改善提高课堂话语质量的一些技巧

彭利贞(1999)曾提出过有效编制课堂话语的几种策略:回避和迂回、替换和变换、简化和繁化、重复和复指、独特的语速特征、辅以大量的身势语。在此基础上,我们提出以下技巧:

(1) 注意重音、停顿和节奏。遇到重要内容,汉语教师可以有意识地加重语气,提高声音,并进行停顿,以吸引学习者的注意力,同时给其留有思考的余地。在学习者能理解的前提下汉语教师可在修饰语和中心语之间、在不同的句子成分之间改变语速,有一定的节奏。

(2) 适当使用短暂的沉默。遇到"讲完重要内容""学习秩序有点混乱""学习者提出质疑"等情况后,汉语教师可以短暂沉默,不仅可以引起学习者注意,还可以维持秩序,同时也可以给其他学习者思考的机会。

(3) 使用能增强亲近感的关键词。这里的关键词是指"我们"和学习者的名字等。用"我们"代替"我"和"你们",把学习者的名字挂在嘴上,可以拉近汉语教师和学习者之间的距离。多用商量的语气,学习者会有被尊重的感觉。如:"这个问题我没有专门研究过,初步看法是……""这是我的建议,你看是否适合你的具体情况。""如果把舌头翘起来,这个音会发得更好些。"

(4) 循序渐进。随着学习者的汉语水平逐渐提高,同时为了复习巩固所学内容,教师课堂话语应越来越复杂。一开始简单,如"请看书!""交作业!"在学习者学习"结果补语"前后,就可以使用"(请)打开书!""做完作业后交上来!"在学习者学习"把"字句前后,就可以使用"(请)把书打开!""(请)把作业交给我!"

(5) 提高学习者开口率。用多种方式和途径引导学习者多说话,提高其开口率。如汉语教师在学习者讨论或辩论时"故意"站在学习者观点的对立面,多问为什么,引导其运用各种方法或论据来论证自己的观点;在学习者复述和会话时要求其"脱离课本和讲稿"说出来,即使卡壳了,也尽量让其他学习者给予提示或接过话题继续说下去,而不亲自"上阵";在学习者言语交际的时候,在交代清楚必要的活动规则后尽可能保持沉默,既不打断学习者话语(包括对话语的准备),也不试图主导学习者的讨论,不评论,等到活动结束后统一进行指点反馈,等等。

1.5 案例分析

于天昱老师在教授《喇叭盗窃案》时课堂话语就控制得很好。

导入语:

T:同学们好!

S:老师好!

T:今天有很多老师来听课,啊,大家紧张吗?

S:不紧张!

T:真的不紧张吗?

S:……

T:呵呵,那太好了,我们先开始点名,看看谁来了,谁没来。(教师点名)

T:都来了,是吧! 太好了! 好,同学们,最近呢,我们学了很多生活中非常有意思的小故事,昨天我们学完了什么?

组织性课堂话语:

T:看来大家都预习了,我们先来看一看生词,大家一起看一看,这是今天的生词,我们一起来读一遍。

解释性课堂话语:

S:老师,这儿(即"价值")一定意思"钱"?

T:不一定,不一定。对我来说,这个非常重要,我也可以说它的价值很高。如说,一个礼物,但是我觉得它的价值很高,在我心里,它的价值很高。一般的是比较贵的,对吧,一般的都是比较贵的。也可能对我非常非常……

S:感兴趣

T:感兴趣,重要的,哎,重要,所以它的价值很高!

讲练语言点的话语:

T:好,有一个句子,啊,警官怀疑是谁干的?同学们!

T&S:怀疑是对乐器店非常熟悉的人干的。

T:这个句子"是……的"。我们以前见过吗?

S:见过。

T:见过。啊,来复习一下,看,玛丽买了一件新衣服。我们可以问她第一个问题,时间,怎么问呢?同学们!

S:什么时候买的?

T:是……的,你是……

S:什么时候买的?

T:很好!她说了,我是上个星期买的。第二个,你可以问在哪儿?

S:你是在哪儿买的?

T:我是在韩国买的。……

案例中于老师的"导入语"从当前课堂发生的事件(很多老师来听课)说起,有效消除了学习者的迷惑和紧张,并迅速进入今天的教学;其"组织性课堂话语"也简洁、平缓、引领学习者把注意力集中在要学的生词上;于老师的"解释性课堂话语",不仅使用生活化的简单语言化解了学习者的疑问,而且成功运用了"打比方"这样一个有助于学习者理解的讲解技巧;其"讲练语言点的话语"同样成功引导学习者对"是……的"这个句型的回忆、理解和练习。

资料来源:于天昱.《喇叭盗窃案》教案[A].对外汉语综合课优秀教案集[C].北京:北京语言大学出版社,2010:110-112.

二、运用体态语言

对该项技能的理解和操作如下:

2.1 对"体态语言"的认识

体态语言(body language),简称体态语,又称为态势语、身体语言、肢体语言等,主要是指汉语教师在课堂教学过程中运用表情、眼神、动作、体距等非言语方式向学习者传递信息和表达情感的技巧和方法。以前我们一直称之为"教态"。

体态语具备伴随性、连续性、示范性、情境性、文化差异性等特点。根据身体部位,体态语可分为眼神和目光、面部表情、身体动作、体距等几种类型;同时也可分为情态语言、身势语言和空间语言等几类。李振村(2011:26-28)根据体态语的效果将体态语分为积极体态语、消极体态语和无意义体态语等几类。

恰当的体态语可以在汉语课堂教学中发挥很大作用:能呈现和解释语言教学的一些信息,模拟形象,节省时间,增强言语表达的效果;能省去汉语教师大量的重复性的教学语言指令,提高学习者的开口率;能辅助进行课堂管理;能调整言语交际行为。体态语使用不当,会修改,甚至否定话语所传达的信息。而 Mehrabian(1971)的研究早就发现,在人与人面对面的交际中,有三种要素发挥着信息交流的作用:所说内容(word)、语调(tone of voice)、体态语(body language)。在判断对方的感觉或态度时,所说内容发挥 7% 的影响作用,语调发挥 38% 的影响作用,体态语发挥 55% 的影响作用。

汉语教师要善于使用手势或表情等体态语启发学习者(如教搂、抱、搀、扶等动词时),管理课堂,尤其是一些动作性的教学指令。如把手摊开,伸向某位学习者,就是让其回答的意思;双手摊开,掌心向上抬,表示大家一起回答的意思;双手摊开,掌心向下压,表示安静的意思。汉语教师确定了手势的意义后,可以打印出来,贴到教室的墙上,以便学习者理解、熟悉。语言教学流派中的沉默法(the silent way),就是充分利用语言教师体态语来推动汉语教学的顺利进行。

2.2 有效运用体态语的几点要求

（1）自然、协调、简单、准确、适度、容易理解。体态语要配合汉语教师的课堂话语，与其相协调，自然而不做作；体态语还要尽可能简单、（容易理解）、准确（恰当表示汉语教师想表示的意思）、适度（不能使用过多），以最大限度地发挥其作用，否则会适得其反。如眼神就可以及时制止学习者一些轻微的违纪行为，如果使用过多的面部表情，引起学习者的各种猜测，恰恰未必能达到维持纪律的效果。

（2）明确不同体态语的含义。有一些体态语在不同文化中是通用的，意义相同，但更多的体态语在不同文化中有不同的含义，甚至是完全相反。汉语教师在使用前要明确，跟学习者沟通好，以免引起误会。如翘大拇指，在中国是表示赞赏，但在意大利，仅表示数字1，到了希腊，却有让对方滚蛋的意思。

（3）能被全体学习者看到、注意到。汉语教师上课时要尽可能站着，不仅容易做出各种体态，而且更容易被学习者看到，起到信息交流的作用。

2.3 有效使用体态语的一些原则

第一，辅助性。虽然能在汉语课堂教学中发挥巨大作用，但相对于教师课堂话语来说，体态语仍然属于一种辅助性的呈现和阐释的手段。所以，在课堂教学中，体态语的使用应适时（恰到好处）、适度（不能太频繁），主要是配合教师话语和教学行为。

第二，准确性。使用体态语要符合教学内容所指示的状态，恰到好处，不能过于夸张。最好提前设计下，把握好所用体态语在不同文化中的准确含义（即前面提到的跨文化性），保证学习者能理解，也不会理解错。

第三，教育性。使用体态语要立足于课堂教学的需要，感情真挚、亲切、友善，避免使用不友好、否定性的体态语（如用食指指学习者），更要杜绝带有挑衅性和侮辱性的体态语（如右手无名指上伸）。

第四，文雅。体态语实质上是一种在教学中使用的动作技能，使用时尽量自然、大方、协调、舒展、流畅,避免多余的、有碍观瞻的习惯性动作,如眨眼睛、抠鼻、挖耳、跷二郎腿、打响指等。

第五,适当。使用体态语要举止适当,避免走极端。在海外,一些汉语教师为了"镇住"学习者,维持教学秩序,会板着面孔,喜怒不形于色,一副拒人于千里之外的"冷酷"模样;还有一些汉语教师刻意模仿某些外教,有意使自己动作夸张、体态随意,失去了应有的郑重和严谨。

2.4 恰当运用自己体态语的一些技巧

汉语教师应好好利用自己的体态语来提升汉语课堂教学效果,尤其注意学会使用目光注视、面部表情、身体姿势、手势、身体走动等几个方面的体态语。

(1) 目光注视。目光视线有环视、注视、直视等几种,一般在讲解、提问、监控学习者活动时使用环视,面向全体学习者,不留盲点,避免跟某些学习者没有目光交流;而在学习者回答问题时或请教老师问题时使用注视,给予勇气和信心;在学习者出现注意力分散和违纪行为时可以使用直视,给予警告,使其收敛。

(2) 面部表情。面部表情包括高兴、赞赏、惊讶、愤怒、严肃、和蔼等好多种。汉语教师面部要富有表情,而且高兴(微笑)、和蔼是基本表情,学习者表现良好时要露出赞赏的表情,课堂秩序有些不好时可以使用严肃的表情,出现突发性意外事故时可能是惊讶的表情。尽量避免一直绷着脸,拒人千里之外。

(3) 身体姿势。身体姿势有俯身、面对、背对、侧身等几种。汉语教师绝大部分时间都要面对全体学习者,有学习者问问题时可以俯下身来(但不要离得太近),板书时可以背对,但最好侧身书写,以保持与学习者的交流。避免背着身时跟学习者说话。

(4) 手势。手势是身体姿势的一部分,使用得很频繁,作用也很突出。既有模仿某些发音部位帮助讲解的手势(如右手掌微蜷,可以表示翘舌,也可以表示口腔),也有帮助管理的手势(如双手伸开,掌心向下往下压,表示坐下来、安静),还有强调的手势(如指点黑板板书)和说明心理活动的手势(如用手指心口或脑门)。汉语教师可以提前跟学习者明确每种手势的内涵(如双手伸开,掌心向上抬起,表示一起开口练习),并在课堂教学中使用,使用时注意要清楚明确、节奏明快,不拖泥带水。在某些国家,特别注意不要用手触碰学习者,也不宜用手指着学习者。

(5)身体走动。身体走动是相对于站在黑板前讲授而言的,除了必要的讲解外,汉语教师尽可能地经常在学习者中间慢慢走动,短暂停下也应在合理、适当的位置,以便监控、接近全体学习者,提供支持和帮助;避免整节课都在讲桌后面坐着,但走动时也应注意不要太快,也不宜迈较大的步子或者甩较大幅度的手臂;考试的时候,除非学习者要求,尽量不在其身旁停留,以免影响学习者考试。

另外,汉语教师衣着和形象等也会影响其体态语。如汉语教师(尤其是海外汉语教师)应尽可能着正装,男教师穿西装、打领带;女教师穿职业套装,化淡妆,避免穿很高的高跟鞋。张宁志等(2012)曾详细讨论过汉语教师的这些方面。

三、设计板书板画

很多参与调查的汉语教学专家和优秀资深教师都认为,"设计板书板画"这项教学技能在没有电教设备的教学环境中非常重要,但在有电教设备、可以使用PPT的教学环境中就没有那么重要。

对该项技能的理解和操作如下:

3.1 对"板书板画"的认识

板书板画,我们统称"板书"。板书是汉语教学的重要辅助手段,是汉语教师书面语言表达能力的主要体现(还有对学习者作业的书面反馈),是指汉语教师在黑板或白板上用简明扼要的语言字体、表格或简笔画来呈现内容和传递信息,以最大限度地提升教学效果。

板书的实质就是汉语教师把教学内容结构和重点难点进行一定的设计,条理清楚、层次分明地呈现在黑板或白板上(可用不同颜色的粉笔来书写或圈点),同时也随时把汉语教师比较重要的口头语言(讲解)、学习者不太清楚和明白的内容写在黑板上,让学习者可以用更长的时间(能持续存在)、更多的感官通道来反应、理解和消化。一句话,板书就是浓缩的教学内容的精华,其作用就是通过呈现重点、难点、系统化的知识结构,以及在教学过程中所遇到的学习者不清楚的内容,来增强学习效果和效率。

板书一般分为主要板书区和辅助板书区两个部分。主要板书区呈现的是汉语教学内容的生词、语法点、课文等基本内容和重点内容,一般要保留到下课;辅助板书区呈现的是例句语料、补充说明、对学习者疑问的回答等零散内容,可能随时就擦掉。

即便在多媒体比较普遍的今天,板书是汉语教师要掌握的一种基本教学技能。

3.2 几种常用的板书形式

汉语教学实践中,尤其是初级阶段的汉语教学,常用的板书形式有词语式、图表式、简笔画式和提纲式等几种。

(1) 词语式。词语式板书是汉语教师最常用的一种板书形式,即把要学的生词和课文中的关键性词语写在黑板上,以提示学习者思考和记忆。生词的呈现一般要分类,可以以词性为标准,也可以以意思的相近性(语义场)为标准。教语法时汉语教师会写出不同成分的关键词,让学习者拼成句子;教课文时汉语教师通常是先把关键词写出来,留出空格,以便学习者复述。如程美珍(1999)对"生词"的板书:

1. 现在	7. 早上	12. 起床
2. 点		13. 早饭
3. 分	8. 上午	14. 上课

4. 刻		15. 下课
5. 半	9. 中午	16. 午饭
6. 差	10. 下午	17. 晚饭
	11. 晚上	18. 睡觉

墨西哥国立自治大学孔子学院的钟晓路通过"听写"的方式板书生词:①

1. 每　　　　2. 锻炼　　　　3. 身体

4. 全身　　　　　　　　　　5. 舒服

6. 头

8. 嗓子　　　　7. 疼

9. 想　　　　10. 要　　　　11. 医院　　　　12. 看病

13. 一起　　　14. 还是　　　15. 吧

16. 穿　　　　17. 衣服　　　18. 冷

这两个板书的特点是对生词进行了归类,分行分列呈现,纵向上每一列都几乎是相同词性的词,横向上每一行词语的组合关系几乎都是符合汉语语序的句子。再如李德津(1999)对"生词"的板书:

（1）清晨　　　　（2）观察一下　　　　（如果……就……）

（3）眼前的自行车　（4）像潮水一样　　　（5）由于

（6）一篇报道　　　（7）实际上

（8）接着看　　　　（9）说下去　　　　　（10）关于交通情况

（11）交通管理　　（12）目前

……

---

① 钟晓路.《我全身都不舒服》教案[A].国际汉语教学优秀课例集1[C].北京:北京语言大学出版社,2015:22.

这个板书的特点是按照在课文中出现的书序来呈现生词,同时也承担"提示说课文"的作用。张伟(1999)的板书则直接呈现为"课文复述线索":

孔子叫……,于是……,……时期……人,……公元前551,……公元前479。传说……才……。尼山……,……小丘,而孔子的头……形状……,所以……。

孔子的父亲……,三岁,……母亲把他……。……小时候……学习……。不懂的地方……。

日本樱美林大学孔子学院的姚伟嘉也曾使用这种板书[①]:

```
现在罗兰那儿_____,北京_____。
因为有时差,所以_____的时间跟_____不一样。
_____跟_____有_____个小时的时差。
_____比_____早_____个小时。
```

这两个板书的特点是为学习者复述课文提供线索支持。

(2)图表式。图表式板书一般用在语法点或词语的教学中,如"时间名词"等:

$$\frac{现在九点四十六\ |\ \ \ \ \ \ \ \ \ \ \ \ }{S\ \ \ \ \ \ \ \ \ \ \ \ \ \ \ \ \ \ P}$$

如于昆的板书:[②]

[①] 姚伟嘉.《我们那儿的冬天跟北京一样冷》教案[A].国际汉语教学优秀课例集1[C].北京:北京语言大学出版社,2015:8,15.

[②] 于昆.《罗布泊——消逝的仙湖》教案[A].对外汉语综合课优秀教案集[C].北京:北京语言大学出版社,2010:201.

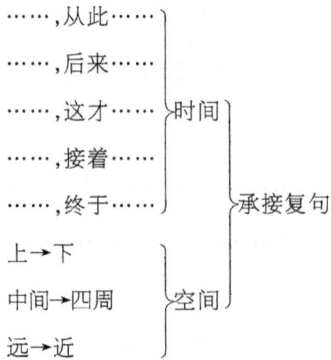

再如钟晓路的图表式板书①：

Sujeto 1	Predicado 1	
	Sujeto 2	Predicado 2
马大为	头	疼。
他	牙	疼。
马大为	全身	都不舒服。
北京	冬天	很冷。

（3）简笔画式。俗话说"一图胜万语"。简笔画用在某些语言点教学中，不仅可以省掉很多解释，而且能有效提升学习者的理解度。如讲解趋向补语，可以画一座房子，房子里外各有一个人，呈现和讲解"出来、出去、进来、进去"，画一个楼梯，上下各有一个人，呈现和讲解"上去、上来、下去、下来"，等等。也可以画多个，即一组小图。

---

① 钟晓路.《我全身都不舒服》教案[A].国际汉语教学优秀课例集 1[C].北京:北京语言大学出版社,2015:25.

(4) 提纲式。提纲式板书主要用于语法教学或阅读教学中。在语法教学中,把语法项目及其各个层次的意义、例句都板书出来,就是提纲式板书。在中高级阅读教学中,把课文的主题和每个段落的中心,以及不同部分的逻辑关系都写出来,也属于提纲式板书。语法项目的提纲式板书如:

对语法和功能的板书[①]:

语气	表达式
不满	你看看……;太说不过去了
庆幸	谢天谢地;幸亏
羡慕	你瞧瞧人家……;
	要是……该多好啊!

课文的提纲式板书[②]:

```
              ……都城
地理位置:     地处……,
自然条件:     气候……,土地……,适合……。
历史情况:     ……已有……历史。
              在宋代……成为……中心,
              到明清时代,……闻名……,宫廷……的……
              丝织品……出自……之手。
总结:         ……来,……长盛不衰。
```

---

① 黄丹纳.《结婚消费》教案[A].对外汉语听说课优秀教案集[C].北京:北京语言大学出版社,2011:37.
② 游锋华.《丝绸古城——苏州》教案[A].对外汉语综合课优秀教案集[C].北京:北京语言大学出版社,2010:170—171.

3.3 有效设计板书的原则和技巧

陈军曾详细讨论过汉语综合课中的板书设计与运用。① 在此基础上，我们提出以下原则和技巧：

(1) 正确、清楚、规范、简练、有示范性。这是汉语教师板书的基本原则和要求。在初级阶段，板书要规范、工整、清楚、不连笔，注意笔画、笔顺和标点符号的准确性，不写行书和草书，更不自造简化字。根据教室大小来确定书写字体的大小，以保证学习者能看清楚。板书中的生词、课文、例句要准确；图表要清晰。另外，板书要简练，是对教学内容的高度凝练、概括和总结，并凸显其核心和关键，反映其重点、难点，且能起到提纲挈领的作用。

(2) 条理清晰，合理布局，重点突出，有科学性。板书的优点在于直观、清楚、有条理、重点突出。汉语教师要在全面把握的基础上进行科学设计，需要突出的重点在哪个位置，大概会占多大空间等都提前有一个设计和安排，抓住要领，突出重点，减少随意性，以加强其教学效果。可以用字体大小和粉笔颜色来突出重点(即重点用大号字和彩色粉笔来书写)，也可以用划分主要板书区和辅助板书区的方式来突出重点。主要板书区一般在靠左的四分之三，最左边四分之一用来写生词，中间二分之一用来写语法句型结构和课文结构等，要少而精，写完后一般不用擦掉，保留到下课，避免东擦西抹和见缝写字；辅助板书区一般在靠右的四分之一，用来书写随机想到的、补充的、学习者不明白的词语和句子等，可以随写随擦(尽量少写一些，或写了马上擦掉，否则可能会影响学习者的注意力)②。

(3) 时机恰当。板书的时机主要有课前、讲解中、讲解完三个节点，

---

① 陈军.综合课教学中的板书设计与运用[A].对外汉语综合课课堂教学研究[C].北京：北京语言大学出版社，2010:297—310.

② 有的汉语教师习惯在黑板的靠右边四分之一板书语法结构。

但具体在哪个节点板书要根据内容的多少及其作用等因素来决定。提前计划好的、课上要用的、较多的板书(如听写生词的序号,要讲的主要的语法点的形式或句型,一些重要的例句等),最好在课前完成,因为书写是要占用时间的。随机生成的板书内容(如讲课过程中遇到的学习者不懂的内容或背景知识,特别是关键字词),可以在讲解中随手板书。还有一部分内容,是计划好的,可以在课前板书,但在讲解中随手写效果更好,类似于抖"包袱",要随手板书。有些内容,属于经过讲解、思考和推理后得出的规则,可以边讲解、边板书,以便在讲解完后水到渠成地写出来。还有一些内容,属于补充性的,可以讲完后,等学习者练习或作业时板书。

(4) 多样性、趣味性和艺术性。新颖、美观、有趣、图文并茂的板书不仅能给学习者留下深刻的印象,还能为其将来回忆相关知识内容提供线索(如学习者在回忆"一点儿"和"有点儿"的区别时先想到黑板上漂亮的图表,然后再顺着想起表格中的具体内容)。汉语教师的板书可以既有汉字书写,也有结构图表,还有简笔画,尤其是在中小学生的汉语课上;另外汉语教师还要考虑使用彩色粉笔,既能突出重点,也能增强美观性。

(5) 简要摘录、概括归纳。对所学课文的板书一般是摘录课文中标志性的中心句、主题句、过渡句、长句、难句、关键词等,形成提纲式的板书;对语法的板书一般是用简洁的词语或字母公式来概括归纳句型结构,如"S+V+O";或者"主+谓+宾",当然也可以用示意图;对同义词或近义词的辨析进行板书一般用图表对照式。当然要避免简单照搬教材内容。板书内容应为学习者在钻研教材内容基础上的创造性再现,而不是简单"搬运",汉语教材上已有的一些内容(如语法点的解释),不用再抄写到黑板上,最好要结合内容特点和学习者情况,进行针对性设计。

还有两点需要说明:第一,在海外,很多教室的黑板(或白板)很小,很多空间可能被其他科目"提前"占用了,写着很多内容,贴着很多东西,真正可供汉语教师使用的黑板(或白板)空间很小。有的学校,粉笔(或白板笔)教室里没有,需要到管理部门去要,彩色粉笔更是稀缺。汉语教师对这些情况要提前考察清楚,做到心中有数、及时调整,以免影响上课。第二,在有电教设备(如投影仪)的教室,汉语教师(尤其是青年教师)往往习惯于使用PPT来展示。板书的这几条原则中,第二条(即条理清晰,合理布局,重点突出,有科学性)和第四条(多样性、趣味性和艺术性)同样适用于PPT内容呈现的设计。

四、运用教育技术

《国际汉语教师标准》(2007)要求汉语教师"能综合运用现代教育技术和传统教学手段,提高教学质量","熟悉并掌握有关计算机的基本知识和操作方法,了解常用的现代化教学手段及网络技术,并能应用于汉语教学实践","能选择和利用相关的教学资源和教辅材料进行教学","能妥善处理教材与辅助材料的关系,并能将二者有机结合,以取得最佳的教学效果"。这些要求当然包含"运用教育技术"的技能。

对该项技能的理解和操作如下:

运用教育技术,其实就是运用现代教育技术进行演示。

4.1 对"演示"的认识

演示是在汉语教学中运用各种教育技术(包括电脑、网络技术)、教具(包括用来教学的实物、模型、卡片、图片)、媒体(包括多媒体等各种)等形式呈现教学内容、辅助学习者理解的一种教学行为。通过制作PPT、GIF动画、微电影等方式来呈现汉语教学内容,能增强其真实性,提供多种感官通道的刺激和更大的信息量,进而提升学习者的理解程度、更好地达到教学目标。简单说,演示就是采用各种各样直观展示的方法来强化教学效果。

用来演示的工具可分为两类:一类是实物、模型、卡片、图片(包括挂图)等传统教具,一类是计算机多媒体基础上的 PPT、GIF 动画、音频、视频(包括微电影)等现代教育技术及其作品。

比较重要的演示往往有告诉学习者观看演示的目的和方法、演示、提示观察的要点、检查观察效果等几个步骤。但一般性演示,不需要。

运用教育技术进行演示符合从感性具象到抽象的思维规律,有利于激发学习者的兴趣和学习动机,也有利于减少教师课堂话语和节省课堂教学时间。在意大利任教的孙岩在自己第一次汉语课上就充分利用了现代教育技术设备播放了中国宣传片、汉字演变与第二生肖的动画介绍,学生们非常专心、积极和开心,整堂课都非常成功。[①] 国内王向晖老师在教授高级听力《文学与艺术》一课时也充分利用了多媒体教学技术,通过图像、视频等多媒体手段,把生词、句子乃至短文的处理和具体、生动的画面、影像联系起来,既帮助学习者理解了课文的内容,也补充了有关京剧艺术方面的知识,提高了学生对京剧艺术的兴趣。

4.2 有效"演示"的一些原则

第一,目的明确,指导观察,注重实效。演示前,先要想清楚为什么演示、想达到什么目的,目的是否明确、合适;清楚告诉学习者观察什么、怎么观察以及需要思考的问题;其次要考虑到,如果学习者观察效果不好,从哪些方面提示,突出哪个重点和关键,以便其能充分理解所观察的演示物;最后要注重演示的实际效果,避免为了演示而演示。

第二,选择合适的教育技术和教具。要根据汉语教学目标和教学内容的特点来选择合适的教育技术和教具。可以用来演示的教育技术和教具非常多,既有实物、图片、模型、投影等视觉媒体,也有录音、音频等听觉媒体,还有视频、电影、网络资源、远程资源等多媒体。每种教育技术和教具都有自己的优缺点,适合不同类型的汉语教学目标和内容。

[①] 朱勇.国际汉语教学案例与分析.北京:高等教育出版社,2013:18.

实物能使学习者获得最直接的感性认识,如粽子等。模型能让学习者看到内部结构,如四合院、兵马俑等。图片则更加灵活多样,还可以局部放大。多媒体是以计算机为中心的多种现代教学技术构成的教学系统,能兼容电影、电视、视频、PPT 等,能把很多言语无法表达的事情形象地展示出来,加深学习者的理解。但多媒体占用的时间也多,因此选用时要考虑其与所学内容的关系密切度和播放时间的长短。

第三,确切指示,配合讲解。对较难观察到、容易忽略和混淆的内容或演示物,汉语教师在演示时要确切指示,并配合语言讲解,以促进学习者的理解。讲解要把握时机,语言本身要简洁、有启发性,以加深学习者的观察及其对所教内容的理解程度。演示和讲解的顺序有三种:先讲解再演示,边讲解、边演示,先演示再讲解。具体选择哪种要根据演示内容的复杂度、难度、重要程度等来确定。

第四,把握时机,多种演示互相配合。演示物要有足够的尺寸和亮度,放在一定的高度,保证每个学习者都能完整看到;可以提问学习者看到了什么,是否理解等;必要时可以多种演示相配合,发挥组合优势。如实物或模型中可能有一些小细节或关键看不清楚,汉语教师可以通过画简笔画等方式进行放大,或者出示相关部位的图片。如果观察效果不够好,可以再次演示,以加深和巩固。

第五,合理、适度和恰当使用多媒体。汉语教师要在深入了解多媒体的实质、优势和局限的基础上,根据自己的教学目标、教学内容以及学习者的认知特点审慎选择,合理适度(适时、适量)使用。既要反对"一支粉笔一本书""一块黑板一张嘴",也反对过于倚重和过度使用多媒体等教育技术。一般来讲,只有那些不容易理解的教学重点和难点,才考虑使用多媒体技术。

4.3 有效"演示"对汉语教师的要求

利用教育技术和教具有效演示汉语教学内容,是一项重要汉语课堂教学技能,包含着制作 PPT 课件、GIF 动画、微电影等技术。一些国家和地区的教学机构和学习者反映,汉语教师和志愿者使用现代化教学手段的能力不够,教学手段相对比较单一,单纯依赖现有的一些图片,较少主动地、有意识地去寻找、设计、制作一些教具。

汉语教师应与时俱进,掌握各种有利于呈现汉语教学内容的"演示"方法,既包括使用传统的简单的图片、模型等,也包括课件制作、视频制作、网页建设、动画设计,并利用社交网站传播汉语和文化等相关软件。如莫丹老师在教授《我的自行车被人偷走了》一课时使用了实物、小白板、卡片、多媒体课件,课件中运用了大量图片、GIF 动画和两段视频。[1] 于昆老师在教授《罗布泊——消逝的仙湖》时使用了多媒体、展板、网络、板书、学生课件等,同时也自编自制影音资料《仙湖》(视频),剪辑原始资料《消逝的仙湖》(视频),剪辑课文录音《罗布泊消逝的原因及影响》(音频)。[2]

充分利用各种教育技术和教具来展示,汉语教师还要在上课前检查这些电化教学设备的运转状态,保证其处于可用状态;同时也保证自己的操作正确、熟练和有效。

4.4 有效"演示"的一些技巧

(1) 实物、图片、模型等演示物要大小合适、清晰、清楚,全体学习者都能看到,并适当变换演示物的观察角度,充分展现演示物的全貌,并突出其特点。如果演示某个部分,则要明确告诉学习者应观察哪个部分,并突出显示。

(2) 演示前最好不要让学习者看到,演示完后及时收起来,以免分散

---

[1] 莫丹.《我的自行车被人偷走了》教案[A].对外汉语综合课优秀教案集[C].北京:北京语言大学出版社,2010:22.

[2] 于昆.《罗布泊——消逝的仙湖》教案[A].对外汉语综合课优秀教案集[C].北京:北京语言大学出版社,2010:182-207.

其注意力。如果是多媒体动画,要注意其切换或链接的速度和合理性。

(3)在一堂课中,同一实物和模型等演示物使用不宜过于频繁,最好不超过三次(生词卡和练习语法的图片可以多次频繁使用);PPT翻页不能太快,要结合重点进行调整,注意层次性。

(4)图片可分为挂图和拿在手中的图片或字卡。挂图主要是在语音阶段使用,展示每个音素的口型、发音要领等;记得把上端固定好;图片或字卡一般出示在汉语教师的左侧或右侧,避免双手举过头顶或者举在胸部正前方。

(5)使用多媒体时,要提前检查设备是否处于良好的运行状态;初次使用前要熟悉播放流程;播放视频或音频时,最好先试播一遍,播放时尽量少插话,或不插话;注意播放的速度,既能充分利用每张PPT,还能给学习者留有充足的时间消化吸收;PPT中的字体和画面要简洁,注意与板书等传统呈现方式的搭配;同时配合汉语教学的需要,简洁、清楚、有条理。

五、讲解教学内容

对该项技能的理解和操作如下:

5.1 对"讲解教学内容"的认识

讲解教学内容,简称"讲解",是指汉语教师通过解释、举例、类比等方式使学习者清楚、明白地理解所教汉语知识,正确、得体地运用言语技能的一种教学技能。它是汉语教师应具备的核心教学技能。衡量教师"讲解"这项技能水平的一个基本标准是"清楚"。但需要注意的是,讲解得是否清楚是学习者所获得的一种心理认知感受,由学习者说了算;教师所能做的只有尽力使出各种"招数"让学习者觉得"解释得很清楚"。也就是说,对汉语教师来说,讲解是指一系列的有效教学行为,其核心在于帮助学习者清楚、明白地理解所学内容。

汉语教学界一直提倡"精讲多练"。这里的"精讲"本身就包含"清楚讲解"这层意思。"精讲"强调的是精要、准确、简洁,简明扼要地讲解,尽可能地少讲,前提是要切中要害、讲清楚;"精讲"强调的是让学习者理解、明白,但同时也要求汉语教师尽可能用简明、精练的语言,重点讲规律性的知识和学习者常犯的错误。

5.2 清楚讲解的前提和原则[①]

第一,透彻把握所教内容。汉语教师要清晰、明确地理解和把握所教内容,知道关键点,了解不同母语背景学习者在这个点上容易犯什么错误,怎么有效纠正?等等。这是清楚讲解的基本前提。如对初级阶段的学习者汉语教师讲解"把"字句:某个确定的事物,因为某个行为动作而发生什么变化,产生了某种结果。

第二,科学讲解。其实就是说,要把握好讲解的深浅、详略和逻辑。汉语教师要根据学习者的汉语水平选择合适的义项等内容来讲解,而不是全面、系统地讲解。如"把"字句,在初级阶段只需掌握"由于结构要求形成的定式'把'字句"和"由于强调处置形成的变式'把'字句"两类就够了(胡炳忠,1987)。除了考虑学习者汉语学习的阶段性,讲解还要根据所讲知识的内部联系和逻辑。

第三,围绕学习者情况来讲解。就是说,讲解前要了解学习者在所教内容上的掌握情况、学习者的认知特点和需求。如学习者在所教内容上的当前水平如何?是否掌握了所教内容的前提性知识?学习者对

[①] McCaleb & White(转引自 Good & Brophy,2002:476—477)曾提到在课堂上能够观察到的清楚讲解包括以下五个方面:①理解,这是做到清楚的前提条件,教师应做到:能确定学生对讲解信息的现有的熟悉的程度;不使用模棱两可的术语,不要超出学生的知识范围。②组织,要求材料的组织有助于讲解清楚,教师应做到:明确目的;预先组织;讲解过程中的进行小结。③循序渐进,要求把信息内容按有助于学习的顺序安排,教师应做到:按适合内容和学习者的方式有逻辑地组织课堂。④解释,要求通过例子、图解或类比把原理和事实联系起来,教师应做到:解释重要概念;举例说明这些概念;例子不但抽象,而且准确、具体。⑤讲解,这指说话音量大小、节奏快慢、发音清楚和其他讲话技巧,教师应做到:讲话清楚、音量够大,讲解不同的内容的速度快慢不同,以有助于学生理解;采用恰当的非语言交际或视觉辅助手段,对口头理解内容进行补充。Good & Brophy(2002:509)还曾提到过一个教师讲解效度检测表,Marsh(2005:164)提到过好的讲解的重要特点。

所教内容是否有兴趣？是否有与所教内容相关的生活经历？学习者在这个所教内容上有什么样的需求？学习者可能会犯什么错误？等等。了解了这些情况，汉语教师才能保证自己的讲解略高于学习者的当前水平，才能恰当安排重点难点，从语篇和意义层面进行讲解。

第四，采取多种方式讲解。汉语教师可考虑采用多种方式来讲。如对一些不太适合口头表达的知识点，可以利用体态语、板书、课件多媒体等多种手段来呈现以配合讲解；对一些意思相近的语法点，可以采用对比或类比的方式讲解；对一些可以演示的语言点（如"连"字句、程度副词、时间词等），可以用画刻度线、直观演示的方式来讲解。

第五，根据学习者反馈调整讲解。讲解过程中，学习者的一些"表现"：如学习者眉头紧皱、目光游移，不敢看老师，甚至有叹气声等，能说明学习者的理解情况，汉语教师可以据此调整自己的讲解。同时，汉语教师还可以通过提问和有意停顿来观察学习者的反应，来确定是否要重讲、强调、举例等。这里的关键是汉语教师能根据学习者的"表现"和"反应"判断学习者的理解情况。

第六，把握好讲解的信息量及时间。即注意讲解时间不能过长，同时单位时间内的信息量不要过多，因为汉语学习属于第二语言学习，大部分学习者在理解时需要进行信息码转换。汉语教师要把讲的内容切分一下，如把一个词语的各个义项或一个句型的各种用法分开来讲，讲完一个义项或一种用法，紧跟着进行针对性练习，然后再讲下一个。

第七，练好基本功。汉语教师课堂话语、板书、多媒体课件制作等都是其清楚讲解所需的基本功。

5.3 清楚讲解的具体策略和技巧

Ur（1996：16—17）曾提出有效解释和教学的六个原则（guidelines）：准备（prepare）、吸引全体学习者的注意力（make sure you have the class's full attention）、多次呈现信息（present the information more than one)、简洁(bebrief)、举例(illustrate with examples)和获得反馈(get feedback)。Marsh(2005:148)也曾提到以下教师有效讲解技能:①用逻辑清楚的步骤讲解话题/问题——在头脑中排演你将运用的顺序和序列;②用直白的语言并避免专业术语;③向学生呈现信息的速度恰当;④运用例子描述观点;⑤重复难点;⑥同时运用多种交流方式(如投影仪、幻灯片和口头论述);⑦用生动有趣的语调;⑧用眼光接触保持注意;⑨在整个讲解过程中给学生提问的机会。在此基础上,我们提出以下清楚讲解的具体策略和技巧:

(1) 充分准备。包括汉语教师理解上的准备和传递给学习者的准备两个方面。前者是指汉语教师要对所讲内容有一个透彻理解,后者是指考虑好用什么样的话语、例句或教具让学习者理解,因为汉语教师自己理解并不等于能够让学习者理解。这一点 Ur(2000:16)也提到过。吸引学习者的注意力也属于"充分准备"的内容,有利于"清楚讲解"。汉语教师讲解前可以通过提问、呈现图片和播放视频等方式来吸引学习者的注意力。

(2) 化整为零,从整体到部分。即按照所教内容本身的逻辑顺序和学习者的认知顺序,有条理地、分层地将所教内容的要点(或者将所教内容分成一些更小的单位)呈现给学习者,同时帮助其明白不同要点之间的关系,以有利于其将内容要点组织起来。苏英霞老师举过一个讲解"虽然……但是……"的例子[①]:"今天我们要学的是'虽然……但是……'。我先来介绍一下它的用法。这是一个表示转折关系的复句,如我们都喜欢旅行,但是有时候旅行的时候太累,我们不喜欢太累,就可以说'虽然我很喜欢旅行,但是不喜欢太累'。在这个句子里,'我很喜欢旅行'和'不喜欢太累'就形成了转折关系。"

---

① 参见苏英霞老师2015年7月28日在北京语言大学逸夫报告厅所做的有关汉语语法教学讲座的笔记。

（3）突出重点、难点，多角度、多层次、多语境。首先，讲解要突出重点难点，即对每节课的重点难点，放在学习者注意力较为集中的前十几分钟来讲解；讲完后有意停顿片刻，给学习者理解消化的时间；分发一些包含学习目标、重点内容以及测验题目的资料，或者鼓励学习者对重点、难点记笔记；下课前进行简单复习和总结。其次，讲解重点难点时，从不同角度、不同层次，以及语言点不同的使用环境等角度进行，以便学习者能够理解得全面、透彻。

（4）提供完整、正确、清晰的解释。讲解尽可能简单、清晰、明确、精炼、有条理。在讲解汉语知识或文化内容时，避免语言含糊，更不要使用另一个生词或其他更难理解的词语解释生词。如果在讲解中遇到不熟悉的内容，提前解释一下，扫除这个"拦路虎"。在理解后进行言语技能训练时，要缓慢而明确地发出指令，以便学习者能准确表现目标行为。Ur(1996:17)曾提到一个类似的技巧，即"简洁"，其中也包括"要清楚"，因为学习者注意力保持的时间是有限的。

（5）采用多种方式方法增强学习者理解程度。汉语教师要善于使用比较、举例、展示图片、动作示范、播放音频和视频等多种方式来辅助讲解，来增强学习者的理解。"举例"是最常用的辅助讲解的方式，注意要使用简单、典型、学过的、熟悉的例句，要有利于突出所讲语言点及其中的难点，而且要交代例句的上下文语境；尽可能使用跟学习者相关的例子，具体某个学习者的例子更好；注意既要举正例，也要举反例，以突出所讲内容的关键特征。崔永华(1989)曾提到过"图片""情景""表扬""语义对等的语法形式""翻译"等多种解释方式；崔永华、杨寄洲(1997)主编的《对外汉语课堂教学技巧》包含了更多的解释方式。

（6）把抽象、理论的内容图示化、直观化和具象化。这也是常用的讲解技巧。如用图画来表示"趋向补语"、规则化和公式化把汉语句子的基本语序描写为"S+V+O"，用图示的方式列出同一词语不同义项的搭配关系,用图式或表格清楚标明其语义侧重、感情色彩和适用场合等学习者容易出错的地方。杨雪梅就曾把"保持"和"维持"这一组近义词在语义、语法和语用方面的差异用一个表格展示了出来,如下表:①

	词性	相同语义	语义侧重	词语搭配	语义色彩
保持	动词	都有使某种状态保持不变的意思	有"保护住"的意思,其对象往往是一种满意的状况、积极的行为或是希望长时间不变的现象。	宾语:～热情 ～健康 ～自信 状语:一直～ 永远～ 始终～	带有一种积极的色彩
维持			有"维系住"的意思,它修饰的对象往往是最低的要求,或者是最低的要求,或者是一段时间的状况。	宾语:～秩序 ～生活 ～婚姻 ～现状 状语:勉强～ 暂时～ 只能～	带有一种消极的色彩

(7) 平稳、较慢的讲解速度。在初级阶段,讲解要保持相对平稳,不要时快时慢;新手教师要避免因为觉得内容简单而讲得过快;讲解内容要符合学习者的汉语水平和阶段,不宜过深过全;讲完后可考虑停顿几秒钟,给学习者思考和琢磨的时间,尤其在讲解某些复杂的重点、难点时。在中高级阶段,讲解则要使用正常语速。

5.4 案例分析

北京语言大学资深汉语教师冯惟钢曾这样讲解"比字句"中的"A

---

① 杨雪梅.中级综合课教学中词汇语义网络的构建[A].对外汉语综合课课堂教学研究[C].北京:北京语言大学出版社,2010:176.

比B+形容词/小句"。

冯老师先通过展示西瓜和苹果的图片引出"比"字句的肯定式

教师：大家看这是什么？学生：西瓜。

教师：那是什么？学生：苹果。

教师：西瓜大还是苹果大？学生：西瓜大。

教师：我们要对两个东西进行比较的时候，就可以使用"比"字句，那么我们用"比"字句对西瓜和苹果进行比较怎么说呢？（如果学生说出了正确的句子，老师表扬，并将"比"字句的肯定式写在黑板上；如果学生不会说，老师可以告诉学生，用"比"字句可以说"西瓜比苹果大"，然后将这个"比"字句写在黑板上。）

教师：这就是"比"字句的肯定式。看一下这个句子，我们可以把西瓜当作A。（在西瓜下面写出A。）

教师：A后面是"比"。（在A后面写出比字。）

教师：我们可以把苹果当作B。（在苹果下面写出B。）

教师：这里的A和B可以是东西，也可以是人，请问"大"是什么词？

学生：形容词。（教师在B的后面写出"+形容词"，这样就写出了"比"字句的结构：A比B+形容词）

板书结构 A比B+形容词

教师：这就是"比"字句的句子结构：A比B+形容词。在对两个人或事物进行比较的时候就可以使用"比"字句。（再一次强调"比"字句的语用功能。）

案例中冯老师的讲解语言相对比较简单，而且重点在所讲"比"字句最常用的用法上，充分使用了例句和常识。

资料来源：冯惟钢.实用对外汉语教学方法与技巧.北京：团结出版社，2014：211—212.

第三节 指导学习者学习

在教学过程中,学习者的"学"是中心,其他都是为此服务的。因此,指导学习者汉语学习的能力也是汉语教师的一种核心的专业能力。我们把这种能力分为巩固所学内容、引导迁移运用、指导学习方法和促进汉语学习。

一、巩固所学内容

对该项技能的理解和操作如下:

1.1 对"巩固"的认识

巩固,即"指导学习者巩固所学内容",是指汉语教师采用一定的教学策略和方法,指导/引导学习者对自己刚理解的汉语知识和技能等,进行各种形式的练习,以增强学习者的记忆和保持。巩固的实质是引导学习者将所学内容从短时记忆转入长时记忆。它属于汉语教师所应具备的核心教学技能。

任何技能的学习都大致经过"教师讲解/学习者感知、理解、模仿""教师监控/学习者练习、形成技能"和"学习者独立、创造性地使用"三个阶段(Ur,2000:19—20)。其中第二个阶段"教师监控/学习者练习、形成技能"主要就是通过巩固性练习来完成。

在海外中小学或孔子学院教过汉语的老师都有体会:因为课时少(一周一课时或两课时),学习者随学随忘,下次课几乎是重新开始,真正能掌握的内容很少,一个简单的问候语,都可能需要学习两三个月,学习进度很慢,近似于"原地踏步"。造成这种情况的主要原因就是受制于国外的学制(教学时间少)、上课的频率(一周只有一次课)、学习者的学习态度(如布置的作业不做)等各种主客观条件,汉语教师在课堂教学中无法进行充分的巩固性练习。

汉语教师要有意识地积累一定数量的、针对具体汉语知识和技能的练习和活动,以便在课堂上能充分给学习者提供机会,及时有效地指导其巩固所学内容。

1.2　有效巩固所学内容的一些方法和技巧

(1) 控制性集中练习、发散性练习、有规律复习相结合。首先,对所教内容当堂进行控制性的集中练习。汉语教师要结合所教汉语知识和技能布置适当的、灵活多样的练习和活动,使学习者能及时理解和实践所学内容。如学完生词后,让学习者朗读几遍,并进行扩展词组、造句练习,开展词语接龙游戏(接替操练)等;学完语法后,用图片进行替换练习和造句练习;学完课文后,引导学习者朗读、复述,甚至背诵,在此基础上再就课文进行问答练习,等等。

其次,组织发散性练习,引导学习者从不同角度,在不同言语交际环境中对所教内容进行全面、立体、准确地理解和应用。如拆字、在同一部首(如"青""亻")的不同汉字之间构建汉字网络("青""请""情""清""晴""亿""仁""什""仅""仍")等;在同一语素的基础上建立词汇甚至是短语的网络,如以"员"为语素,可以扩展出服务员、售票员、运动员、列车员、邮递员等。

最后,有规律地复习,即按照记忆规律和特点,采取多种教学措施,帮助学习者进行再现和再认性练习,达到熟练水平。如上课前进行"听写"等方式的复习;给学习者提供在不同情境中应用所学内容的机会;运用多样化的方式进行复习,为学习者提供更多的编码线索,使其记忆更牢固,提取起来也更顺利;既有当堂复习,也有单元复习,还有期中复习和期末复习(后三种都属于间隔复习);等等。

(2) 针对性练习。针对性练习有两层意思:一是对重点难点进行针对性练习,一是对掌握得不够好的学习者进行针对性练习。首先是对重点难点进行针对性练习。要化整为零,结合情景进行分解操练,注重分解之后进行单项练习、重点练习、充分练习。如对重点词语的逐步扩展,对复杂语言点多个用法的逐一操练,然后再结合情景进行应用练习;句子拆解练习,引导学习者把一个长的难句简化为只体现主干结构的短句,或者让学习者将几个短语组成一个长句;等等。其次,对掌握得不好的学习者进行针对性练习。要多给那些掌握得不够好、甚至有些困难的学习者练习巩固的机会;要分析这些学习者掌握不好的原因,对症下药;要给这些学习者布置针对性的课堂任务和家庭作业,等等。

(3) 及时回顾、归纳和总结。首先,要引导学习者对所学内容进行简要回顾、总结和归纳,实现有效储存。如讲解完语法规则后,呈现很多例子,让学习者复述规则或完成相应的任务,增强其学习效果;在结课时再次带学习者进行回顾和总结,以加深理解和记忆。其次,在回顾和总结基础上,对所学内容进行分类、概括,梳理出基本点,形成一个包含语言点、功能点、情境要素的立体网络,为学习者的记忆和保持提供线索。如有关天气、家具、运动、餐饮等主题的词语归纳在一起;把可与同一词语搭配的所有词语形成一个集合;把结果补语、趋向补语、可能补语的区别与联系用表格的形式呈现;等等。这样有利于将学完的内容跟学习者已有的相关汉语内容联系在一起,换句话说,将其"镶嵌"在学习者的认知结构中,形成一个"概念地图"(mind map),实现有意义的学习。

(4) 对比性练习和序列化练习。首先是对比性练习,即针对易混淆知识,有意识地设计相似题目,引导学习者从正、反两个角度去认识、比较、鉴别和分类,使其有所启发、有所感悟,并能全面完整地理解和掌握所学内容。如汉字笔画中的竖折"ㄥ"和撇折"ㄥ"两个笔画;横撇弯钩"ㄅ"和横折折折钩"ㄋ"两个笔画;汉字"己和已""日和目""今和令""午和牛"。其次是序列化练习,即细化练习层次,循序渐进,逐项巩固;对具体某个语言点的巩固注意由浅入深、由易到难,先模仿,再运用,最后熟练,整个过程循序渐进。如对"即使……也"这个语法点的序列化练习:a.理解确认,给出一些句子,让学习者找出其中可以用"即使……也"来改写的句子;b.控制性操练,给出一系列的短语和情境,让学习者使用"即使……也"来模仿造句;c.部分控制的练习,让学习者根据自己或同伴的情况造出三个使用"即使……也"的句子;d.相对开放的练习,呈现一些信息:如一个某方面成功,但中间有很多困难,让学习者使用"即使……也"随便造出自己感兴趣的句子;e.给出一个主题"表扬",让学习者自由表达(这个主题要能使用"即使……也")[①]。

(5)给学习者留出时间"消化"和及时反馈。首先,要给学习者留出时间"消化"所学内容。教学活动结束后,留出一定的时间,以便学习者能够有机会"消化"和反思。如学完存现句,教师可以发放一个"房屋中介"对房间情况的介绍/或者宾馆的广告材料,让学习者找出其中的存现句;学完离合词,教师也可以让学习者在一篇文章中找出其中的离合词。其次,要及时反馈,检查学习者理解情况。汉语教师可以通过提问学习者、让学习者做练习或举例子、组织活动(如看图片找汉字/词语)让学习者应用所学内容、鼓励学习者提出问题或质疑等方式来检查、判定其理解和掌握的情况,并给予及时反馈,以便其能及时巩固。最后,要对各种练习的效果进行明确、具体的反馈,使学习者有一个清晰把握,并沉淀、储存到长时记忆中。如学完几个量词后,汉语教师可以提供一系列有关量词的练习题,学习者做完后,教师带领学习者一起进行明确、具体的总结,尽可能梳理出规则来,以便学习者进行记忆。

(6)多样化练习。首先,指导学习者对同一内容使用不同的方式进行练习,以保持兴趣和效率。如巩固所教词汇,可以领读、朗读;也可以词语接龙,分组比赛;还可以编制概念图、制作词卡;当然也可以使用游

---

① 这个层次的活动已属于下一个教学技能"引导迁移运用"。

戏、表演等方式。再如同一句话,可以在多种情境中用多种语气来表达,以达到不同的效果。其次,使用一些教学技巧,减少单调和枯燥。如根据学习者的水平在每天上课时增加一个"每日一字/词/句"的栏目;通过贴贴画、做游戏等复习一些重点汉字、词语和句子;凡是学习者自己力所能及的事情,汉语教师都不要做,像问问题、念题目、回答问题等。

此外,汉语教师还要注意用多种方法增进学习者的记忆来巩固所教内容。如果在小学,教师可以对其他科目运用汉语进行教学,以便相互巩固和强化。卢华岩(2011:140-150)也曾提到诸多以记忆和巩固记忆为目的的语料动态处理的教学行为。

二、引导迁移运用

对该项技能的理解和操作如下:

2.1 对"引导迁移运用"的认识

引导迁移运用,即引导学习者对教学内容进行迁移和运用。学习者能够将所学汉语知识和技能灵活、得体地应用在日常生活、工作等交际情境中。从心理学上说,这是学习者对所学内容的迁移。引导教学内容的迁移就是汉语教师引导、促成学习者把所学内容迁移到具体交际情境中、运用到交际实践中。

只有能够将所学汉语知识和技能等应用在日常生活、工作中并完成任务,学习者才算掌握了所学知识和技能,具备了汉语交际能力。

前面的"巩固性练习"以机械练习为主,属于打基础,这里的"引导学习者对所学内容进行迁移"是应用性、交际性、开放性(至少是半开放式)练习,相对灵活,属于"活用"。

"引导迁移运用"还表现为布置课外作业,以及作业点评。汉语教师要围绕所教内容恰当地布置一些拓展性、应用性、实践性的活动和任务等作业,引导学习者将所学内容应用到实际交际情景中去。

2.2 有效促进教学内容迁移和运用的一些方法和策略

（1）示范性练习。汉语教师要示范如何将所学汉语知识和技能运用在真实情境中，尤其是重点和难点知识。如在讲到"感谢"这一功能项目时，会有"谢谢""太谢谢您(你)了""给您(你)添麻烦了""让您(你)受累了""我真不知道怎么感谢您(你)才好"等多个句子都表示这个意思。记住这些句子不难，但要在真实情境中恰当地运用则不容易。汉语教师可以通过设置情境，给学习者示范：①你在街上问路，别人告诉了你，你怎么表示感谢？②你搬家那天，朋友来帮你，搬家很顺利，你怎么向朋友表示感谢？③你的钱包丢了，里面有很重要的东西，别人捡到还给你，你怎么向他表示感谢？等等。

（2）从半开放练习到开放性练习。学完知识点后，学习者并不能马上会迁移运用。汉语教师可以引导学习者先进行半开放练习。如给出句式和提示词，让学习者进行替换和扩展练习；在给出语境或关键词的前提下，教师说出上半句，学习者根据具体情境说出恰当的应答；让学习者根据所给情境和提示完成对话，等等。在此基础上，汉语教师可引导学习者进行开放性练习。如让学习者用所学句式表达自己以往的经历或当前的学习和生活；就某个争议性观点进行讨论；就某一社会现象谈谈自己的看法或观点等。

（3）设计真实的言语交际实践活动。汉语教师可有意识地利用所学知识技能的真实场景，根据学习者及其所在地的具体情况，创造交际需要，设计交际情景，如到华人社区打电话、坐车、约会、吃饭、住宿、购物等，给学习者提供自主学习实践的机会，同时也大量接触真实的汉语及其交际过程；也可以给学习者布置个性化的作业，如让爱好足球的学习者访谈体育教师或运动员；根据学习者的特点、工作或生活经历分配"角色扮演"中的角色。其次，结合所学内容布置适当的体验式课后活动和任务，通过提问、点拨和诱导等方式，让学习者到真实情境中去实践所学知识和技能,进行体验式学习。如学完"V+着"可让学习者描述一个陌生的环境或人物;学完"购物"可让学习者试着上网购物,找出网上购物常用的词汇和句式,或者扮演推销员写一个广告词或者产品说明。

(4) 运用变式练习。学习者对某些汉语词语和语法等往往拘泥于课堂所学的使用条件和语境,使用条件和语境一改变,学习者常会出错。变式练习可以使学习者熟悉所学内容的各种变换形式。针对某一个汉语词语、句型、功能项目等知识点,汉语教师可考虑提供多种应用情境,供学习者练习和应用。如学了"存在句",可给学习者提供日常生活和工作中用到存在句的多种情境。

(5) 在形式多样的综合性活动中练习和应用。汉语教师可针对每节课所学的生词、语法、话题等安排一些形式多样的综合性练习,积极引导其在日常生活中应用,使学习者能够将各种不同类型的知识和技能整合起来,形成模块,便于储存和记忆,也有利于使用时进行提取。如可以把一些含有重要语法点的卡片贴到黑板上,引导学习者分段复述课文;把口语体的对话改写成比较正式的、书面语的作文;以课文内容及其所包含的表达方式为基础,围绕课文中比较有争议的论点或热点问题进行讨论促成其在新的交际环境中迁移和运用。汉语教师在教学中可有意识地积累储备一些在一定环境中运用各项知识技能的综合性活动。

另外,汉语教师可尽量使用刚学过的表达方式与学习者进行交际,同时期待、督促学习者也使用汉语与教师进行交流。这也能引导学习者对所学内容进行迁移和运用。

2.3 组织课堂教学活动的具体程序

组织课堂教学活动只是引导迁移运用的重要方式之一。其重要性我们参考 Scrivener(2002:29—30)的观点对其操作程序进行论述。

第一,上课前要熟悉活动所需要的材料(如图片和文章等资料)。汉语教师自己可以先尝试做一下,以确定整个活动的步骤、所需时间等,并对如何分组、学习者是否具备完成活动的语言知识和能力、可能出现什么问题、教师在其中扮演什么样的角色、需要什么样的教具等做一定的安排。

第二,活动前进行必要的介绍和引导,提高学习者参与的动机或兴趣,或者学习一下活动中可能会用到的语言项目(如词汇和语法点等)。介绍活动时用简洁、清晰的语言交代清楚活动的方式、目的、步骤、要求、时间等各个方面,既要使学习者愿意参与活动,也要使其知道如何参与活动。

第三,组织活动。包括将学习者进行分组配对、移动桌椅、收拾场地;清楚、明白地告诉学习者活动的规则,可采用实例或演示的方式,等等。在语言课上,组织活动的主要目的是让学习者练习运用目的语进行交际,三四个人的小组活动或者结对子的形式有利于学习者多练习。如把学习者分成"私家车主""汽车制造商"和"环保主义者"等几种角色,然后从各自的角度来讨论交通拥堵的问题。

第四,开始活动。从引导学习者感知具体的材料(包括关于交通拥堵的历史发展、交通事故的概率、拥堵频率、拥堵时间、相关图表、相关评论文章等[①])入手,而不是"今天讨论交通拥堵的问题,大家说说吧。"给学习者留有一定的准备时间,用来熟悉相关资料、查生词和草拟一下发言提纲,等等。如果材料中的观点与学习者原有观点相矛盾,学习者更愿意参与讨论。在活动中,需关注学习者较高的开口率、言语表达的准确性,尽量不干预,让学习者独立或合作完成活动;即便被问到问题,也"故意"不告诉学习者答案,有意让其寻找同伴解决,促进交际活动。

---

① 仍以交通拥堵为例。

第五,结束活动。等待课堂活动自然完成或结束,而不是随意、突然停止;如果各个小组在不同的时间结束,恰当判断活动最后结束的时间,并提前3－5分钟进行预示。

第六,活动结束后,要有一段时间用来交流成果和相互点评,包括各个小组之间观点的比较、核对答案、讨论新发现的问题、教师给予反馈和点评等。

在进行课堂活动时,汉语教师还要注意:在全班性活动中,自己尽量少说话,把时间让给学习者(如果听到学习者言语表达中有错误,可以先记下来,等最后再统一纠错);小组活动时,每个小组人数最好3－4个左右,分组方式大致有根据座位顺序、学习者自愿搭配、教师指定等多种方式;无论是小组还是结对子活动,都要避免把汉语水平不高的学习者分到一起;明确每个学习者的责任;考虑让提前完成活动的学习者支援一下还未完成的学习者;等等。

2.4 案例分析

本部分的案例我们也聚焦在活动和任务的操作上,即通过组织课堂教学活动和任务来促进所学内容的迁移。

学完初级汉语阶段的"喜欢/爱好"等内容后,可以这样迁移:

1. 教师问学习者,你们是否去过体育运动中心?里面有什么?有什么优势和不足?让学习者讨论几分钟。

2. 教师分发一个体育运动项目单,学习者结成对子,选择一个他们晚上愿意一起做的运动。

3. 教师让学习者用"我喜欢"的句型造几个有关运动的句子;学习者进行一些口头练习,要求句子正确,也能做到准确发音。(中间伴随纠错)

4. 教师说,你们将听一个有关体育运动中心的收音机广告;你们必须认真听,以便发现体育运动中心有没有你们要做的运动项目。

5. 学习者两人一组阅读体育运动中心的广告,确定他们应该什么时候去和需要花多少钱。

案例中的老师成功设计了一个较为真实的情境,为学习者运用和迁移有关"喜欢/爱好"(句型"我喜欢")所学内容提供了机会。

资料来源:Scrivener, J. *Learning Teaching: A Guidebook for English Language Teachers*. Shanghai Foreign Language Education Press, 2002:34.

三、指导学习方法

《国际汉语教师标准》(2007)要求汉语教师"能理解学习策略在第二语言学习过程中的重要性","能了解和分析学生的学习方法和学习策略,并就其学习方法和学习策略提出改进的建议","能对教学对象进行适当的汉语学习策略的培训,并能根据学生的学习方法和学习策略调整教学方法","培养学习者自主学习汉语的能力"。其实就是要求汉语教师能够在学习方法方面给予指导。李景蕙(1986)早就论述过培养外国学生的自学能力对提高课堂教学质量的意义。Lewis & Hill(1992:18)就认为:"学习者需要知道如何学。"李泉(2005:93)提到过成功的课堂教学汉语教师应具有"引导学生掌握正确的学习策略的意识"。鲁健骥也曾强调"授人以渔"是对外汉语教学的关键。①

对该项技能的理解和操作如下:

3.1 对"指导学习方法"的认识

学习方法是指学习者为了掌握汉语知识和技能在学习过程中采用的程序、手段、途径和技巧等。"教"应为"学"创造尽可能多的条件。指导学习方法就是为了学习者更好地"学"提供的一项重要条件。

指导学习方法是指汉语教师引导学习者掌握一系列的学习技巧和方法,使其能够根据所学内容特点和学习情境选择恰当的学习方法,自主学习。

---

① 鲁健骥.对外汉语教学随想七则[A].教学督导的实践探索[C].北京:北京语言大学出版社,2008:229.

学习方法是汉语教学目标和内容的重要组成部分。指导学习方法的方式有很多,其中在课堂教学过程中进行方法指导效果更好。如阅读教学之前先告诉学习者如何阅读,及时进行方法指导。教师在具体内容的教学中结合实例向学习者示范如何操作;指出或提示学习方法并找一些适合该种学习方法的内容供其练习。

汉语教师可以在汉语课堂教学过程中结合具体内容对学习者进行学习方法方面的指导,使其能够自主学习和有效学习。

3.2 学习者应掌握的一些基本学习方法

(1) 合作学习。合作学习的实质是多个学习者有明确责任分工、相互帮助和支持、共同完成某项任务。合作学习一般包括以下五个步骤:①明确合作学习的目标或结果。如围绕某个问题形成一个书面报告或者对某个事物的认识和观点,等等。②划分小组和分配任务。小组一般由4个左右的学习者组成,成员最好为异质组合(即不同性别、汉语水平、母语、组织和表达能力水平的学习者相互搭配[①]);明确分工,把任务分解成几个较小的任务,落实到每个学习者头上(如查字典、准备例句、负责上网找资料、阅读参考文献等),并分配角色:组长、发言人、信息员、记录员。[②] ③教师具体指导。在合作学习的技能上进行指导,如怎样恰当表达自己的思想观点、怎样与其他学习者协商意义。营造尊重、友好、互助和合作的支持性合作气氛,如学习者相互尊重发表观点的权利,如果不清楚或不理解对方的观点,请其解释。④巡视监督。汉语教师要巡视每个小组的情况,监督合作学习的进展,如指导学习者到何处寻找所

[①] 于天昱.合作学习在对外汉语初级阶段综合课教学中的适用性[A].对外汉语综合课课堂教学研究[C].北京:北京语言大学出版社,2010:78.王瑞烽.初级阶段综合课课文教学过程中的合作互动[A].对外汉语综合课课堂教学研究[C].北京:北京语言大学出版社,2010:85.

[②] 组长,即负责管理、协调本组合作学习任务的进展和完成,包括督促大家、咨询老师、解决争议等;发言人,即代表小组向全班呈现和解释主要研究结论;信息员,即为小组各位学习者的研究提供关键性的信息和资料,以及所必需的物品和材料等资源;记录员,即负责记录小组研究进展的重要节点,并将各位学习者的观点进行分析、比较、综合,整理成成果。

需信息、提醒各小组各自的目标;对遭遇挫折、缺乏信心的小组及成员进行鼓励等。⑤总结和评价。汉语教师要基于各个小组有关合作学习运作情况的记录(由观察员完成)进行评价,使总结和评价有一定的深度,而不只是说"我们做得还行"。评价合作学习活动的维度一般是:小组成员之间是否分享其资源(如书籍和网络等);是否相互帮助和支持;是否客观地评估每个成员的贡献;是否允许小组成员的不同观点等。Good & Brophy(2002:385—397)和 Marsh(2005:168)都曾论述过合作学习的方法。孟艳华老师和赵雷老师都在自己的课堂上使用过小组合作学习。①

(2) 探究学习。探究学习是指学习者在教师的指导下通过亲身探究发现新的事物及其背后原因或规律的一种开放性学习方式。它强调学习者亲身实践,注重探究过程,一般分为明确问题、提出假设、收集资料、在分析资料的基础上形成结论、反思完善等几个阶段。学习者喜欢探究的问题一般集中在其感兴趣的文化领域,如酒、茶、京剧等。汉语教师可以结合教学内容指导学习者选题。

(3) 讨论/辩论。指导学习者讨论或者辩论要注意:①明确目标和主题。向学习者解释讨论/辩论的目标和主题,指导其论证思路。②营造友好、温馨的气氛。鼓励学习者畅所欲言,打消学习者不敢表达,怕遭到嘲笑和否定的顾虑。③指导讨论/辩论过程。包括讨论/辩论的基本程序、发言顺序、发言时间、最后汇报成果等各个方面。④指导学习者发言。讨论/辩论前可以指导学习者如何将自己的观点、论据结合起来,形成自己的论点;提醒其注意自己的言语表达,适当运用一些技巧(如幽默)。

(4) 角色扮演。汉语教师指导学习者角色扮演时要注意:引导学习者对言语、故事、剧情、角色透彻理解,并做好相应准备(如选定某个角色);耐心等学习者演完,然后引导学习者相互进行讨论和点评;教师给

---

① 孟艳华.《找工作》教案.对外汉语听说课优秀教案集.北京:北京语言大学出版社,2011:69;赵雷.《职业选择》教案.对外汉语听说课优秀教案集.北京:北京语言大学出版社,2011:139.

予清晰、具体的反馈和评价,最后进行总结。必要时再次表演。

(5) 养成良好的学习习惯。良好的学习习惯包括:①制定学习目标和学习计划。引导学习者根据自己的汉语水平制定明确的学习目标(包括长期目标和短期目标);在此基础上进一步引导其制定属于自己的学习计划,多长时间学多少内容,具体用什么方法学习;等等。②善于预习。引导学习者养成预习的习惯,以便上课时集中精力解决重点、难点,而不是平均用力或者完全被教师牵着鼻子走。如通过预习提前解决生词的词义和词性等问题。③专心听课。引导学习者积极用脑、眼、耳、口和手来参与课堂教学。如要听讲解、听提问、听发音、听语调、听弦外之音,紧跟讲课思路,听条理层次,听重点难点,听提示语,听观点和结论;积极画重点、做批注、记笔记,记下关键内容(如自己或同学在言语交际中的偏误及其纠正方法),以及与前后内容的关系;等等。④有规律地复习。引导学习者及时复习、集中复习、分散复习、不断地进行间隔性复习,尤其应在言语交际中进行复习巩固,然后再自我检查。⑤系统总结。指导学习者在学完一节课或一个单元后进行系统总结,使所学内容系统化和条理化。如查找近义词、反义词、词语搭配扩展、表达类似意思的语法项目等。⑥自我监控和评估。指导学习者运用自我提问、学习日志、反思等方法对自己的预习、听讲、练习、学习方法使用等情况进行监控和评估,并及时进行调节。如有的学习者把自己的发音录下来,然后进行对比和自我纠正。

(6) 学习语言要素和语言技能的方法。①语音学习方法。弄清每个音的发音要领和技巧;对相似的音进行重点听辨(如 b/p、t/d、g/k);模仿汉语老师或母语者对语音、节奏和语调的处理和把握;对单个音、字、词、短语、句子乃至语篇的语音语调进行大声朗读、模仿、练习;模仿不同的语速、音量、心理预期和情绪状态下的语音语调;等等。②词汇学习方法。同伴之间相互听写;利用词根、词缀一次学习一组词,注意其搭配;注重词语之间的关系编制概念地图(mind map);多种感官一起使用,如制作词卡、做词汇游戏;注意提高词汇的复现率、使用率;练习从上下文中猜词语意思;等等。③听力练习的方法。注重听语音、词语和句子等微技能的训练;引导学习者听一个完整的语块、句子,甚至句群,在整体意义上理解(gist listening);注重听前预测(predicting)、边听边验证,修正自己的理解;根据听到的内容,反思琢磨,得出结论(inferencing listening);掌握听写、听后复述、听后拟定题目、听后排序、听后画图等练习方式。④口语交际策略。口语交际策略有解释(用简单的语言解释比较复杂的语言和疑问)、转码(用母语或媒介语表达自己想表达的意思)、体态语(借助身体动作等语言表达自己的意思)、回避(回避自己不知道的话题或语言结构)、修补失误(利用道歉、重说等技巧修补刚才交际中所出现的错误)等等。⑤阅读方法。引导学习者边读边标记(如在关键内容旁边作批注、标出每段的中心句、写下要点提纲);制定阅读计划;学会利用目录、导言和图表进行阅读;利用课后问题深入阅读,推理推论,写感想;熟悉"自上而下"(top-down)和"自下而上"(bottom-up)等阅读思路;自觉实践"读前根据题目联想预测、阅读中验证反思、读后拓展延伸"三个步骤;阅读时避免出声、频繁回读、视幅过窄等不良阅读习惯;积极利用合作阅读(读后相互问答)、角色朗读、共同阅读大书(big book);对有一定难度的经典故事要多次回读,画出结构图表;教师和学习者一起阅读,教师在此过程中示范如何使用概括、概览(skimming)、预测、解疑、跳障、略读(scanning)、根据语境猜测(guessing)、找关键词、抓中心句、总结提炼等阅读技巧;学习者的自我提问(如有关"谁""何时""何地""何事""为什么""怎么样"的问题);等等。⑥写作方法。指导学习者进行写前准备(包括收集、整理、组织材料、列出提纲,确定读者对象),完成初稿(以最直接的方式将想要表达的意思写出来,并加以组织和提炼)、自我检查修改、完成第二稿,上交给教师批改修正,定稿;引导学习者从以下几个方面进行自我检查:是否有计划或草稿;内容是否真实;是否分为了开端、发展、高潮和结尾等几个部分;文章及其段落的论述结构是否合理;汉字写得是否清楚,语法、词汇的选择和运用有无错误;字距、行距和标点是否合适;等等。Tompkins(1994:375 转引自王笃勤,2002:146-147)曾提到写作过程中自我评估的具体方法,有利于汉语学习者写作时自我提高。①

(7) 结合语境,整体学习。引导学习者不要孤立地记忆汉字、词语和语法条目,应在句子中、语篇中、交际中进行学习和记忆,尤其是语义较为抽象的词语,如"到底",设计语境①:你问一个人周末去不去颐和园,他不回答。引出"你到底去不去?";语境②:你问一个人周末去不去颐和园,他前天说去,昨天又说不去,引出"你到底去不去?"另外,整体学习还体现在课堂互动中要求学习者说完整的句子。只有说出完整句子,学习者才能露出在语音、语调、词语、句法结构和语用等方面的问题。

(8) 归纳法和演绎法。先给学习者呈现一系列的典型例句,让其琢磨共同点,然后再引导其分析、归纳和讨论,得出结论。即归纳法。先告诉学习者重点词语和语法规则的意义、功能、语用规则等,再提供各种不同的例句和交际情景,引导其理解和应用。即演绎法。

(9) 背诵记忆的方法。背诵记忆的方法有分类(根据语义、词性、构

---

① Tompkins 提到在不同写作阶段的自我评估问题有:(1)学生开始写作时:What will your topic be? How did you choose your topic? What pre-drafting activities are you doing? How are you gathering ideas for your writing? How do you organize your writing? What developing mode are you going to adopt? Who might be your audience? What is your purpose of writing? (2)学生写草稿时:How are you getting along with your writing? Do you have any problems? What are you writing about? Where do you want this piece to go? (3)学生校改时:What kind of revisions are you making? What kind of errors have you located? Are you following the guide lines for revising? How has your editor helped you proofread? Do you have any suggestions for further improvement? (4)写作完成后:With what audience did you share your writing? What did they say about it? What do you like best about your writing? If you were to write it again, what changes would you make? What strategies did you apply in this writing? Are they effective? 1994:375.

词法等维度进行分类记忆)、对应(把词句与其所指的事物联系起来记忆)、重复、图表(画出图或列出表)、联想(把同一语义场的汉语词汇编成一个故事)、应用(力图在日常交际或完成任务中运用)、语境化(记忆一些蕴含重要语法结构的经典例句等)、谐音(有关汉语声韵调的一些绕口令和顺口溜)、利用位置、关键词,等等。还有利用首因效应和近因效应、内隐记忆和外显记忆相结合等方法。

优秀的语言学习者常常表现出某些共同的特点(转引自吴中伟,2014:86-87):①寻找适合自己的方法;②不断总结关于目的语的知识;③敢于尝试使用目的语;④采用各种办法,利用各种机会在课内外练习目的语;⑤容忍度强,运用各种策略,在不用理解每个单词的情况下明白目的语的意义;⑥运用各种记忆方法,来复习所学内容;⑦积极利用错误;⑧运用语言学知识,包括关于第一语言的知识,来帮助掌握第二语言;⑨利用背景知识(百科知识)帮助理解;⑩学会巧妙地猜测;⑪利用语块和惯用法,使自己"超水平"发挥;⑫学习有助于谈话持续进行的某些技巧;⑬学习一些表达技巧,以弥补自身语言能力的不足;⑭学习不同的说话和写作风格,能根据场合的正式程度调整其语言风格。

3.3 汉语教师指导学习方法的原则

第一,个别指导。汉语学习者来自世界各国,民族、宗教、文化背景、教育经历等各个方面的情况都不相同。汉语教师要根据学习者具体情况(如对语言学习的认识、学习风格、学习目的、年龄等)进行个别指导,并善于发现和肯定学习者自己创造的一些有效的教学方法。如有的学习者往往因为比较粗心而犯错,可以引导其建立一个"错句本"。

第二,实践性。学习方法属于程序性知识,是一种技能;学习者能在课堂教学中、在独立学习中使用,才算掌握。汉语教师也只有在课堂教学中、结合具体的学习内容(如某个语法点)进行指导和点拨,使其能够自觉、独立地运用,才有效果。

第三,系统性。汉语学习方法是一个系统,不仅学习汉语拼音、词汇、语法、汉字各要素有方法,而且掌握汉语听、说、读、写各项技能也有方法,语用、文化、言语交际等各部分的学习和掌握也都有各自的学习方法。

第四,多样化。同一教学内容(同一个语言点)有不同的教学方法。汉语教师要有意识地引导学习者掌握多种学习方法,以更好地掌握所学内容。

第五,以学习者为标准。指导学习方法要基于学习者的具体情况,尤其应发挥其自主性,鼓励其在汉语学习过程中结合自己以前的学习经验,不断反思、尝试和实践,形成属于自己的有效学习方法。

第六,教学过程的"创造化"。鲁健骥认为:"教学过程的'创造化'是达到'授人以渔'这个目标的重要途径。"即汉语教师在每一个教学环节都"应该有一种意识:我如何在这个环节中让学习者去'创造'"。一方面,"在语言应用的环节,我们采取的教学手段应该能够启发学生运用已学过的知识(如语法、词汇等),充分表达自己的思想";另一方面,"在讲解新的语言知识的环节中,我们应该联系以往的知识,让学习者做一些自己有能力做的工作,使新的语言知识的理解与运用成为水到渠成的事,而且这种处理方法可以成为学生将来自动吸收新的语言知识的手段。"[①]

四、促进汉语学习

对该项技能的理解和操作如下:

4.1 "促进学习者汉语学习"是汉语教师的核心工作

包含汉语教学在内的一切教学活动中,学习者的学是中心。因此,

---

① 鲁健骥.对外汉语教学随想七则.教学督导的实践探索.北京:北京语言大学出版社,2008:230—231.

促进学习者学习是汉语教师的核心工作。

从师生关系上来说,现代教学论认为学习者是主体,教师的基本角色是促进者,旨在促进学习者的学习。[①] 即首先引导学习者对学习产生兴趣,然后在此基础上为其提供平台或机会,促进其积极有效地练习和学习。

4.2 有效促进学习者汉语学习的原则[②]

第一,将所教内容与学习者已有知识和技能相联系。这条原则是根据先行组织者原理提出来的。汉语教师可以通过适当的练习激活学习者已有的相关知识和经验;开展教学活动时有意识地利用学习者(包括教师)已有的日常知识和经验进行类比,鼓励学习者从其自身经验中寻找有关教学内容的例子,引导其建构自己的理解和意义;等等。如果学习者缺乏与所教内容相关的知识和经验,汉语教师可以提前学习这些内容,以促进学习者的理解和掌握。

第二,引导学习者组织好自己已掌握的汉语知识和技能。如果组织得好,各部分之间形成紧密、深刻的联系,学习者不仅记得牢固,而且提取起来也容易。汉语教师要通过多种方式引导学习者组织好自己的汉语知识和技能,如告诉学习者所教内容的组织结构及其与其他内容的关系;引导学习者创建"概念地图"(mind map),反思自己的知识结构;多通过对比、归类等方式来处理所教内容;鼓励学习者从不同的角度来联系、构建自己的知识结构,等等。

第三,引导学习者先掌握具体的"微技能"或先决技能,然后再整合这些技能,并加以练习和运用。如想"听懂别人的话",要先掌握听语音、听词语、听句子、听连读、听语篇、听主旨、听细节、听具体内容等具

---

① Lewis & Hill 就认为促进者是教师最重要的角色,即 The most important role of the teacher is that of catalyst—they help to make things happen, but the purpose is activating the students. 1992:8.

② 安布罗斯(Ambrose).聪明教学7原理:基于学习科学的教学策略.庞维国等译.上海:华东师范大学出版社,2012:3-5.

体技能,将这些技能整合起来,最终形成"听懂别人的话"这一能力。

第四,将不同类型的教学内容整体呈现。汉语教师要将语法、功能、情景和话题等整合起来进行教学。如教语法项目时,除了结构、意义和使用条件外,汉语教师还要告诉学习者其功能意义、在讨论什么话题中使用、一般在哪些情景中出现。以语法点"我喜欢……"为例,这个语言点常在讨论"爱好"这一话题中使用,一般在"认识某人"这一情景中出现,常用来表达的意念和功能是"询问""告知""问候"等,常用到的词汇有"唱歌、看书、运动、逛街、购物、旅游"等。

第五,对特殊学习者(如智障的、生理有缺陷的)采取针对性的教学策略。在很多国家,班上可能有特殊学习者,汉语教师要采取相应的针对性措施促进其汉语学习。Marsh(2005:223)曾分别提到过针对有生理缺陷的学生的教学策略,即"让有缺陷的学生知道你关心他——和每一个同学建立十分融洽的关系;修改你的教学以适应每个学生的需要——依靠他们的长处;对成功完成任务给予奖励——提供积极的、正面的反馈;作好使用新材料或新教学方式的准备;用具体的、操作的、视觉导向的材料发展学生的概念;关心缺陷儿童的父母的艰难和挫折——经常召开教师—家长会议。"汉语教师可以根据自己班级的具体情况选择使用。

此外,还有一些原则,如引导学习者树立具体明确的学习目标,并给予具体及时的反馈;激发、引导和维持学习者的学习动机;营造让学习者感到安全、温馨、平等和友好的课堂气氛;引导学习者为自己的学习负责,学会监控和调节自己的学习方法,成为自主学习者。

4.3 有效促进学习者汉语学习的一些技巧

有效促进学习者汉语学习的技巧有很多,以下列举一些:

(1)将所教内容"心理学化",以学习者容易理解的方式呈现出来。将所教内容"心理学化"是指依据教育学、心理学理论对教学内容进行重新加工、分析和改造,以更有利于学习者的理解、接受、消化和吸收,进而促进学习者的汉语学习。

(2) 告知学习者可预期的学习结果。汉语教师一方面要为全体学习者指出其可预期的学习结果,但也应关注到学习者原有汉语水平的差异而对其预期结果有所不同。

(3) 引导学习者把注意力高度集中在学习活动上。汉语教师可以通过布置具体明确的任务来吸引学习者的注意力。如在阅读活动中,汉语教师就可以:提前布置在阅读中或阅读后要完成的任务;让学习者就阅读材料进行提问;让学习者对事件的结果进行预测;抽掉阅读材料中间的一段,让学习者来想象填写;找两个类似的阅读文章进行对比;想象反驳阅读材料中的观点,等等。

(4) 根据教学环境调整教学方式和教学媒体。汉语教师要根据教学环境的动态变化,及时调整自己的教学方式;要根据教学需要选择合适的教学媒体(如文本、黑板、录音、录像、多媒体等)。

(5) 进行针对性教学。如学习者作文中常犯的毛病是逻辑性不强,汉语教师可以多设计一些给句子排序的练习,把一段文章中的句子都打乱,让学习者排列正确的顺序。

(6) 预见教学活动中的问题并准备好解决方案。如口语教学活动中,常见的问题有学习者担心犯错、受嘲笑、伤自尊而不敢说(可以先让学习者自己准备一下,然后进行分小组活动练习,只在最后让有意愿的学习者在全班学习者面前展示);无话可说,聊不起来(可以先带领学习者复习一下讨论中可能用到的相关词语和语法结构,同时注意选择一些有趣味性的、跟学习者相关的话题),等等。

此外,讲授开始前提问一个能激发学习者兴趣且跟所学内容有关的问题或讲一个类似的故事;复习跟所学相关的内容;采用小组合作学习等都有利于促进学习者的学习。

第四节 促进课堂互动

现代教学论认为,教学的过程实际上是教师和学习者互相对话的过程。汉语教学作为一种语言技能教学,除了就教学内容进行思想和信息上的对话以外,汉语教师和学习者还可以进行语言上的对话。这两种对话表现为汉语教学过程中的课堂互动。互动程度高是高质量课堂教学的重要标志。就汉语教师来说,促进课堂互动的能力可以具体分为把握提问技巧和提供有效反馈两项基本教学技能。

一、把握提问技巧

对该项技能的理解和操作如下:

1.1 对"提问"的认识

提问是指教学过程中教师常用的一种通过问学习者问题来交流信息,得知其掌握情况的一种教学技能。高水平的提问是一种艺术。古希腊的苏格拉底所使用的问答法,就是通过提问来进行教学的思路。

从本质上说,提问是汉语教师获取信息、进行评价、促进思考、管理课堂和推动教学活动进展的一种基本方式和手段。它能使汉语教师准确了解学习者对所教内容的掌握情况,以便在此基础上进行恰当的教学、更好地实现教学目标;能切入到学习者思维的"盲点"和"深处",激发其更加周密、深入地思考;能集中学习者的注意力,激发其学习兴趣,促使其参与到课堂教学中来。另外,汉语课堂教学中的相当一部分活动都是由教师提问、学习者回答、教师反馈等方面组成的,所以,提问也是推动教学活动进行的一种基本方式和手段。卢华岩(2011:172—188)就曾探讨过提问的诸项功能及其教学策略。

提问直接影响着汉语学习的水平和层次,是有效教学的核心。有效的语言课堂,往往拥有高度互动的课堂气氛,表现为学习者之间、教师和学习者之间的频繁问话和对答。提问把关注的焦点从教师转移到了学习者那里,从而为学习者的思维认知和话语产出提供了机会和平台。提问(尤其是参考性提问)能够直接促进学习者高层次思维能力(如澄清、扩展、归纳、推理、谋篇和布局)的发展。在很多时候,提问比回答或解释一个问题更重要,更有利于启发学习者思考。即便是较为低端的、只需回忆知识点的提问,也有利于学习者对汉语知识技能的巩固和运用。

从提问过程的构成来看,提问包括准备提问、呈现问题、在学习者回答的基础上追问、评价等阶段。准备提问是指汉语教师提醒学习者即将开始提问了(这个阶段有时可省略),如"我们思考这样一个问题";呈现问题是指让学习者感知到问题,如"请说出'一点儿'和'有点儿'的区别?"追问是指如果觉得学习者回答得不够完整或不太正确,汉语教师从另一个角度继续提出问题,引导学习者的思考方向,以便得到正确回答,如"不值钱的东西就不珍贵吗?你女朋友送你的一支笔,虽然只需一元钱,你觉得它珍贵吗?"评价是汉语教师对学习者的回答进行评判。后两个阶段属于下一个教学技能"反馈"要讨论的内容。

对教师来说,提问是否有效,会涉及提问目的、对学习者水平和特点的把握、提问类型、问题难易度、待答时间、反馈、对整个提问—回答过程的操控等多个方面。如果每个方面都能处理好,提问的效果就更好,能更有效地发挥其作用和功能。这类的提问即有效提问。

1.2 提问的类型和层次

不同的标准有不同的分类。根据汉语教师是否已知道答案,提问可分为展示性提问(display questions)和参考性提问(referential questions)。展示性提问是指汉语教师自己知道答案的提问,旨在对学习者进行语言操练,学习者不需要深入思考,单纯模仿或根据记忆回答即可。它又包括回忆性提问(如"上节课我们学过的这个词的同义词是什么?")和简单理解性提问(如"这句话的意思是什么?")。参考性提问通常是指汉语教师也不知道答案的提问,需要学习者自己推理、判断和组织。它又包括综合应用性提问(如"你如果遇到课文中的这种情况,你会如何做?")和评价性提问(如"你觉得这个观点怎么样?")。前者比后者比"你觉得前面这位同学回答的怎么样?"一般说来,参考性提问能促进学习者对语言的深层理解,使其输出更复杂的言语,而且有利于促成其创造性表达、复杂性表达、言语习得以及交际能力的形成。

根据答案是否是确定的,提问还可分为封闭式提问(closed questions)和开放式提问(open questions)。封闭式提问是指将回答限定在一个或少数几个答案之中的提问。学习者只需要回忆某些知识点或做出某种选择即可回答。如"我们上节课学的是什么句型?""这个句子这样说,对不对?"开放式提问是指没有唯一正确的答案、鼓励学习者进行个性化回答的提问。学习者需要自己组织答案。一般来讲,开放式提问更有利于促进学习者言语表达能力的提高。

提问还可以分为低层次提问(low-level questions)和高层次提问(high-level questions)。低层次提问一般是针对 who、what、when、where 等基本事实信息方面的提问;高层次提问一般需要学习者对基本事实信息进行理解、综合、分析、评价等思维加工后再进行回答的提问,如"举例说明文章中的这句话蕴含哪几层意思?""作者列举这些事例想表达什么观点?"。从这个维度看,前面的展示性提问和封闭式提问属于低层次提问,参考性提问和开放式提问则属于高层次提问。

还可以根据其功能把提问分为管理性提问、促进性提问、探究性提问和总结性提问等类型。根据学习者思考问题的层次把提问分为记忆性提问、理解性提问、应用性提问、分析性提问、评价性提问、创造性提问等几种。莫尔(2010:188)根据教学目标把问题分为以下类型:聚焦式提问(将学习者的注意力集中在所学课程或正在讨论的问题上)、提示性问题(把含有暗示或线索的问题重说一遍,帮助其回答问题或找到正确的答题途径)、探查性问题(帮助学习者对初步的回答进行更深入彻底的思考)三种。

1.3 不同认知层次提问的组织

不同认知层次提问的组织,是指汉语教师在课堂教学中安排一系列提问的思路。根据 Borich(2003:216)的研究,课堂提问的序列一般有扩展型、扩展提高型、"漏斗"型等,我们尝试用汉语教学中提问的例子来说明:

扩展型,即提出有关同一主题一系列同一类型的问题。如:

教师:"长"的反义词是什么?

学习者:短。

教师:"高"呢?

学习者:矮。

教师:"胖"呢?

学习者:瘦。

教师:"粗"呢?

学习者:细。

扩展提高型,即先提同一类型的问题,然后再提不同类型的问题。如:

教师:昨天老师穿了一件什么衣服?

学习者:旗袍。

教师:大小合适吗?

学习者:不合适。

教师:大还是小?

学习者:有点大。

教师:山本的桌子高矮合适吗?

学习者:不合适,有点矮。

教师:北京烤鸭好吃吗?

学习者:好吃。

教师:你们觉得有不好的地方吗?

学习者:有点油。

教师:"有点"一般放在什么位置?表达什么意思?

"漏斗"型,即先提开放性的问题,然后将其范围缩小。如:

教师:大家周末都去哪儿玩啦?

学习者:颐和园/三里屯……

教师:玩什么了?

学习者:划船/喝酒……

教师:玩得高兴吗?

学习者:玩得很高兴。

教师:用一个句子怎么说?

学习者:我们喝酒喝得很高兴。

1.4 有效提问的一些原则

Ur(2000:230)曾提出有效提问的六条标准:清楚(clarity)、具有学习价值(learning value)、有趣味(interest)、绝大多数学习者都能回答(availability)、可拓展(extension)、在尊重的基础上积极反馈(teacher reaction)。Good & Brophy(2002:487)也曾提到有效提问的如下特点:清楚、有目的、简短、自然、适合班级水平、有序、发人深省。在此基础上,再结合汉语教学的特点,我们提出以下几条原则:

第一,清楚明白,意义连贯。汉语教师提问时要注意措辞的恰当性和表达的准确性,用自然、简明、清晰、易懂的语言(避免模棱两可),保证问题具体、清楚、明白,以便其能听懂并能抓住要害;要考虑学习者的汉语理解水平以及与教学内容(或目标)的关联性,并在此基础上设计问题;要提前有一个设计,把关键性的核心问题写进教案;要有意识地在学习者回答的基础上推进更深入的提问或讨论,等等。

第二,适当等待,适当语速,适当难度。首先,在提问前,要有所停顿,以便学习者做好准备、接收问题;提问完以后,更要有足够长的等待(即待答时间,waiting time),给学习者留出组织答案的时间(旨在高强度训练学习者快速反应和熟练程度的提问除外)。这个等待属于待答时间1。具体停顿时间的长短可以根据问题的类型和难易程度来定。一般来说,参考性问题的待答时间应长一点,最低也要超过3秒。有了足够长的待答时间,学习者不仅更有信心,而且其答案也会更完整,复杂度更高。还有一种等待,即学习者回答完问题后,教师也要给予适当的等待时间,以便学习者本人或其他学习者对给出的答案进行反思、扩展或修正。这个等待属于待答时间2。这种等待也是非常必要的[①]。其次,提问的语速要随着学习者的汉语水平、问题的类型和复杂程度而不同。对初级阶段汉语学习者的提问,参考性提问,较为复杂的提问的语速都要慢一点,以便学习者能听清楚、听明白。最后,要注意提问的难度,即所提问题的深度和广度。一般来说,要注意由浅入深、由易到难,先是回忆和再现性的简单提问,然后是理解和应用性的复杂问题。具体到某个问题的难度,首先要考虑学习者的汉语水平、理解能力和学习潜力等,尽量使问题接近其"最近发展区"。

第三,公平分配,注意提问顺序。首先,提问要体现公平,让每一个学习者都有机会回答问题和参与互动。汉语教师要设计多种难度、多种类型、多种层次的问题;要在充分考虑学习者汉语水平、性格等因素的基础上照顾到教育公平(当然并不是绝对的平均),即给每一位学习

---

① 当然还要考虑学习者的母语文化,如对来自夏威夷的学习者来说,等候时间过长是对话题不感兴趣的标志,而打断别人则被视为是对交谈者及其话题感兴趣的体现。

者同样的回答机会(即机会均等),尤其是汉语水平较低、从不主动回答问题的学习者、刻意坐在两边和后边的学习者,以及性格上比较沉闷、习惯于一言不发的学习者,避免过多提问汉语水平较高的学习者或者过于积极回答问题的学习者,更不能集中在少数几个学习者身上。其次,注意提问顺序。不同难度的问题,有不同的提问顺序。具体来说,中等难度的问题,汉语教师要先提问中等水平的学习者,因为其基本代表全班的总体水平,可以据此推测全班掌握的情况;较难的问题,要先提问水平较高的学习者,以发挥其表率和示范作用;较容易的问题,要先提问水平偏低的学习者,激发其积极性和成就感。如果高水平的学习者对某个问题回答不正确,要对相应的语言点重新教授和练习;如果只有水平偏低的学习者回答不正确,可以考虑进行个别辅导。

第四,适时、适量。首先是适时,即在适当的时机提问。作为推进课堂教学一种基本方法,提问要贯穿汉语课堂教学的始终。但具体什么时候提问,需要汉语教师来把握,如管理型提问要在学习者违纪行为刚开始时,检查理解程度的提问要在讲解完后。换句话说,提问要根据教学进度和教学情境选择适当的时机进行提问,如遇到重点和难点时、遇到学习者很难理解时、容易犯错时,就要重点提问。其次是适量,避免"满堂问"。汉语教学是一种技能教学,多加练习、增加开口率是必要的,但提问只是教学方式中的一种,此外还有讨论、讲解等,在某些时候(如在启发性讲解时)提问应注意抓住关键和本质,切中要害,少而精,尽量使用有较大容量和较为深刻的参考性提问和开放性提问,最后再进行归纳性的提问。

第五,注意不同提问类型的比例。展示性提问和封闭性提问是一类,只需学习者进行低层次思维活动即可回答,如回忆学过的知识等;参考性提问和开放性提问是一类,需要学习者进行高层次思维活动,如对问题作更深的解释和澄清。客观来讲,参考性提问和开放性提问难度更大,接近真正意义上的言语交际,而且对教师反馈的要求要更高。但两类提问各有其存在的价值和意义,都有利于学习者汉语知识技能的掌握,在不同阶段的汉语课堂中各有其不同的重要位置。郭睿(2014)曾统计过初级汉语综合课的两位优秀教师的提问情况,其中展示性提问占提问总数的比例分别为 83.1% 和 93.9%,远远高于参考性提问。这样学习者的话语输出就受到限制,师生之间真正意义上的交际不多。汉语教师要有意识地增加较高认知层次的提问(即参考性提问和开放式提问)的数量和比例,增强课堂教学的交际性,促进学习者的创造性表达。一般来说,在初级阶段,低认知层次提问和较高认知层次提问的比例一般为 7:3;在中高级阶段,两类提问的比例一般为 6:4。

1.5 有效提问的一些技巧

Ornstein(1990:288—291)曾提出过提问的 30 个小技巧,其中 15 个是不应做的,15 个是应做的。[①] 我们在此基础上提出以下技巧:

(1) 针对性提问。即针对重点和难点进行提问,汉语教师要先明确本节课要学的重要词汇、句型、功能项目等,再设计问题,以巩固重点和难点。避免随意及"闲聊"式提问。另外,在具体提问中还要注意引导学习者用刚学过的重点难点来回答问题。

[①] Ornstein(1990:288—291)曾提到提问时不应做的 15 种行为:①提问有 50% 机会猜中答案的问题或是非题;②提问不确定的或含糊不清的问题;③提问猜测性问题;④提问双项或多项选择性问题;⑤提问诱导性问题;⑥提问填空性问题;⑦提问过难问题;⑧提问广泛但却不能真正激发学生的思考;⑨提问交叉盘诘性的问题;⑩提问前先叫名字;⑪回答学生本应知道答案的提问;⑫重复问题或者学生答案;⑬只提问优秀的或主动回答的学生;⑭采用"合唱"式的回答;⑮忽视不合适、不完整的回答。还有提问时应做的 15 种行为:①提问激发性的,而不仅仅是记忆性的问题;②提问与学生能力相符合的问题;③提问与学生有关的问题;④提问应有序列性;⑤变换问题的长度和难度;⑥提问要清楚、简单;⑦鼓励学生之间相互问答和点评;⑧给学生留足够的思考时间;⑨追问不准确的回答;⑩追问正确的回答;⑪既提问主动的学生也提问不主动的学生;⑫提问扰乱纪律的学生;⑬准备五到六个关键性问题;⑭将课堂教学的目的和小结以问题的方式写出;⑮改变自己的位置并在教室里走动。

（2）多样化提问。首先是提问方式多样化。除了直接口头提问外，还可以采取图片认读、音频视频欣赏、实物观察等方式。如使用卡片，一面是问题，一面是答案。其次是问题类型多样化。不同类型的问题有不同的作用，设计问题时既要有低认知层次的问题，也要有高认知层次的问题；避免是非性问题（如仅仅问"这个句子对不对"）；多设计一些想象式问题（如"二十年以后，你会……"）、比较性问题（如"说说中国人过春节和美国人过圣诞节在哪些方面相同？哪些方面不同？"）和自我感受型问题（如"如果你到中国朋友家里去做客，朋友家里人都特别客气，你会怎么想？"）。最后，学习者回答方式多样化。要既有指定回答，也有自愿回答，还有集体回答；尽量避免自问自答和跟学习者抢答，以及过多让学习者自愿回答；教师（尤其是性子较急的汉语教师）不要急于把自己的想法和观点说出来，留给学习者去思考、回答，等学习者到了"想不通""说不出"的境地，再进行启发诱导；过多让学习者自愿回答，往往会造成少数汉语水平较高的学习者"垄断"回答的机会。

（3）适切性、层次性提问。首先是提问对象的层次性。问题类型和难度应适合学习者的汉语水平和心理发展特点等。对汉语水平较高的学习者，多提问参考性问题和开放性问题；对汉语水平较低的学习者，多提展示性问题和封闭性问题。其次是问题难度的层次性。提问一般都是由易到难，由具体到抽象、由浅到深、由聚到散、由封闭到开放、由事实性问题到推理性问题。但不同类型的问题又有不同的提问顺序：如果是有关课文主旨的导入式问题，一般先由开放性逐步导向封闭性最后锁定课文主旨；如果是交际性表达的问题，可以从回忆基本知识的封闭性开始一步一步引导到开放性。

（4）简单、清晰、具体和恰当。首先，在形式上，问题尽量短小，结构简单，使用学习者能明白的词语，意思简明清晰；提问后不要随意解释；避免在提问后再重复问题。其次，在内容上，提问要具体，一次只提一个问题,且指向明确,避免在提问中包含答案。最后,在主题及其文化上,提问要恰当。注意符合所在国的文化内涵,避开当地人避讳的话题,尤其是在宗教信仰氛围比较浓厚的国家。如在印度要避开"牛";在穆斯林地区要避开"猪";在泰国要避免讨论佛教或皇室。

(5)启发性提问。首先,问题要有启发性。好的问题往往都能启发学习者思考,使其在认识和理解上达到一个新的高度(如对"性别歧视"的看法);学习者回答有难度时,从不同侧面进行适当提示。其次,用疑问词(如是什么、为什么、怎么办)来提问,少用、不用正反疑问句(如是不是、对不对)提问或其他过于简单的提问(如"北京的空气质量怎么样?"比"北京的空气污染严重不严重?"好),使学习者既能对问题深入思考,又能说更多的话。最后,重要的问题要追问,深入启发。注意从学习者的答案中提取新信息(如学习者回答"我去过北京"),并在此基础上适当进行追问,包括对比式追问(如"你觉得北京和华盛顿两个城市有什么不同?")、举例式追问(如"你喜欢北京的哪些方面呢?如……")和假设式追问(如"如果你的钱包丢了,你会……")。

(6)趣味性提问。所提问题最好新奇,有趣味性,使学习者愿意参与讨论和回答。一般来说,学习者喜欢跟自己有紧密关系、具有分析性、发散性和一定挑战性的问题。如"不同国家青年男女的择偶标准是什么?""不同国家的人去朋友家最好带什么礼物?"汉语教师在提问前可对学习者的回答预测一下。如学习者可能会有什么答案?是否有趣?如果学习者不合作、拒绝回答问题怎么予以应对?等等。

(7)有效性提问。要规定不让汉语水平高的学习者抢答,以保证更多学习者有效参与思考和回答;避免"你明白了吗?"这类的提问,要判断学习者是否明白,可通过让其重新解释语言规则或者举出例句的形式;当学习者给出一个不完整或者较为片面的答案时,给予时间反思和修正(即前面提到的待答时间2)等,以充分发挥提问的作用。

(8) 面向全体学习者提问。可以有意识地安排学习者轮流回答,也可以随机抽取写有学习者名字的卡片,以保证机会公平;避免按照座次或点名册的顺序进行提问;也避免只提问主动举手的学习者。具体提问时先向全体学习者发问,提问完,环顾教室,默数到5,让所有学习者思考问题,然后叫其中一个来回答。选择提问对象应有随机性,不宜总是按某种顺序(如按座次)来提问。

(9) 注意体态语。提问时态度要自然、和蔼,相信学习者,或者具有跟学习者一起思考的心态;提问时伴随的体态语应与问题保持一致;提问时不宜盯着教案,要面向学习者,自然大方。

Brown(1994:167)曾提到一些不恰当的提问方式:在展示性问题上花费太多时间;提问幼稚,学习者会不屑于回答;问题本身太过抽象或不清楚;提问所用句式太复杂,不易被理解;太多的反问式提问,学习者不清楚该不该回答;提问太随意而缺乏逻辑性,使学习者思维混乱。

1.6 案例分析

首都师范大学的史翠玲老师在教授《教育需要培养全面发展的人·一个中学生的作息时间表》一课时也使用了不同类型的提问:

展示性提问:

为了了解学习者对课文的理解程度,史老师围绕课文进行了多次提问:问题1:这名中学生每天需要做什么?你能用一个词描述他的生活吗?问题2:他的作息时间跟你的中学生活有哪些一样的地方,又有哪些不一样的地方?问题3:网友对他的作息时间表主要有哪些看法?

同样,这些问题学习者都可以在课文中找到答案。换句话说,只要读懂、理解了课文,学习者就能回答出这些问题。

参考性问题:

史老师也在课堂的"相关话题讨论环节"设计了参考性提问:1.如

果你是父母,你希望自己的孩子有一个什么样的中学生活,为什么?

案例中史老师的提问时机很好(如展示性问题围绕课文的处理而提出),而且提问的问句清楚、明白、容易被学习者理解和回答,参考性问题也具有很强的开放性和启发性,每个学习者都可以回答。就整节课的提问来看,不同类型的提问搭配也比较合理。

资料来源:史翠玲.《教育需要培养全面发展的人·一个中学生的作息时间表》教案[A].国际汉语教学优秀课例集2[C].北京:北京语言大学出版社,2015:47—52.

二、提供有效反馈

对该项技能的理解和操作如下:

2.1 对"反馈"的认识

反馈是指汉语教师对学习者的表现(如从学习者的语言、表情和行为所了解到的学习者对教学目标、教学内容和方式方法的态度、评价、愿望和要求)进行针对性的有效反应,以达到学习者深化理解、获得知识以及形成技能的目的。除了教师的反馈外,还有学习者相互之间的反馈,以及学习者通过看录像、听磁带、查词典等方式对自己的反馈。

比较正式的有效反馈至少包含以下三个层面的信息:评价学习者答案的标准;与该标准相比,学习者的回答怎么样;学习者的回答还可以在哪些方面得到提高和改进。

反馈可分为积极性反馈和消极性反馈。前者指对学习者进行表扬(包括口头表扬和物质奖赏),使学习者有成就感,并增强学习信心;后者指对学习者进行纠错或批评,容易造成学习信心降低和精神紧张。积极性反馈又分为简单表扬、重复后表扬(或表扬后重复)、表扬后点评三种。其中,简单表扬如果用得过多,会失去其价值和意义;而重复后表扬和表扬后点评则能够告诉学习者哪儿值得表扬,效果会好一些。因此,汉语教师可多使用重复后表扬和表扬后点评这两种反馈方式,控制使用简单表扬这种反馈方式。① 消极性反馈又分为纠错、自我或同伴修正、批评三种。教师纠错当然也可以,但如果能给予适当的启发和引导,让学习者本人或其同学来纠正,效果更好;尽量避免直接批评学习者,以免打击其学习汉语的积极性。汉语教师要多引导学习者自我或同伴修正,以更好地提高汉语教学效果,促进言语习得。

对学习者回答提问的反馈,还可以分为评价性反馈和话语性反馈两类。前者指汉语教师把反馈的焦点集中在语言形式的正确与否上;后者指汉语教师把反馈的焦点集中在学习者回答的内容和意义上。汉语教师要保证话语性反馈的数量和比例,促使学习者更多关注言语交际的内容和意义。

纠错是反馈的重要组成部分,可分为直接纠错和间接纠错两类。直接纠错就是对学习者所犯的语言层面的错误直接进行纠正。间接纠错指采用其他方式提醒学习者自己(或其他同学)改正之前所犯的错

---

① Borich(2003:219)曾提到有效表扬的原则:①学生没有预料到;②具体到细节;③表现出自发、多样化、可信,清楚指向学生的成功;④努力或表现达到某个标准就能得到奖励;⑤把有关成功价值或能力的信息提供给学生;⑥引导学生更好地理解跟任务有关的行为和问题解决方法;⑦用学生以往的成功作为描述现在成功的背景;⑧认识到在特别困难的任务上值得注意的付出努力和成功;⑨把成功归因为努力和能力,意味着同样的成功将来可以期待;⑩培养内在属性(学生相信他们付出努力是因为他们喜欢这个任务或者想发展任务相关的技能);⑪使学生注意力集中在自己与任务相关的行为上;⑫培养任务完成后对相关行为属性的欣赏与期待。Good & Brophy (2002:192—193)除了提到类似的以上12条原则外,还提到以下原则:①表扬要简单明了和直截了当,语气和语调要自然,而不要华而不实或夸大其辞。②表扬用直接的肯定句而不要用热情洋溢的解释或反诘句。后者像是在给人施恩典并且可能使人觉得不自在,而不是感觉受到了奖励;③具体化受到表扬的特别成绩并承认任何值得注意的努力、认真或毅力。让学生注意到新技能或进步的证据。④用多种多样的词语表扬学生。过于用一些表扬的套话会很快让学生听起来有些不真诚,给学生一种老师并没有真正注意自己取得的成绩的印象。⑤用非言语的赞扬交流来支持言语表扬。"那太好了!"只有在教师说这话时面带微笑并且说话的语气带着欣赏或温馨时,学生才会觉得是在表扬自己。⑥避免模棱两可的表扬(如"你今天真的非常不错"),学生会把这种表扬看做是为了服从而不是学习。相反,表扬学习努力时要具体。⑦平时,对个别学生要进行私下的表扬。当众表扬会让一些学生觉得难为情,甚至会引起他们与同学之间的麻烦。在与学生私下打交道时所给予的表扬会让学生觉得这种表扬是真诚、真实的,就会避免这种表扬像是在把这个学生树立为班上其他同学的榜样的问题。另外,还提到一些无效的表扬。

误,如采用句尾声调的方式重复学习者的错句、用停顿的方式提醒其再想想、让其他同学来回答这个问题,等等。

反馈可以使学习者知道回答或行为表现的正确性,帮助其监督和改进自己的汉语学习,同时积极参与课堂教学。可以说,反馈不仅能够提高学习者理解度,改善行为表现,还能增强学习动机,增加符合期待行为的频率,尤其当汉语教师给予积极性反馈的时候(如口头表扬、重复学习者的回答、点头、微笑、发小奖品等)。

2.2 有效反馈的前提——获取学习者具体学习表现的信息

有效反馈是建立在对学习者具体学习表现的信息获取和原因分析之上的。如大部分学习者都不能回答某个问题,汉语教师就要分析:是讲解的问题还是提问语速的问题。然后采取针对性的措施(如重新讲解、改变问题的表述和语速等)进行解决。

具体信息获取的方式是观察、倾听、游戏(任务)和小测验。观察指汉语教师在教学的同时还要注意学习者的举动和表情,引导其倾听和思考,同步思维,并随时对其发生的各种情况进行快速思考、分析和判断等。它既包括周期性地环视全体学习者,也包括集中在某个地方或学习者上的定向观察(即注视),还包括用眼睛余光来观察(即虚视)。倾听是指汉语教师给予学习者说话的机会,并注意从其声音(如对问题的回答)中感知言语信息及其后面的意思。汉语教师要注意听完学习者全部的回答并进行分析后再反馈。[①] 游戏(任务)是指汉语教师通过学习者在游戏或任务中的表现来对其言语情况进行了解和判断。小测验是指通过听写或考试对学习者的学习情况进行了解。它既包括平时

---

① Smith & Laws(1992,转引自 Marsh,2005:153)曾提到提高倾听技能的一些策略:对被传达的内容做简单记录;倾听整个信息——不要对它预先做出价值判断;集中精力于主要观点;不要因说话者动情的话语而分散注意力;和说话者保持目光接触;如有可能用语言或非言语提示支持说话者。

课堂教学中的听写和提问,也包括随堂进行的小测试。另外,汉语教师还应注意从其他学习者的"接话"和"插嘴"中寻找其有意义的方面,来提升汉语教学的厚度和品质。如果有其他学习者"接话"和"插嘴",汉语教师可有意识地、主动地"退",把时间让给学习者相互之间的质疑、应答和对话,然后有选择性地进行点评和反馈。

汉语教师要善于运用各种方式从学习者的言语、举动和表情等表现中获取信息,以便及时发现问题(尤其是难点和疑点),采取措施(如解释、强调和补充说明等)进行反馈。需要注意的是,了解信息要及时和准确。

2.3 有效反馈的一些原则和技巧

(1) 差别性、个性化反馈。首先,根据学习者回答情况反馈。如果大多数学习者都回答不正确,要重新表述一下问题,使其更简单、更清楚;如果个别学习者回答错误,可以提醒其自我修正,或等下课后单独给予纠正。其次,根据学习者的汉语水平进行差别反馈。如果汉语水平较低的学习者(尤其是低龄学习者)回答正确,要表扬,回答不恰当,也要鼓励,避免批评、责备等消极评价;也要避免不恰当积极反馈(如本来回答的是一个很简单的问题,汉语教师却大加赞赏)。最后,根据学习者的身心发展特点进行差别反馈。低龄学习者可以考虑给予适当的小礼物作为奖赏,进行积极性反馈,成人学习者就不太合适,而更适合较为含蓄、能维持自尊的反馈方式(如在最后总结时引用某个学习者的语言或者用竖大拇指等体态语,比直接夸奖效果或送小礼物更好些)。

(2) 适时、多样化反馈。首先,反馈要及时(如尽快给予评判),必要时给予进一步反馈(如追问),避免不给反馈。正确的言语行为一出现,汉语教师就要尽快给予积极性反馈;即便是进步不大(尤其是对学习不够好的学习者),也应给予肯定、认可和鼓励(如口头表扬和小礼物等);如果回答错误,汉语教师要分析其原因,或者通过提示和追问来引导学习者重新思考。其次,反馈要适时。及时反馈是相对而言的,不是一听到错误马上就反馈,要给学习者留出反思、修正的时间和机会,不是所有的"空隙"都填满。如学习者在口头报告时或者口语交际时出了错误,汉语教师可以先记下来再集中反馈;再如学习者在回答问题时会适当沉默来思考和组织答案,汉语教师也不要"见缝插针",适当允许沉默。同样,针对不同年龄、不同性格的学习者,反馈时机也稍有不同。低龄的或者外向型的汉语学习者需要及时反馈,成人或内向型的汉语学习者要视情况给予反思时间,然后再反馈。另外,反馈要多样化。对某一具体问题要进行多种方式的反馈:直接回答学习者的质疑和问题;根据学习者的质疑和问题,提出思考的线索和方向;提问学习水平更高的学习者,可做必要的点拨和讲解。学习者回答问题卡壳时,汉语教师也有多种方式"提示":提出问题的关键词语或关键条件,提出与问题相关的旧知识,提出与问题相类似的事例,等等。

(3) 反馈要具体、明确。汉语教师要尊重每一位学习者的回答,给予具体、明确的反馈。对学习者正确而又肯定的回答,要认可并适度表扬;对学习者正确但不太肯定的回答,要追问相关问题,澄清学习者的疑惑;对学习者错误而又肯定的回答,要先肯定其积极思考的态度(如"很好的尝试"good try),然后适当给予提示,包括扩展、聚焦、修改等,激发其进一步思考,并逐步得出正确答案;对学习者错误而又显得随意的回答,要及时、明确地纠正,或者让另一位学习者来回答。同时,汉语教师要避免简单化和形式化反馈(如"好""啊""好好努力!""你真棒!"等),也要避免不给予反馈,继续原来的教学。汉语教师不仅要具体、明确地反馈,而且要把握好问题的关键点,使学习者能透彻理解其答案到底怎么样,如何改正。

(4) 优选反馈类型。首先,积极使用非言语性反馈。非言语性反馈有微笑、眼神、手势、竖大拇指、赞许地点头、与学习者击掌、扬起眉毛,等等。每一种又有多种表现,如微笑又分为真诚的、满意的、期待的、鼓励的、遗憾的等多种。汉语教师可以根据学习者的具体表现给予恰当的非言语性反馈,来鼓励学习者相互之间进行交际,增加其话语时间。其次,多使用同伴反馈和自我反馈(包括自己反思和翻书对照)。汉语教师要提供标准,引导学习者自己评判自己的答案或行为表现,或者学习者之间相互批改、相互反馈。

(5)积极性反馈为主,注意消极性反馈的方式。即以正面引导为主,减少消极性或否定性反馈的负面影响。首先,以积极正面反馈为主。在认同和表扬的同时要有具体点评,并伴以赞赏和微笑。其次,消极性反馈要注意方式。学习者回答不理想,要多鼓励,少批评,更不宜指责;如有错误,让学习者本人或同伴来纠正,如果还不能答对时,汉语教师再进行反馈。反馈时,态度要亲切、温和,用真诚、和蔼的语言给予客观、公正、真实的评价,尽可能发现其回答中的"闪光点"和点滴进步,多加鼓励。即便是否定性反馈,也要避免直接否定,尽可能在言语交际中利用语调、重音、停顿、请求澄清、启发引导、重复、纠正、体态语等方式点出学习者的错误,促使其自我修正。具体示例见下表:

语调	学习者:我昨天见面了朋友。 教师:见面?(语调提升) 学习者:哦,我昨天跟朋友见面了。
重音	学习者:我昨天见面了朋友。 教师:见面了朋友?(重音) 学习者:哦,我昨天跟朋友见面了。
停顿	学习者:我昨天见面了朋友。 教师:你昨天…… 学习者:哦,我昨天跟朋友见面了。

请求澄清	学习者:我昨天见面了朋友。 教师:是"见面了朋友"吗? 学习者:哦,不是,是跟朋友见面了。	
启发引导	学习者:我昨天见面了朋友。 教师:"见面"可以接宾语吗? 学习者:哦,我昨天跟朋友见面了。	
重复	学习者:我昨天见面了朋友。 教师:你昨天见面了朋友? 学习者:哦,我昨天跟朋友见面了。	
纠正	学习者:我昨天见面了朋友。 教师:应该是,你昨天跟朋友见面了。 学习者:哦,我昨天跟朋友见面了。	
体态语	学习者:我昨天见面了朋友。 教师:见面……(提示是离合词的手势) 学习者:哦,我昨天跟朋友见面了。	

(6) 开放性反馈。即允许学习者对教师反馈进行再反馈,超越 IRF 模式,即"教师启动/发问(initiation)—学习者回答/反应(response)—教师反馈/评价(feedback/evaluation)",形成 IRFR、IR$[I_1R_1(I_2R_2)]$F、IR$_1$F$_1$/R$_2$F$_2$ 等话语模式。其中,IRFR 即"教师发问(initiation)—学习者反应(response)—教师反馈(feedback)—学习者再反应(response)",是指教师发问后,如果学习者回答不对,教师给予正确反馈,学习者再模仿或重复教师的正确反馈;IR$[I_1R_1(I_2R_2)]$F 是指教师发问后,学习者回答得不恰当、不确切、不完整,教师并不马上给予反馈,而是进一步引导、发问,学习者再次作答,教师满意后给予反馈;IR$_1$F$_1$/R$_2$F$_2$ 是指教师发问后,学习者回答,教师给予反馈,其他学习者可能对教师起初的发问给出不同的答案或疑问,教师再次给予相应反馈。具体互动情况

如下图：

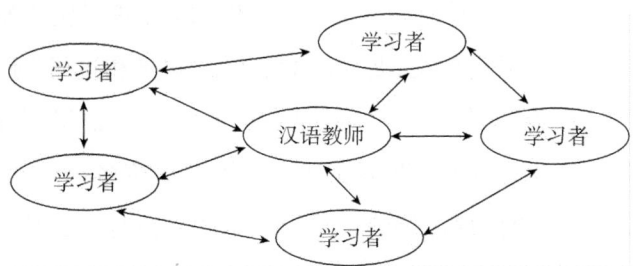

很明显，相对于 IRF 和 IRFR，IR[$I_1R_1(I_2R_2)$]F 和 IR_1F_1/R_2F_2 两种更符合语言习得的规律，更具有交际性，更有利于培养学习者的言语交际能力，但前两种尤其是 IRF 模式是基本结构，能否成为 IR[$I_1R_1(I_2R_2)$]F 和 IR_1F_1/R_2F_2 关键在于教师的第一次反馈，即第三话轮。因为它不仅是对学习者回答的总结或评价，而且起着推动师生话语互动发展的作用。基于此，汉语教师要在第三话轮进行评论、追问和确认等，鼓励学习者自发提问、自由回答，形成后两种话语模式。

2.4 书面反馈

书面反馈主要是指汉语教师对学习者作业（或试卷）的批改。对作业（或试卷）的批改，不仅有利于汉语教师了解学习者对所学内容的掌握情况，及时对教学进行调整，而且还能传递给学习者一种信息、态度和力量，使其更好地改正错误、提高自己的作业水平。汉语教师批改作业（或试卷）时应注意：

第一，及时批改。一般情况是，这次布置的作业，下次上课前应改好发给学习者；试卷也要尽快反馈给学习者成绩。为了节省时间，书面反馈可以采用信息化手段，即可以利用新信息技术，进行实时批改和反馈。

第二，认真评阅，写出恰当的、针对性的批语。对学习者作业中的错误，要用彩笔（选择学习者比较能接受的颜色）标记出来，让学习者自已反思修改,最后再给出针对性的总体评价。批语要用简单的语言,能让其看明白;要具体并具有针对性,包括优缺点;书写应工整,避免连笔、潦草,等等。如果是作文,要在从标点(如"句号和逗号"不分)、字词(如把"冷"写成"泠")、句子(如"我去图书馆每天")、语篇(如段落之间缺乏承接句)、意义层次(如思路混乱)、谋篇布局等各个层次上给予点评和批改,最后再给出总体评价。采用基本的修改标记的格式,如漏字怎么标记、错误怎么标记、错行怎么标记、前后颠倒怎么标记等前后一致、规范、清楚、可辨认,让学习者一目了然。批改完以后,可以在最下面一行附上批改日期。

第三,教师批改为主。批改最好由汉语教师来完成,但如果数量太多,或者有意锻炼学习者,可以考虑让学习者互相批改(比较适合中、高级阶段)。也可以采用两次批改法,即先让学习者互改,发还给学习者让其思考修改,修改完后再交上来,教师再批改,看其修改情况。成绩也可以考虑分两次来记,取其平均数。如果让学习者批改,汉语教师可以考虑选取比较典型的作业进行示范,示范如何做作业、如何批改。

第四,正确处理作业中的错误。汉语教师可以把某次作业中所犯的所有错误都摘抄、梳理出来,发给全班学习者,让其讨论、改正;在此基础上,制作成当堂测验的试卷,使学习者能够巩固下来。

此外,书面反馈也要以积极评价为主,多进行鼓励和表扬,明确指出其值得表扬的优点,如汉字写得很好;必要时也要提醒,如"这次汉字写得很潦草,下次注意!"可标出其所犯的所有同一类型的错误。

2.5 案例分析

于天昱老师在教授《喇叭盗窃案》时运用了大量反馈,我们选择几个来看:

当某个学习者讲了一个自己在生活中遇到的小故事(也跟其他学习者有问答互动)后,于老师这样反馈:

T:大家太认真！这是一个故事啊,你听懂了就可以了。好,佛朗西斯卡讲得怎么样?

S:非常好!

T:非常好!啊,大家都听明白了,回答得也非常好。可能你有很多问题想问,有时间的时候,我们好好聊一聊这个故事,好吗?

当一个学习者在讲练过程中有问题时,于老师这样反馈:

S:老师,如果"干"和"做"的意思一样,它们有什么不同?

T:口语里面常常说"干",啊,你干什么呢？嗨,玛丽,你干什么呢？意思就是,你做什么呢？你也可以说,你做什么呢？好,我不能做的事情,我可以说,我不能做,我让他干。

当某个学习者回答不完整时,于老师这样反馈:

T:举个例子,你从中国回家了,妈妈看到你非常高兴,晚上,她为你做了好吃的饭菜,怎么说?

S:特意

T:妈妈……

S:特意

T:做了好吃的,佳娜,你来说一下,妈妈……

S:妈妈特意做了好吃的饭菜。

T:很好!

当某个学习者回答错了时,于老师这样反馈:

T:我问你啊!这台电脑是谁买的？你再说一遍!

S:这台电脑是谁买的?

T:回答,对不起,你再说一遍!

S:这台电脑是他买的。

T:他买的,不是我买的了。

案例中的于老师这几个反馈运用得都很好。第一个反馈是及时回收到教学内容上来,当时学习者对某个学习者的故事反应过度;第二个反馈是直接回答学习者的问题,当然可以(教学时间允许的话,如果先问问其他学习者,让其他学习者尝试回答一下,效果会更好);第三个反馈是针对学习者原来的回答不完整,于老师打了一个比方,引导学习者回答完整;第四个反馈是针对学习者原来的回答错误,于老师重新提问,引导学习者说出正确答案。

资料来源:于天昱.《喇叭盗窃案》教案[A].对外汉语综合课优秀教案集[C].北京:北京语言大学出版社,2010:109—127.《喇叭盗窃案》授课录像。

第四章 汉语教学管理能力

《国际汉语教师标准》(2012)规定汉语教师应"能进行有效的课堂管理""了解并适应不同国家和地区的课堂管理文化""能创建有利于汉语教学的课堂环境与氛围""能采用适当的策略和技巧实施有效的课堂管理"。在实践中,成熟教师往往都具备很强的课堂教学管理能力。在本章,我们把课堂管理能力分为管理课堂秩序、管理教学时间和管理课堂空间三项具体教学技能。这三种教学技能是紧密联系、相互支持的。课堂秩序好了,既能把用于管理的时间省出来,本身也有利于积极空间的营造。课堂空间安排的越合理,就会越有利于汉语教师对课堂秩序的管理和监控,以及违纪行为的减少。

第一节 管理课堂秩序

很多参与调查的汉语教学专家和成熟汉语教师都认为,管理课堂秩序这项技能在低龄学习者(如国外的幼儿园、中小学)的课堂上非常重要。

对该项技能的理解和操作如下:

1.1 对"管理课堂秩序"的认识

管理课堂秩序,是指汉语教师通过制定明确的规则和采取一定的调整措施维护课堂教学秩序,预防违纪行为的产生,建立正常、积极、和谐的课堂教学环境,进而影响教学效果的一种教学行为技能。它包括制定明确的课堂规则和可预测的教学惯例,来监督学习者的行为,预期可能出现的问题;也包括采取一定的决策和有效措施来应对课堂上出现的各种突发情况。

预防比应对更容易。与主要是应对学习者违纪行为的传统秩序管理理念不同,现在的秩序管理(尤其是成熟教师的秩序管理)主要是前瞻性的,通过制定规则有效预防违纪行为,并依靠这些规则来维持正常的课堂教学秩序。

决策比行动更重要。管理包括决策和行动两个层面。行动是外在表现,如制止违纪行为;决策是决定是否采取某个行动,如有学习者迟到,汉语教师是批评他还是若无其事、不加理睬。这需要先进行决策,然后再考虑行动,即实际操作。

管理的本质既是一种结果,也是一个过程。管理的结果是良好的课堂教学秩序。管理的过程是指通过师生共同制定课堂管理规则并执行,学习者逐渐学会自我管理。通过管理课堂秩序,汉语教师可以建立正常的课堂常规,提出合理要求,维持学习者在学习上的注意力,并帮助其建立良好的学习行为习惯,实现自我管理,即在没有外部管理下也能做出恰当的行为(如借用别人东西要爱惜,要表示感谢,并主动归还);维护课堂秩序,使学习者能保持安静,在秩序井然的环境中学习。

汉语教师要学会如何让学习者遵守课堂秩序,如何强化其维护秩序的积极行为,如何制止并转变其在教学中产生的违纪行为,以维护正常的课堂教学环境。

1.2 有效管理课堂秩序的主要内容

第一,建立公平、合理、简明、有效的教学常规。教学常规是形成良好学习行为和营造良好学习环境的具体管理措施,以及协调不同学习者之间关系的既定规则和程序,同时也是对学习者怎样行动的期待。因为它能明确、具体地告诉学习者哪些行为是被允许的、被认可的、被期望的,哪些行为是不允许的,属于违纪行为。所以,我们说,公平、合理、简明、有效的教学常规大大有利于维护汉语课堂教学秩序,防止违纪行为的发生,保证每一位学习者都能获得所需要的教学资源,进而形成积极、友好的课堂氛围。

汉语教师可与学习者共同制定教学常规(汉语教师可以提供一个课堂规则体系的草案),在参考学校、学院的规章制度,适度考虑学习者的宗教文化、民族习俗等情况,以及师生充分讨论的基础上,用简单、清楚、明了的语言表述,然后共同遵守,形成良好的学习行为习惯。教学常规最好在新学期第一堂课就跟学习者一起协商、确立,如坐在什么位置、上课铃响前做什么、如何回答教师的提问:如必须举手吗?当学习者回答时,其他学习者可以插话吗?学习者什么时候允许离开座位、什么时候允许到教师讲桌旁问问题、上课期间能否喝水吃东西、小组活动时怎么搭配组合:邻座随机组合,还是自愿组合?作业什么时候按什么顺序交、如果没有完成作业怎么办:如允许补做吗?有具体的惩罚措施吗?怎么评价等级?提前完成作业后怎么办:如可以离开教室吗?可以阅读杂志和报纸吗?可以与其他学习者一起讨论吗?学习者可以说母语吗?违反了规定怎么办?如玩手机、抄袭别人作业、缺席考试等。教学常规的具体规则表述要清楚明白:把学习者作为第一人称进行积极描述,如"在汉语课上,我按时完成作业",对学习者需要承担的责任和义务进行清晰说明,并在课堂教学中进行示范。教学常规制定完以后,可用汉语和学习者母语对照的形式打印出来,贴到教室内的墙壁上,或者放在学习者课桌上(如果是低龄学习者,让其带给家长签字确认)。更关键的是,在随后的教学中汉语教师要监督学习者遵守这些教学常规,一以贯之,符合教学常规的学习者行为进行强化。Good & Brophy(2002:213)、Borich(2003:104)、朱勇(2013:291)在各自的著作中都曾提到过具体的教学常规。

第二,预测并灵活应对学习者的违纪行为。首先,要了解学习者产生违纪行为的原因,以便预测。从学习者的角度来说,其违纪行为主要出于以下原因:引起别人注意;以前在同学或教师面前丢了面子,想挽回自尊;突出自我,避免失败,等等。教学水平得不到学习者认可、对学习者不公平、侮辱或讽刺学习者等教师方面的原因,也会造成学习者违纪行为的发生。其次,要采取措施,预防学习者违纪行为的发生。一方面提高自己、完善自己,尽量避免因为教师方面的原因而引起学习者违纪,另一方面预先消除其他方面的违纪原因,如对爱出风头的学习者给其表现机会,对想避免失败的学习者给予帮助,对想挽回自尊的学习者及时表扬。再次,一旦学习者出现了违纪行为,先判断该违纪行为的性质、严重性,以及处理该违纪行为对正常课堂教学的影响程度。有些违纪行为是学习者不经意、偶尔出现的,没有影响到其他学习者和课堂教学的整体(如上课睡觉);有些违纪行为是蓄意挑衅教师,严重破坏了教学秩序和其他学习者的学习(如侮辱他人甚至老师)。有些违纪行为的处理不会影响到正常的教学,如讲课的同时靠近违纪学习者、警告性地看他一眼;有些严重违纪行为的处理需要停止教学来处理(如言语警告、更换其座位等)。最后,决定如何以及何时处理违纪行为。具体的处理方法包括:①冷处理。即不予理会、故意忽视。对那些意欲引起同学或教师注意的轻微违纪行为,可以采用此方法。如某个学习者把书弄掉在地上发出声响。②暗示提醒。包括非言语提醒(如直视、轻轻摇头、走近学习者)和讲课时的话语策略(如轻微停顿、语速放慢、声音加大、点名违纪者回答问题)提醒。对那些自尊心较强的学习者所出现的违纪行为,以及持续不断发生的轻度的违纪行为,可以采用此方法。①③适当批评,恰当纠正。出现对教学引起较大影响的违纪行为(如在课

---

① 这种处理方法基本没有干扰到课堂教学。如在北京语言大学的一次汉语课上,努力克回过头去嘲笑他后面两个同学的发音,然后三个人笑成一团,影响到了周围的同学听课,葛娟老师发现后急中生智,让努力克站起来回答问题,但努力克回答完问题后又回过头去学同学的发音,葛娟老师于是继续提问努力克,一连问了三个问题,终于让努力克意识到老师是在提醒他影响到别人了,停止了嬉笑。[参见《在课堂上随机应变》载《人民日报》(海外版)2015年10月26日第8版]

上吵闹声太大)时,汉语教师要适当批评相关学习者。注意批评时最好不要当着其他学习者的面;告诉其继续这种违纪行为的后果;强调符合大家期望的可接受的行为的重要性。④签订自我改正合同。对出现比较严重的违纪行为或者习惯性重复违纪的学习者,如果能认识到自己的错误,汉语教师可以考虑与其签订一个自我改正的书面合同,把应改正的行为(如对其他学习者有侵犯行为),改正后的奖励和惩罚措施(判断标准要具体、清楚,如果该学习者两个星期内没有再发生针对其他学习者的侵犯行为,汉语教师会把"让该学习者优先借阅本课程的阅读资料作为奖赏";如果学习者不能做到,将惩罚其"替全班同学擦黑板一周"),以及有效期限(一两周为宜)都写清楚,最后双方签字。⑤劝离现场。对那些严重影响课堂教学纪律,教师处理后仍不改正的学习者(如有意引起与其他学习者武力冲突),汉语教师要根据之前制定的规则暂时将其排除在教学情境或活动以外。如让其坐到教室后面去,或者送给学校相应管理部门等。隔离的时间不宜太长,只要学习者能认识到自己的错误,5-10分钟左右即可;隔离地点最好在教室里,以便学习者仍有学习的机会,但应限制其跟其他学习者进行言语交际。①⑥适当的惩罚。这种方法要慎用,要保证运用班级或者学校的规章制度来惩罚②,保证惩罚措施简单、有效、与学习者的违纪行为相关(如要求弄脏课桌的学习者不仅把弄脏的课桌清洗干净,而且把其他课桌也清洗干净);明确告诉违纪的学习者你的期望是什么,以及达不到要求的后果是什么;如果是中小学生,最好通知其家长或学校管理人员。

第三,机智处理课堂上的突发事件。由于存在很多不可控因素,汉

---

① 劝离现场时汉语教师不要把学习者逐出教室,离开自己的视线。因为如果该学习者万一自行离开,将会导致非常严重的后果。

② 在国外任教的汉语教师尤其要注意了解所在学校对校园暴力和违纪行为的相关规定,并将其列入班级管理规定中;很多学校都规定学习者如果受到暴力行为或者威胁(包括人身威胁、语言威胁等),教师知道后必须上报学校或报警,否则会被开除或负有连带责任,甚至被起诉。

语课堂教学过程中有时也会出现一些突发性的意外事件。有些属于师生言语失误引起的跨文化冲突(如夸奖阿拉伯学习者太太长得漂亮、将泰国学习者跟其皇室成员相比较等);有些属于学习者行为失当(如学习者突然离开、在黑板上用母语或漫画侮辱老师);有些属于教学环境突变(如教室内的电脑等设备发生故障);有些属于学习者的意外提问或回答涉及敏感问题等;还有些纯属意外,如外出语言实践时受伤。

有效处理这些突发性的意外事件,需要汉语教师具备一定的教学机智,能够在判定其发生情境、分析其产生原因、确定处理时机(是否会影响课堂教学)的基础上平静、快速、坚定、有力、专业、有效地做出反应,维持教学活动的顺利进行,甚至将此换成教学资源。具体来说,汉语教师要:①做有心人,把学习者的典型性问题和自己的回答记录下来(包括在文献中看到的、同事们遇到的一些争议性的、敏感性的问题及回答),总结经验,改进不足。②掌握不同性质事件的处理原则。如果是课堂语言失误或者被学习者误解,简要解释,必要时道歉,如在意大利任教的孙岩老师和北京语言大学的葛娟老师都在教学中遇到过此类意外事件①。如果是学习者行为失当、故意冒犯,首先考虑运用自己的教学机智予以化解,如某位汉语教师发现黑板上画着自己的漫画,该教师没有发怒追问,也没有视而不见或简单擦去,而是使用刚学过的形容词谓语句领着全班描述了一下漫画,然后让学习者对比自己的肖像特征,最后说:"画漫画的同学很会画画,但不应该在黑板上画老师,显得

---

① 在意大利任教的孙岩(2013)曾给一名学习者起了一个"卡卡"的中文名,没想到这个音在意大利语中是"大便"的意思,结果引来了其他学习者的哄笑,为避免误解,孙老师给该学习者解释后不再使用这个名字。参见朱勇主编(2013)国际汉语教学案例与分析,北京:高等教育出版社第23页。北京语言大学的葛娟老师在教"挺……的"这个句型时,用一个哈萨克斯坦籍的学习者阿力举例说:"阿力这个小伙子挺帅的。"谁知阿力突然站了起来,很生气地问:"老师,你为什么说我是小猴子?"虽然旁边的另一个哈萨克斯坦同学给阿力解释了"是小伙子不是小猴子",但葛娟老师仍然从维护阿力的自尊心(怕同学可能会嘲笑其听力太差)出发,救场说:"对不起,阿力,是老师的发音不清楚。"参见《在课堂上随机应变》载《人民日报》(海外版)2015年10月26日第08版。

很不尊重。"如果是恶意侮辱,要查明原因,进行批评,必要时上报学校管理部门处罚。如果是教室内设备发生故障(如停电等),要注意保护学习者安全,打电话请专业人士来处理。

第四,对班上小团体的管理。小团体是学习者中普遍存在的群体,对学习者思想和行为的影响非常大,既有正面的影响(如分析汉语学习资源),也有负面的影响(如相互掩护违纪行为)。小团体中往往有一个头儿,可以称之为"领袖",其言行往往对其他成员有很重要的影响。在国内汉语课上,来自一个国家或相似文化背景的学习者(如印度尼西亚、韩国、马来西亚等)就容易形成一个小团体;在国外,中小学汉语课上自有其"原来"的小团体,孔子学院的汉语课堂上也有一些小团体(如来自一个社区的学习者);等等。汉语教师要积极利用小团体的特点,引导学习者相互影响,尤其是有关汉语学习的正面影响,提高其在汉语学习上的投入程度。如组织全班讨论,规范小团体的行为规范;与小团体的头儿沟通好,通过其带动整个小团体。

1.3 有效管理课堂秩序的一些原则

第一,最小限度影响教学。这是课堂教学秩序管理最重要的原则。引导学习者把精力和时间都应用到学习上,防止干扰学习的行为,尽量地保证教学时间。因此,对于一些事务性的活动(如通知、发材料和物品等),尽量安排到上课前或下课后等非教学时间去做,即便是非不得已要在课上做,也要限制在 2 分钟以内。对一些违纪行为,尽量选择"冷处理"和"轻微提醒"的方法,减少其对课堂教学的影响。除非万不得已,汉语教师不可以因为处理违纪行为而停止教学。以某学习者在课桌上把玩物品为例,汉语教师可以先通过眼神、面部表情、手势、走过去轻敲一下桌子等方式,提醒该学习者收起自己的物品,认真听讲;如果学习者不改正,汉语教师再通过提问进行间接提醒;如果还不改正,可以问他班级规则是什么、给他几个选择等方式,也可以更换其座位、暂时拿走其物品。

第二,树立自己的权威,赢得学习者的信任和尊重,建立良好的师生关系。首先,树立自己在汉语教学方面的"权威",即能清楚解释学习者的疑难,恰当处理教学内容。其次,尊重每一个学习者,建立良好的师生关系。学习者都希望被尊重,喜欢自信、幽默、可信赖、可接近的老师。如果汉语教师做到这一点,大大有助于建立良好的课堂管理秩序。

当然,还有公平公正等管理课堂秩序的原则,我们放在了方法和技巧部分具体论述。

1.4 有效管理课堂秩序的一些方法和技巧

汉语教师可以在日常教学中积累一些有效的课堂管理策略和技巧,以提高自己有效管理课堂秩序的水平。

(1) 把课上好,把教学搞好。这是最重要的一条。汉语教学与管理,其实是相互依赖、相互制约的"一体两面"。汉语教师把课上好,把教学搞好,本身就是对课堂教学秩序的管理。因为把课上好了,学习者被教学吸引住了,就没时间或想不起来去违反纪律了。基于此,除了尽力提高自己的教学水平外,汉语教师还要通过为那些经常出现违纪行为的学习者制定恰当、合适的教学目标,选择其感兴趣的材料,经常对其提问等方式吸引其参与到学习任务中来。

(2) 充分计划,制定制度,未雨绸缪。首先,事先了解所在学校的行为规范和规章制度,对课堂秩序管理进行筹划。如如何引导恰当的行为,如何监督学习者的行为,维持良好的教学秩序;如何应对课堂上学习者的违纪行为;如果学习者的违纪行为扰乱了课堂秩序,如何尽快恢复。再如新学期第一次课一般有以下几个管理性活动:问候学习者、自我介绍、点名、发汉语教材等。其次,制定教学常规。课堂教学常规一般围绕以下几个方面来设计:进入和离开班级、分发和收回作业(试卷)、提问或请教教师、离开座位、课堂分组活动、私下约老师交谈、教室内吃东西、做值日、丢垃圾等。① 一旦制定了课堂教学常规,每天都应严格执行,并对学习者的具体执行情况坚持进行记录(如用"W"表示违纪行为)。课堂管理中有些比较突出的重要问题(如迟到,不交作业),要与学习者协商解决,即在分析原因(如有的学习者住的地方离学校远)的基础上,让学习者清楚迟到的负面影响(如打扰讲课等),然后让其陈述自己的看法和解决方法,充分讨论后,确定一个大家基本认可的解决方法和规则条款。尽量避免与个别学习者在班上公开争论,可以考虑私下交换意见。最后,建立奖励制度。汉语教师要发挥其支配资源的权力,制定相应的奖励规则,引导学习者遵守秩序。对符合规定的行为,可以通过表扬、允许做一些活动(如玩紧俏玩具、读紧缺图书等)等方式进行强化。强化时注意口头表扬和行为强化相结合,奖励其想要得到的物品(如给予"最佳进步奖""良好行为奖")。口头表扬要有意识地强化学习者的优点和特长,如提问时可以说:"那个汉字写得很棒的男孩,山姆,这个问题你怎么看?""让我们听听那个声音很好听的女孩莎莉的回答""那个上课总是很注意听讲的男孩"。

(3) 及时强化,适当干预。首先,学习者出现了被期望的行为,要及时强化。具体反馈方式可以使用言语表扬、眼神表情等体态语,可使用班级内的一些特权性的活动(如优先挑选自己喜欢的图书),也可使用小红花、书签、邮票、笑脸等具体的东西。赞赏、奖励比惩罚效果好。如某个学习者坐不住,总离开座位,有两种处理方式:一种是离开座位被

---

① Burden & Byrd(2003:259—260)提醒制定课堂教学常规时:要与学校和学院的规章制度保持一致;跟学习者一起商量;认定合适的行为并将其转化为规则;突出重点行为的管理;规则的条数控制在最少数(4—6);保证每条规则简短、清楚;保证规则所指的行为都是可观察的;交代清楚学生遵守规则的奖励和破坏规则的后果;第一节课开始就讨论课堂规则;讨论每条规则的原因;确定在每条规则上对学习者的期待,提供例子并强调规则的积极意义;保证规则以被学习者理解(最有效的方式之一就是让学生在写着"我知道这些规则并理解它们"的纸上签上自己的名字);把制定好的规则分别送给家长和校长各一份;在教室的显著位置张贴该规则;经常提醒学习者遵守课堂规则而不是等有学习者违反时;经常复习规则。

惩罚打扫卫生；另一种是坚持待在座位上，可以挑选一本自己喜欢的汉语图书带回家阅读作为奖励。一般来讲，第二种处理方式效果更好。因此，汉语教师要有意识地赞赏每一位学习者的独特性、特长、努力，哪怕是极其微小的进步和自我超越。尤其是对于后进生，哪怕有些许改善和点滴进步，汉语教师都要及时给予正面强化和鼓励，而且跟学习者的具体行为结合起来进行强化。① 其次，一旦出现违纪行为的苗头，及时提醒和告诫，让其觉得汉语教师始终"在场"、在关注自己。提醒和告诫的方式方法有明显提高或降低讲课声音、放慢讲课速度、故意停顿（一般为三秒左右）、点名提问、调整其座位、言语警告（如"现在我们都应该安静听课。"）等。当然，经常在教室里来回走动，与学习者保持较近的距离，能引发学习者更多的积极回应，互动就会变多，更倾向于投入学习，遵守纪律，自然能起到预防违纪的效果。

（4）尊重和信任学习者，尊重文化差异。首先，尊重和信任学习者。具体表现为：跟学习者交际时要全神贯注，耐心倾听，并有目光交流；用尊重的语气跟学习者谈话，避免说出或做出让学习者觉得不够尊重他们的言语或举动；学习者生病请假时不要询问其原因和具体细节，质疑别人本身就是一种伤害；接受学习者的情感发泄。即便是学习者屡教不改，也不要大声呵斥、威胁、冷嘲热讽、扣成绩分数等方式来反应，更不能对其有任何形式的打骂或体罚行为，等等。其次，尊重文化差异，注意管理上的跨文化性。汉语教师进行课堂管理时要充分考虑学习者的文化背景等具体情况，以免引起跨文化冲突。如在有些国家和地区，打断别人说话不但不被认为不礼貌，而且还被认为是对话题感兴趣的表现；教师向某位学习者摇头，本意是制止其违纪行为，但摇头在某些

---

① 值得注意的是，汉语教师不要把小零食（特别是从国内带去的食品）作为奖品或礼物发给学习者。如果有学习者吃了过敏，后果很严重。这也提醒汉语教师，如果有机会，可以了解一下每个学习者的疾病史等健康情况，以便心中有数。

文化(如斯里兰卡)中表示肯定的意思。

(5) 以身作则,一视同仁,公平公正。首先,对与学习者共同制定的常规或制度,要以身作则,严格遵守,如规定课堂上把手机关闭,或调到静音状态,汉语教师要自己先做到;其次,对所有的学习者一视同仁。具体表现为:不因学习者汉语水平、种族、肤色、宗教、性别等方面的差别而有所不同;对同一类行为的态度要前后一致;不对某些经常违纪的学习者有成见(是不认可学习者的行为,不是针对学习者本人);认真回答每一位学习者的问题,避免差别对待(如课上给每一个过生日的学习者唱生日歌;给每一个缺席者补发授课材料),避免举例时只举某些发达国家的例子,等等。最后,处理违纪行为时要保持一贯的标准和尺度,公平公正。出现了违纪行为,汉语教师要处理的标准要一致,严格按照原来制定规则公平公正地处理。

(6) 利用非言语手段和恰当的管理语言。首先,利用非言语手段进行暗示。这样既能迅速处理违纪问题,又不打扰其他学习者。汉语教师可以先从学习者的眼神、面部表情等方面了解其心理状态和行为苗头,然后针对性地用眼神、面部表情、手势、走到身边等非言语手段提醒和制止其可能出现的违纪行为。如环顾整个教室,跟所有学习者(尤其是有违纪行为的学习者)保持眼神交流;走向有违纪行为的学习者或者走过去轻敲一下违纪学习者的桌子;用一些协商规定好的手势来管理课堂:如把右手食指举到嘴唇上表示安静;事先规定一个位置,当汉语教师走到那个位置时,表示需要学习者安静。其次,使用恰当的管理语言。管理性语言要注意:纠正学习者违纪行为时要放慢语速、降低语调、态度镇定、语气平静、吐字清晰;避免使用"必须""务必"等命令式语句,不责备、不训斥、不威胁、不羞辱、不质问、不唠叨:如对经常迟到的学习者说:"我们应该在上课前来到教室坐好。"而不是说:"你怎么老是迟到?""你为什么屡教不改?"即便是制止学习者的违纪行为,也要使用礼貌用语:如"excuse me""请注意",只是语气要强烈一些;不使用威胁语言;引用班级或学校的规章制度来判定学习者的行为:"根据我们协商的规定,教师讲课的时候,每个人都应该安静学习,而不是大声说话";避免频繁使用"你",习惯用"我":如"教室里这么吵,我都听不到自己在说什么了",而说"你们怎么这么爱说话";明确告诉其行为的后果:"如果你再在老师讲课的时候大声说话,你将不得不做一个周的值日。"等。

(7) 建立良好的师生关系,但也要明确界限。良好、和谐、融洽的师生关系能让学习者体验到相互信任,可以有效阻止很多违纪行为,是建立良好课堂教学秩序的基础。一方面,有意识地跟学习者融洽关系。具体表现为:认识每一个学习者,叫出他们的名字,并了解其基本情况(如爱好、性格、学习水平等);应邀参加学习者的一些聚会(如运动会、班级音乐会等);对学习者的汉语学习提供切实有效的指导,并对其需要和意见表示关注;多给学习者表达意见和建议的机会,经常找一些学习者交谈,了解学习者对自己教学方法、课程安排、教学进度等方面的看法,等等。孙岩在意大利教汉语时两个班出勤率都很高,其做法是:每次都好好备课,让学生们学有所得;对缺勤者会发邮件告知内容表示关心并主动询问缺课的学生需不需要帮助;跟学生多交流,课间课前聊天等,最重要的是让学生觉得会得到帮助,等等。[①] 但另一方面,要注意自己的身份和职责,跟学习者保持一定的距离。具体表现为:不宜与学习者过分亲近,也不宜过多了解学习者生活的细节;教学时间以外,减少不必要的联系;避免因私事找学习者帮忙。

(8) 充分利用各种资源。首先,利用技术支持(如电子邮箱、聊天工具等)来辅助课堂教学管理。如在聊天工具上给缺席的学习者发送相

---

① 朱勇.国际汉语教学案例与分析.北京:高等教育出版社,2013:90—91.

关内容资料,并询问是否需要帮助。其次,积极利用家庭等课堂外的力量和资源,与家长建立合作关系。汉语教师可以与学习者家长联系(可定期与家长沟通,及时、如实地告知学习者的学习情况,尤其让家长知道自己孩子的优点和进步,当然也要委婉地说明其孩子在哪些方面需要帮助),利用家庭等课堂外的力量和资源对学习者施加积极影响。

(9) 加强反思,积累经验。对自己的课堂管理,汉语教师要多反思。如跟家长沟通时,对学习者的违纪行为,汉语教师只进行行为描述:如"今天课上老师讲解的时候,山本多次离开座位。"而不做价值判断,更不贴标签。表扬学习者时同样如此。要改变学习者的违纪行为,首先汉语教师要明确学习者的哪些行为不合适,其次要告诉学习者应该怎么做,最后给学习者改变行为的机会。如果学习者后来的表现有进步,及时表扬。另外,汉语教师还应注意分析某些学习者违纪的原因:如是否被关注太少,想引起别人的注意,然后做出相应的干预。要让学习者承担一定的责任,自己管理自己,为自己的行为负责。

第二节　管理教学时间

对该项技能的理解和操作如下:

2.1　对"教学时间"的认识

教学时间,即课堂教学时间,是一种有限的、不可再生和储存的稀缺资源。完成教学任务、实现教学目标,都离不开一定的教学时间的保证。我们一直追求的"提高汉语教学效率",就是力争在一定的教学时间内完成更多的任务、达到更好的教学效果。汉语教师要对课堂教学时间进行管理,思考如何用有限的时间完成教学任务。

学界一般把课堂教学时间分为四个层面:分配时间(allocated time)、教学时间(instructional time)、有效学习时间(effective learning time, academic learning time)和失控时间(dead time)。分配时间是指教学设计中分配给某个教学环节或教学内容的学习时间。教学时间是指教学某一内容实际所用的时间。有效学习时间,是指学习者真正专注于某一教学内容并达到较高掌握程度所用的时间。失控时间是指无助于学习者掌握某一教学内容因而被浪费的时间,如处理突发事故管理课堂纪律所花掉的时间。

汉语教师要把分配时间最大限度地花在教学上,增加教学时间,减少花在非教学活动(如跟学习者聊天、准备材料、宣布通知、管纪律等)上的时间;对学习活动进行必要的指导,使学习者积极投入到学习上,保证有效学习时间,减少失控时间。崔永华(1990)提到汉语教师在课堂教学时应该有时效意识。

2.2 有效管理课堂教学时间的一些原则

第一,合理安排,灵活把握。一般来讲,在教学设计中,每个语言点、每个教学环节或者教学步骤都有相对精确和合理的时间安排。汉语教师不仅要具体安排汉语教师教的活动时间和学习者学的活动时间,而且还要明确在汉语教师教的时候,学习者做什么,学习者具体进行学的活动的时候,汉语教师做什么。这样既能保证教学任务的按时完成,也是汉语教学规范化的表现。教学内容的难易度、学习者的原有背景和特点等因素又给汉语教学时间的安排带来一些变数。不同的内容、不同的学习者,教学时间安排自然也不同。因此,汉语教师一方面要在学习者原有水平和特点的基础上给各部分教学内容和各个教学环节合理安排好时间,另一方面也要留有足够的灵活性和伸缩性,以便及时调整。如于昆老师在教授《罗布泊——消逝的仙湖》(高级阶段)时这样安排时间:组织教学,营造氛围1分钟;创设情境,复习热身4分钟;课文第三部分5分钟;初步解题1分钟;课文第一部分3分钟;课文第二部分5分钟;段落概括5分钟;完成解题1分钟;课文第四部分20分钟;课文第五部分20分钟;梳理课文脉络3分钟;讲述罗布泊的故事15分钟;讲练语法要点15分钟;扩展话题,布置任务2分钟。① 再如黄丹纳老师的教学时间安排:组织教学1分钟;复习5分钟;泛听练习10分钟;生词处理10分钟;课文处理50分钟;拓展练习23分钟;布置作业1分钟。②

第二,最大限度地增加时间效益。具体表现为:汉语教师要提前了解学习者的学习能力和原有汉语水平,按能力水平编班;提前准备好周密、详细的教案、教学用具和材料;保持快速、紧凑、有序的教学步骤,使课堂活动组织得井然有序、过渡平稳;不专门点名,在让学习者操练或课堂练习时记下缺勤学习者的名字;导入新的教学内容要快,不拖泥带水;对新内容要讲清楚,详略得当,要有针对性,不必面面俱到;控制讲解时间,多留时间给交际性练习,做到"精讲多练";等等。另外,常规性的组织管理可用手势代替语言。如双手摊开上抬表示齐练、单手对某位同学抬起表示要其单练、双手交叉表示左右两边各为一组进行对练等。

充分利用教学时间的另一个"秘诀"是课堂教学事件惯例化。如教学资料的发放与收集、课外活动前后离开和进入教室、活动前的分组(结对子)、两个课堂活动之间的过渡、记录出席情况等。首先可以跟学习者共同确定一个活动马上开始的信号,以便学习者准备好;其次清晰地告诉学习者要做些什么和活动将如何开展;最后,要跟学习者约定并及时发出执行的信号。除了具体活动常规外,还有教学常规、秩序管理常规等都是节省教学时间的"利器"。

---

① 于昆.《罗布泊——消逝的仙湖》教案.对外汉语综合课优秀教案集.北京:北京语言大学出版社,2010:184.
② 黄丹纳.《结婚消费》教案.对外汉语听说课优秀教案集.北京:北京语言大学出版社,2011:25.

引导和监督学习者把注意力全部投入到学习中去,是有效利用学习时间的好办法。具体方法有:在教室内走动监督学习者完成练习和作业;保证练习和作业是有趣、难度适宜,学习者愿意做的;布置的活动和任务的难度和复杂度应略高于学习者汉语水平,具有挑战性;避免违纪行为的出现,以免影响其他学习者的学习;讲解完语言点后立即安排练习题或进行提问,等等。

第三,把优质教学时间资源配置到重点环节和重点内容上。就一周来说,周二、周三、周四是学习者注意力较为专注和稳定的时间,所以每周的测试一般安排在周二。就一天来说,每天的 8:30 到 11:30 是学习者精力最旺盛的时间段。在 50 分钟的一节课内,学习者的认知积极性和注意力集中的程度是不同的,最初 2—3 分钟的认知积极性和注意力不太稳定,随后的 20—30 分钟是认知和注意最为积极的时段,接着又开始不太稳定了。其中认知和注意最为积极的 20—30 分钟,学习者情绪高、思维活跃、掌握汉语知识技能的欲望强烈,是学习汉语的黄金时期或最佳时段,所以,这段时间是优质时间。当然,不同学习者可能有其独特的最佳学习时间。汉语教师需了解学习者的最佳学习时间,并在该时间段安排较为重要的教学环节(如"讲授新课")。

汉语教师要先对课的教学内容和活动(包括复习、生词、语法、课文、练习等)根据重要程度进行排序;然后把所教内容的重点词汇、句型语法等重要知识和技能放在一节课的最佳时段。同时,在认知不太积极和注意力不太稳定的时段,多安排些趣味性的交际性练习活动,借此来吸引学习者的注意。

第四,保持合适的教学节奏。在汉语教学中,合适的节奏是指教学活动和环节相对平稳、快速地有序推进。与此同时,教学时间也得到了充分利用。汉语教师在设计教学时就要考虑根据学习内容的多少、学习任务的难度、重要程度和学习者的学习能力、兴奋度等具体情况来确定教学节奏。如在讲授新课和进行交际练习时用较慢的节奏,以便学习者更好地理解,对于组织教学、复习旧课,以及领读和操练等较低层次的学习活动,则应用较快的节奏,以免学习者精神松懈。此外,汉语教师还应监控课上教学活动的顺利进行,把干扰降低到最低限度,不浪费时间解释规则,避免在无关紧要的小事上浪费时间,也避免在某个学习者上花费过多时间。

第五,平稳有效地过渡。在汉语课堂教学中,教学过渡是指不同教学环节和活动之间的转换,如学习者听完讲解后到教室的另一个区域参加活动。教学过渡做得好,整堂课的推进就很顺利,教学时间就能得到节省和更充分地利用。

要使教学活动平稳有效地过渡,汉语教师首先减少过多的过渡环节,将教学活动组织得简洁而有条理;其次事先计划过渡环节,过渡时学习者具体做什么;再次,可考虑将一些活动之间的过渡形成固定套路。如当提前完成布置的交际任务时,学习者可以做些什么等。最后,有针对性地解决过渡环节时容易出现的问题。如针对有的学习者拖沓,影响下一个活动,给过渡环节限定时间(如1分钟)[①];针对有的学习者提前完成课堂作业或活动,可以布置有一定挑战性和趣味性的额外任务;针对有的学习者过渡后仍做之前的活动,提前两三分钟进行预警,如:"再过两分钟我们就要结束这项活动了。"另外,过渡时要明确转换点,清晰传递两个活动之间的起止,如:"请停下这项活动,现在我们开始下一项活动。"等等。

2.3 有效管理课堂教学时间的一些方法和技巧

(1) 进行周密完备而又富有弹性的教学计划(包含时间安排)。提前制定教学计划,并安排好每个教学环节的时间;规避计划外的课堂事

[①] 针对一部分学习者比较慢,往往被落在后面,应按时开始下一项活动,而不要等待,等其出现自然性的停顿时,私下告诉这些学习者,必须停下来进行下一项活动。

件;避免拖延,对规定好的教学环节按时完成。以 100 分钟的一次汉语课来说,复习一般不超过 15 分钟,布置作业一般用 3 分钟左右,其余都应用在新课内容的讲练和学习上。当然,每个环节都要留有机动时间和机动练习,以便"多退少补"。姜丽萍(2010)梳理统计了国内汉语教学的 12 篇教案,发现大家在各个环节分配的时间有一致性:组织教学 1－2 分钟;复习旧课 15－20 分钟;学习新课 70－80 分钟;小结 2－5 分钟;布置作业 1－3 分钟。如果在国内教汉语,可以参考这个时间分配计划。美国的卡罗尔(2002:141)曾提到一个时间安排,可为在海外教授汉语的教师参考:①

使用指定时间的程序范例			
时间	课程	教师表现(你要做什么)	期望的学生表现(学生要做什么)
5%	开始课堂时段	课堂事务管理活动	听讲、上交作业
10%	开始上课	介绍目标、词汇以及关键问题	表现兴趣、参与、听讲
70%	课程中段	组织各种活动以辅助学生理解	合作、思考、回答关键问题
10%	结束课程	总结和回顾课程,为下堂课设置目标	回答关键问题,自我评价
5%	结束课堂时段	课堂事务管理活动	上交材料

(2)提前熟悉设备和环境。即汉语教师最好在上课前十分钟就进入教室等候上课。这十分钟很关键,可以做很多事。如板书,以节省上课时间;跟学习者简单交流,稳定学习者情绪,为上课准备一个良好的精神状态;把教室内的电教设备打开,以保证其处于良好的运行状态;

---

① 李先银等(2015:51)就提到一个海外中文教师的教学时间安排(总时间 100 分钟):课堂导入 8 分钟;分组活动Ⅰ10 分钟;课文内容提问 30 分钟;分组活动Ⅱ10 分钟;成段表达 20 分钟;分组活动Ⅲ10 分钟;语言任务 10 分钟;总结 2 分钟。

再过一遍教案,使自己更加胸有成竹。

(3)迅速应对一些非教学性的问题。上课前就把可能用到的教材、图片、教具等材料准备好,以便在活动时迅速找到;避免因找东西(如材料、点名册、参考资料等)而耽搁教学。在具体汉语教学过程中,学习者可能会随时提问、将话题扯远。汉语教师要当机立断,迅速"刹车",回到教学任务上来,以免将宝贵的时间浪费在闲聊上。

(4)分清教学任务或活动的轻重缓急。一堂课有很多教学任务或活动要完成,汉语教师要分清这些教学任务或活动的轻重缓急,先保证相对重要的教学任务或活动所需要的时间,再考虑其他教学任务或活动的顺利完成。具体教学过程中,学习者可能在一些活动或环节(如课前汇报)上过于拖沓,花费时间过多,汉语教师应及时调整,将课堂教学引回到教学计划上来;尽量不在面对学习者时看手表,以免给学习者紧迫感,需要看时间时,可以看教室内的钟表或者在板书时瞄一下手表。

(5)常规教学活动惯例化。对上课前、交作业、分发和领取资料等常规性活动惯例化,学习者知道什么时候做;准时开始和结束既定的教学活动;可以适当多安排点教学内容,以免过早讲完后剩余时间无事可干。如准备一些小活动、小任务、小练习(如听写)、小故事、小游戏,甚至是中文歌曲,作为空白时间的"填充"。① 如果提前完成了教案中全部的学习任务,距离下课还有几分钟的时间,汉语教师要跟学习者一起复习,或者进行这些准备好的"填充"的活动。如果快下课了,教学任务还没有完成,汉语教师要"丢卒保车",暂时放弃不重要的内容,突出重点,以免拖堂晚点;同时给学习者留点儿"悬念",到下次课的复习环节再处理。

---

① 所谓空白时间是指教学任务完成得比预期顺利而剩下的几分钟,正式讲课前有时等待"迟到者"的几分钟,以及课程中间想调节一下教学节奏或者课堂气氛的时间"节点"等。

第三节　管理课堂空间

很多有海外教学经历的汉语教师都反映，这项教学技能在低龄学习者(如幼儿园、中小学)课堂上很重要。

对该项技能的理解和操作如下：

3.1　对"管理课堂空间"的认识

管理课堂空间是创设和营造良好的汉语教学环境，尤其以教室环境为主。良好的"汉语教学环境"由舒适、美观、合理、有趣的教室物理环境(physical environment)和宽松、平等、自由的心理环境(psychological environment)两部分组成。前者包括座位排列、教学材料的摆放位置等独立于人以外的、具体可见的元素组成。后者存在于学习者的内心世界，属于学习者对于汉语课堂教学氛围的心理感受。

汉语教学环境对学习者学习汉语的积极性、学习行为以及学习效果都会产生很大的影响。Lewis & Hill(1992:20)就认为学习者精神放松的时候学得最好。汉语教师可以通过创设良好的物理空间环境和营造良好的心理环境激发学习者的学习动机，进而改进学习者的学习行为和质量，以保证汉语教学目标的实现。

3.2　物理空间的创设和营造

创设和营造物理空间的目的是提供给一个能够吸引学习者愿意在此连续上课和学习的友好空间。其主要内容包括座位排列，设备物品摆放，以及地板、墙壁等方面的设计。

第一，座位排列。座位排列是指对教室内学习者课桌椅的摆放和排列，是教室物理环境最为重要的一部分。它直接影响着学习者之间的交流频率、行为方式和学习态度，也影响着汉语教学组织形式和方法的选择，进而在一定程度上影响教学质量和效果。

在汉语教学中常用的座位排列方式有秧苗式排列、小组式排列、会议式排列和马蹄形排列等几种。秧苗式排列是指学习者的课桌椅像秧苗一样横平竖直地规则排列,比较适合于班级授课。国内汉语教学多采用此种排列。小组式排列是指将课桌椅分成若干个小组,每组由若干套桌椅组成,比较适合于小组合作学习,也适合在讨论课中和交际练习中使用。会议式排列是指将课桌椅面对面地排成两列或四列,学习者分别坐在两边进行交流或辩论,比较适合在讨论课或复练课的交际性练习中使用。马蹄形排列兼顾了秧苗式和会议式两种排列方式的特点,将学习者的课桌椅排列成一个或若干个U形,教师坐在U形的开口处,比较适合小组训练和研讨。

汉语教师可以根据汉语教学内容、教学活动的类型、学习者的特点和教室大小等安排合适的座位排列(如果需要,一节课内也可以变换),从而激发和保持学习者的学习动机。其最主要的原则就是保证学习者之间更便利的交际练习。小组式、会议式、圆形、马蹄形、车轮式、结对式等排列方式在这方面往往好过秧苗式排列(见下图)。不管采取哪种排列方式,都应有利于汉语教师掌控全体学习者的情况,有利于学习者进行汉语学习和言语交际,有利于学习者在必要时能够灵活变通,以适应单独或合作学习,应有宽敞的通道、足够学习者(包括左撇子)自由活动的空间,同时保证其他学习者独立学习时不被打扰。

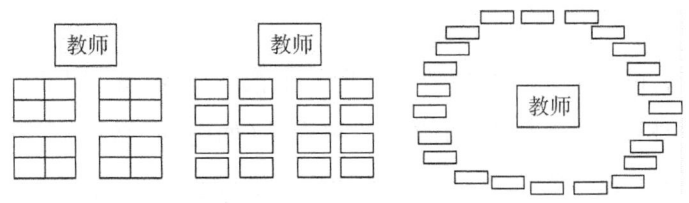

小组式 会议式 圆形

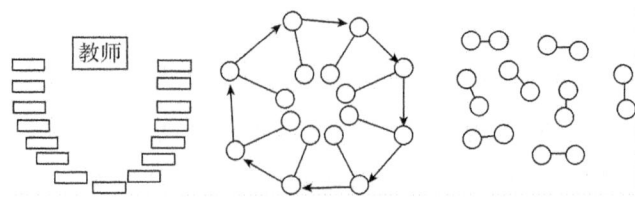

马蹄形车轮式结对式

　　座位排列的实质是对"学习者坐在哪里,教师站在哪里"的设计。如果教师站在教室前面的讲台上,在教室前排和中间往后就形成一个类似于三角形的区域。研究发现,在这个类似三角形区域里的学习者跟教师的交流更频繁,交流的积极性也更强,学习成绩自然也就更好一些,也更有信心,自我评价也较高。因此,在允许学习者自由选择座位的基础上,汉语教师可以考虑将汉语水平较低或容易出现违纪行为的学习者安排到这个三角形区域,以督促其投入学习、参与交际,进而提高汉语水平及在汉语学习上的信心。另外,这个类似三角形的、与教师交流最频繁的区域是相对的,相对于汉语教师讲课的位置而改变。汉语教师可以通过改变讲课时站立的位置(如不在教室前面或者某个地方待太久,尽量多在教室内走动,有意识地移动站立位置)来改变这个区域,进而改变与不同学习者的沟通交流的频率,吸引学习者的注意。另外,汉语教师还应在公平对待的基础上积极引导不同文化背景、学习习惯、个性特点和气质类型的学习者坐在一起,使其相互产生良性影响。

　　第二,设备和物品的摆放。在世界上很多国家,尤其是欧美国家,教室空间相对比较大,里面的设备和物品(如电脑、储物柜、图书资料等)也很多。汉语教师对这些设备和物品的摆放也应提前有一个安排和设计。安排和设计的依据主要有两点:首先是教学内容和教学活动的区分,保证各种活动的顺利开展。如可以用简易书架隔开学习区域和活动区域,书架的高度应合适,既能保证不同的区域互不干扰,也不能阻挡教师监控课堂的视线。电脑供学习者查阅资料,一般放在教室的一角,保证不造成拥堵,也不要影响学习者活动或干扰其他学习者学习。其次是保证学习者能快速找到想要的东西、获取相应资源(如使用订书机、电脑查资料、翻阅书籍、向教师请教等),同时又不干扰或影响到其他学习者。汉语教师在安排不同的区域时要考虑留出过道并保证畅通无阻,以方便学习者寻求帮助和教师提供支持。

第三,教室里的光线、温度、墙壁和地面等方面。这些方面也在很大程度上影响学习者的学习动机和情绪,进而影响汉语教学活动的顺利开展。

宽敞明亮的教室能激发学习者的学习兴趣和动机。因此,教室大一些可让学习者能自由活动;同时要有足够的光亮,但要避免光线直射、光线过强、闪烁频率过大或者让学习者面对着光。教室里的温度最好保持在20—25摄氏度范围内。汉语教师的讲课声音应保证每一个学习者都能清晰听到,而且应注意选用隔音效果比较好的教室,为学习者创造一个良好的在语言上听音、辨音的安静环境;在学习者进行交际活动时,有时可以尝试利用中国古典音乐作为背景音乐来掩盖噪音。汉语教师可以在跟学习者协商的基础上确定教室内每个区域说话声音的大小,如讨论区可以允许的最大音量,等等。如果学习者的声音超过了规定音量,汉语教师可使用一些手势等体态语示意学习者。墙壁和地面应保持清洁。不同的颜色对学习者的情绪会产生一定的影响。从提高学习效率的角度出发,教室墙壁应以淡绿色或淡蓝色为主。

总之,物理空间环境设计得舒适、整齐有序而富有吸引力,有利于学习者形成更积极的学习态度,更愿意参与汉语教学活动或完成教学任务,其学业成绩自然会有所改善和提高。Morrison & Ridley(转引自 Marsh,2005:54—55)曾提到过一个"评估教室空间利用情况一览表":①设备太多了吗?②学校的整体空间得到充分利用了吗?③空间利用如何反映不同活动的范围与特点？④所用空间得到有效分享了吗？⑤空间是如何变得吸引人和激励人的？⑥桌子组合与学习区域如何反映学生和任务的需求，尤其是以计算机为基础的任务？⑦学生对教室安排的理解如何？⑧资源配置是否妥当，效率如何？⑨资源与空间是如何易受影响的？⑩学生与教师活动方便程度如何？⑪空间组织在促进学生相互交流上效果如何？

汉语教师可以以此为标准对比自己所设计的物理环境。

3.3 心理环境的创设和营造

心理环境存在于学习者的内心世界，是指学习者在汉语课堂上、师生集体中所感受到的舒适度，表现为课堂气氛。宽松、友好、平等、自由、积极、开放、适当竞争、合作、尊重、支持性的课堂气氛，有助于激发和保持学习者学习动机和情绪，促进合作学习，在一定程度上提高汉语教学质量，同时还能防止违纪行为的发生。同时，这种良好的课堂气氛也能给汉语教师带来积极的情绪体验和较高的个人教学效能感。

学习者的心理环境及其所体现的课堂气氛，跟物理空间环境有很大关系。对物理空间环境设计得好，有助于形成吸引力和安全感的课堂氛围。如适当使用照片、海报、学生手工作品装饰墙壁，用不同季节的植物花卉来装饰窗台等。

良好的师生关系也有助于良好课堂气氛的建立。汉语教师是整个教学活动的领导者。汉语教师可选择民主型的领导类型，①即了解每一位学习者的学习目标和兴趣，认真反馈其回答和作业，并与其平等探讨和交流；设身处地地换位思考；善于发现学习者的优点和进步并给予肯定和表扬；宽容和理解学习者在言语交际中所犯的错误，鼓励其敢于、

---

① 与民主型领导类型相对应的是权威型和放任型。前者的显著特征是居高临下的控制、惩罚、批评和发号施令，后者的显著特征是随意、纵容、不作为、混乱。参阅肯尼斯·莫尔著，刘静译(2010)课堂教学技巧，北京：人民教育出版社，第53页。

愿意使用目的语进行表达,增加练习机会;鼓励其在某些主题上进行发散性思维,提出个人独立的观点和看法;乐于与学习者相处;友好、坦率、真诚,富有亲和力,积极收集有关学习者的信息,了解其不恰当行为背后的心理特点并有意识地进行疏导;能使自己保持平和的心态,遇到困难时能冷静、积极地对待。

3.4 营造和创设教学空间的一些技巧

(1) 全面计划。汉语教师可在开学前全面计划,包括如何在课堂上营造物理空间和心理环境,为更好地实现汉语教学目标提供支持。如给每一张桌子都编个号码,不仅有利于编排座次,而且有利于小组活动完成后桌椅很快恢复原样;上课时保持站位,以便能掌控整个教室的情况,也能充分利用自己的手势和眼神来进行空间管理;自习课则可以坐到教室后面,保证学习者能看到教师及其在黑板/白板/投影仪上的展示和呈现;用背景音乐、课堂活动、游戏和幽默等方式促使学习者放松,等等。

(2) 有耐心并及时表扬。学习者回答错误或行为表现不好时,汉语教师要表现出耐心,学习者回答正确或行为表现符合期待时,汉语教师要及时表扬,并告诉学习者具体哪儿是对的。这些都有利于营造良好的心理空间环境。

(3) 提供多种学习者可以自我表现的机会。如设计满足多样学习方式的课堂活动,让汉语水平不高的学习者也有成就感;允许其使用不完美的目的语完成交际任务,从而增强汉语学习的信心;注意适当弱化汉语课堂上的竞争,鼓励学习者开口,并给予相应的奖励;允许学习者暂时沉默,但注意力应在教学上;使用常见、公正、有效的评价形式,帮助学习者真实评估自己的表现;鼓励学习者提问,在一些重要的环节给学习者留出提问的时间。

(4) 创建学习共同体。学习共同体有共同的语言学习目标。汉语教师、搭班教师、学习者相互之间可以在平等、尊重的氛围中完成学习具体的学习任务,实现教学目标;跟搭班教师、其他同事、校长等讨论,也会有利于管理课堂教学空间;创建一个公共邮箱、微信群等虚拟课堂空间,上传一些汉语语料、课程资料、通知、学习者的作品等,可以拓展课堂空间。

第五章　汉语教学评价能力

汉语教学评价是指汉语教师采用一定的方式方法对教学各要素进行测量、分析,并在此基础上进行价值判断的活动。影响汉语课堂教学的要素(如教学环境、学习者、教师等)都可以作为评价的对象。

《国际汉语教师标准》(2012)规定汉语教师应"了解测试与评估的基本知识,能对学习者进行有效的测试与评估";《国际汉语教师标准》(2007)也要求汉语教师"能设计合适的试题和试卷,并从测试结果中获得有助于改进教与学的反馈信息","能根据不同的目的选择合适的测试和评估手段","能根据不同的教学目标和教学需要编写课堂测试与评估试题","能按照程序,客观、公平地评定学习者的课堂测验成绩并评估学习者的进步情况","能正确、合理地解释课堂测验成绩","能分析、鉴别并改进试卷、试题及评估项目的质量"等等。这些标准的实质就是要求汉语教师能够对学习者的学业表现以及汉语教学效果进行测试和评价。

第一节　评价学业表现

对该项技能的理解和操作如下:

1.1　对"学业表现评价"的认识

学业表现评价是汉语教师的核心教学技能之一,指采取一定的方式从各个方面收集关于学习者汉语学习情况(包括进步和效果)的信息,然后依据一定的标准(如教学目标)进行价值判断(表现是否良好或达标),并据此判定学习者是否达到了目标或取得了进步。换句话说,评价学习者的学业表现就是了解学习者在汉语教学活动中到底学到了什么,是否达到了教学目标,然后在此基础上考虑如何更好地促进学习者的发展,而不仅仅是为了甄别学习者汉语水平的高低。

与学业表现评价相近的一个概念是"学业考试"。与学业表现评价不同,学业考试是采用设计试题和试卷的方式测量学习者的水平。而根本区别在于前者依据一定的标准进行价值判断,而后者只是收集信息的一种方式,本身没有评价,但结果可以作为评价的主要参考,甚至是唯一参考。

有效的学业表现评价能够提供有关学习者学业表现的具体信息,帮助汉语教师准确了解学习者掌握了什么内容,对某项内容掌握到什么程度,哪些内容还没有掌握(当然也有利于学习者在学业上有"自知之明",进而促使其认真学习);在此基础上,汉语教师可以分析原因,对教学进行调整(如改变教学方法等),进而提高教学质量。除了提到的"诊断"和"改进"两项功能和作用外,有效的学业表现评价还有利于激发学习者不断提高自己。

1.2 学业表现评价的主要类型

形成性评价(formative evaluation)一般贯穿学习者学习汉语的整个过程,旨在把握学习者汉语知识和技能的发展情况,主要目的在于明确学习者汉语学业表现的具体情况,即优点和缺失,以便在以后的教学中进行针对性的发扬和补救,提高学习者的学业表现。形成性评价既包括非正式的教师观察、提问、交谈、学习者的作业完成情况和同伴评价,也包括正式的期中考试、单元测验等。前者如观察学习者能否运用所学汉语句型和相关词汇来描述相应场景(如看病)。汉语教师可以把自己汉语课成绩的50%放在平时作业上,50%放在期中和期末考试上。很多有海外教学经历的汉语教师都认为,科学、有效、公平、公正的形成性评价在海外至关重要。

总结性评价(summative evaluation)一般在汉语学习活动结束以后进行,主要评价学习者在某个时段到底学会了多少汉语知识和技能,是否达到教学目标,主要目的在于判定汉语教学的效果。总结性评价一般是由相对正式的考试来完成,如期末考试和毕业考试等。

定位性评价(placement evaluation),也称为起点评价(sizing-up evaluation),是指学习者在参与汉语教学前所具备的汉语知识和技能的水平,主要目的是确定学习者汉语学习的起点。很多汉语教学机构学期初都会进行分班考试,实质就是定位性评价。定位性评价既可以通过较为正式的考试,也可以参考学习者的已有成绩,还可以通过非正式的交谈、观察等方式来进行。

诊断性评价(diagnostic evaluation)既指对学习者参加教学活动前的汉语水平所做的评价,也指对学习者在汉语学习过程中的学业表现所进行的评价,主要目的在于发现学习者在汉语学习方面的不足,发现问题并建议学习者改正。诊断性评价可以通过多种方式进行,如课堂提问、聊天、较为正式的测验等。

常模参照评价(norm-referenced evaluation)是一种相对评价,以参加评价的学习者总体的平均表现为参照,来统计和评价具体某个学习者的水平。常模由参加评价的学习者总体的平均表现来确定。

标准参照评价(criterion-referenced evaluation)是一种绝对评价,以固定的、事先确定的外在标准为参照,来统计和评价具体某个学习者的水平。

《国际汉语教学通用课程大纲》(修订版)附件八"汉语教学常用评价活动建议表"列出了诊断性评价、形成性评价和总结性评价等三种评价类型的定义、特点、时间、目的、内容、方法类型、标准、典型评价活动等。[1]

---

[1] 孔子学院总部/国家汉办.国际汉语教学通用课程大纲(修订版).北京:北京语言大学出版社,2004:211—213.

1.3 学业表现评价的一些原则

第一,有利于提高学习者的学业表现。进行学习者学业表现评价的最终目的是为了准确了解学习者的具体情况,发现其不足,更加有效地提高其学业表现和汉语水平,而不仅仅是为了排名次。因此,在学习者学业表现的评价活动中,汉语教师既要重视总结性评价,又要重视形成性评价,尽可能清晰地描述学习者在汉语知识和技能、对汉语及其学习的情感和态度、汉语交际能力等方面的进步和不足,并鼓励其不断学习、提高。

第二,确保相关信息的准确性。评价学习者的学业表现是建立在对学习者学业表现相关信息的收集和分析基础上的。因此,收集到足够准确的信息并加以分析是有效评价的基本前提。要保证信息的准确性,首先要采用多种方式和途径从学业表现的不同方面来收集。既要考虑采用考试、实验、调查问卷等"量化"的方法(quantitative methods),也要考虑采用访谈、观察学习者在活动和任务中的表现、对学习者作业的分析、学习者的日志、学习者自我评价等"质化"方法(qualitative methods)。两类方法获得的信息同样重要,其中考试和学习者自我评价等方法则属于收集学业表现信息的主要途径;其次,要保证考试、调查问卷等收集信息工具的信度和效度。信度是衡量考试结果是否稳定可靠,不同时间的多次考试结果是否一致的一个指标。如同一个学习者在接连几次的汉语考试中成绩差别很大,考试的信度可能就不高。效度是衡量试卷是否考查了教学内容,考试结果能否用来评判要考的语言能力的一个指标。如口试无法有效测量出学习者的写作能力;过于偏难的专业性阅读材料(如讨论纳米、转基因等话题的科普文章)也未必能准确测量学习者的阅读能力;让学习者"概括课文主题"的问题无法测量出学习者查找具体信息的能力。信度和效度不够,辛苦收集来的信息就不准确。评价的有效性就得不到保证。

汉语教师可以先了解一些测试和评价的基本知识和主要方法,然后再结合不同的标准和内容特点选择合适的测试和评价方法及其工具。因为学习者的学业表现包括汉语知识和技能、对汉语的情感态度以及汉语综合交际能力等不同的方面,汉语教师最好掌握适合不同内容的多种评价方法。

第三,评价的综合化、多元化和多样化。第一是评价内容的综合化,学业表现评价不仅要评价汉语语音、汉字、词汇和语法等要素,听、说、读、写等言语技能,还要评价交际能力、学习汉语的方法策略、情感态度等,后者更重要。从总体上说学业评价是完整的、全方位的评价,不是片面的。第二是评价主体的多元化,不仅是汉语教师和管理者,而且包括学习者本人、学习者的同伴、学习者的家长、社区代表、学科专家等,都是学习者学业表现评价的主体。只有多渠道收集相关信息,才能有效判定有关学习者的学业表现,并采取针对性的有效措施。第三是评价方式的多样化,汉语交际能力是一个复杂的综合存在,需要考试等量化评价方式和观察、档案袋等质性评价方式相结合,才能全面、立体地反映学习者在汉语方面的学业表现。以观察为例,可以先让两个学习者为一组进行共同活动,一个学习者描绘某个人的样子,另一个学习者在很多照片中找出相应的那张;或者让学习者描述两张双胞胎照片的异同,汉语教师在观察中就可以评价学习者汉语表达的正确度、复杂度和流利度,及其能否运用所学汉语句型和词汇描述人物特征。

第四,保证评价标准的科学性。收集好信息以后,汉语教师可以依据一定的标准对学习者的学业表现进行评价。可见,标准是否科学,同样影响学业表现评价的有效性。那么,怎样确定评价标准并保证其科学性呢?最简单的方法就是把之前所设计的汉语教学目标作为评价的准则,即把收集的信息及其分析结果跟最初确立的教学目标(包括汉语知识和技能、对汉语及汉语学习的情感和态度、交际能力等诸方面)相比较，找出差距，得出结论。教学目标达到的程度越高，学习者所获得的学业表现越好。此外，汉语教师还可以采取相对评价的方法，或者把学习者自己以前的学业表现作为标准，或者把同类其他学习者的学业表现作为标准，也就是说，将收集的信息及其分析结果跟学习者自己以前的学业表现或者其他同类学习者的学业表现进行比较，对结果进行综合、分析和评价。

汉语教师可以在与学习者交流的基础上恰当把握评价标准，并据此对评价结果进行有效的分析和应用（有效利用评价结果）。当然，考虑到评价主体的多元性，汉语教师还要给学习者提供对自己的学业表现进行自我评估的机会。

第五，公平、公开、公正。汉语教师在对学习者的汉语学业表现进行评价时，应让学习者清楚知道评价的标准、目标、过程，而且评价内容、材料和情境对于所有的学习者都应具备基本相同的熟悉度，以保证评价的公平、公开和公正。此外，还应保证评价的情境跟学习者之前学习和练习的情境基本一致。如听力考试，听力考试中的语体（口语还是书面语）、语速（快还是慢）、听话条件（直接听还是耳机听）、背景音（有无，如果有，大还是小）等方面的情况都应与听力练习时保持基本一致。

1.4 纸笔测试的两种基本题型

第一，主观题，即要求学习者用自己的话阐述答案的题型，如听写、简答题、口试、造句、作文等。听写主要是随堂测试或检查的，也能测试语言运用能力。简答题一般测试词汇和语法的用法，上下文语义的连贯，听力理解中的指定内容等。口试一般是让学习者对指定内容进行连贯性的口头表达（包括语音、语调、词汇、语法、语篇等诸项），并与考官进行互动交流，具体包括朗读文章、口头完成句子或造句、完成会话、自由会话、就某一话题叙述及评论等题型。造句即在试卷上写出句子，一般测试指定词语的语义、用法的掌握。作文一般要求按制定题目或范围(包括描述图画)进行连贯性表述,综合运用有关语言知识和技能,当然也包括汉字书写。

主观题能展示学习者从记忆到评价各个认知层次的学习情况和能力,可以促使学习者运用自己所学的知识和技能解决问题。主观题出题相对容易一些,能避免学习者单纯猜答案,并能全面、深层次考核其语言交际能力,给汉语教学带来积极影响;但因为题量少,考查哪个知识点具有很大的偶然性,因此,主观题的考核内容往往不够全面,同时阅卷也比较费时费力,评分结果也很难做到真正的客观公平。设计主观题时,要紧扣教学目标,考核最重要、最关键的知识点,做一份完整的参考答案,尽量不要设计答案篇幅过长的问题,以便检测更多的语言点。如"介绍一下你学习汉语的情况(situation)。""提示词(cue):从什么时候开始学习汉语、学了多长时间了、学得怎么样、还想不想继续学习……"也可以给学习者一个简单的地图,让其描绘怎么从一个地点到另一个地点。

第二,客观题,要求学习者从备选答案中选择一个正确答案或简短回答问题的题型,如选择题、填空题、判断题和配伍题等题型。选择题一般测试字、词、短语、句子、语义、词序或语序等及其用法。填空题一般测试汉字、语素、量词、动词搭配、成语、副词、短语等各类词语的使用,以及宾语和补语等各种句子成分。完形填空是将一篇短文中的关键词或语法点删掉,留出空白让学习者来完成复原。它属于一种综合性题型,不仅能测试学习者对汉字、词汇、语法、语篇等具体的汉语知识的掌握情况,而且能测试其对书面语的理解和把握能力,还有部分写作能力。判断题一般测试对语义和语法的掌握或句子、短文内容的理解。配伍题一般测试语素组词、动宾搭配、动补搭配、同义词、近义词、反义词、前后上下的逻辑关系、事物的类别等方面的内容。

客观题的优点是评价客观、公平,阅卷省时,检测的范围更广、考察的语言点更多,有利于检查学习者对所学内容的掌握情况,诊断作用强;但客观题出题不太容易,且不适合测验语言产出能力和综合运用语言的能力,有的题型如选择题还有猜测的成分。选择题的题干最好用简洁、清晰的语言来表述,尽量避免使用复杂的词汇和语法结构(如疑问句和否定句);题支不应暗示答案,避免使用"以上各项都不是"或"以上各项都是"作为答案选项。选择题主要有四种形式:第一种,题干中有空格,选择合适的题支填空。如"银行宿舍不太远。A 去　B 往　C 在　D 离";第二种,对题干中要考察的部分画线,在四个题支中选择意思相近的。如"祝您早日<u>康复</u>! A 周末快乐　B 恢复健康　C 健康长寿　D 幸福安康";第三种,题干是一个错句(或包含错误的几个句子组成的句群),用下画线标出几个部分,让学习者选择错误的部分。如"<u>2008 年以来</u>,<u>听了父母的建议</u>,<u>他哥哥一直学习汉语在北京</u>。"第四种,把题干的某个关键词抽调,然后在句子中标出四个位置,让学习者选择正确的位置。如"2008 年以来 A,听了父母的 B 建议,他哥哥 C 在北京 D 学习汉语。一直。"填空题要求学习者将一句话中的缺失部分补充完整。填空题应确保只有一个简短、正确、具体的答案,一句话最好只有一个空格,并尽量放在句子的后半部分或句尾,只要求学习者写关键性信息,最好是词或短语,而不应写太多内容。如"我要钱。"也有选词填空,如"1. 了着过 2. A 山本,去北京语言大学怎么走更快?坐车还是骑车? B 北京语言大学我去。很远,你最好坐车去。A 要骑多长时间? B 那次我花一个小时,是因为堵车。这是地图,你带吧,迷路的时候可以看看。"这种题型出题设计容易,较少受猜测因素影响,出题的语言点也较全面,但评分的客观性不够,因为往往会有很多答案。是非判断题要求学习者判断一个陈述形式的句子(语法或语义)是对还是错。这种题型出题设计和批阅都很简单,评分客观,但其答案的猜测率大(高达50%),且只能考察记忆等一些低层次能力,比较适合随堂测试。汉语教师还要注意：判断题的题干只涉及一个语言点，要保证每个题干本身是绝对正确或错误的，避免使用不确定的术语或绝对性术语，正确的题目和错误的题目数量要大致相等，避免使用模棱两可的词语，避免使用双重否定陈述。如"这件衣服一点儿大。（　）"有时为了降低猜测率，听力或阅读理解题中的判断题会加一个选项——"没有提到"。配伍题的形式分两栏或两组，左栏一般是列出一些题干或问题，右栏一般列出一些备选项；学习者应在右栏为每个题干或问题选出关系最密切或最适合的选项（如果是小学低年级或幼儿园的学习者可以在两栏中分别列出单词和图片，让其连线）；备选项数目最好要多于题干数目，以降低其猜测的可能性；各个题干和备选项之间的关系在性质上要相近，具有同质性（如都是动宾搭配或名量搭配，而不是混合交叉）；就具体一个题干来说，应只有一个正确答案；题干是相对较长的陈述，备选项则由简短的短语来构成。配伍题可以考察很多语言点，尤其是近似语言点之间的辨别、比较和分析，还能节省篇幅，编制相对容易，这是优点，但同时也有局限，如偏重考察学习者所记忆的琐碎知识，即较低层次的目标。如：

学习饭

吃汉语

写作业

做电视

看汉字

另外还有用指定词语完成句子、改写句子（句式转换）、听写、翻译、改错、完成对话、连词成句、连句成段、综合填空（完形填空）等题型。

1.5　设计试卷和试题的方法和技巧

要对学习者的学业表现进行评价，考试是必不可少的。这就涉及试卷和试题的设计。汉语教师在设计试卷和试题时，要注意以下方面：

(1) 明确考试目的、考试内容和重点。设计试卷时,最重要的是明确考试目标和覆盖面,并在此基础上确定要考核的语法、词汇、功能等内容项目及其重点,以及每个内容项目所考察的深度,形成一个设计题目的表格,在此基础上精选出题点(设计完试卷以后再对照检查是否已经都覆盖到)。这是对试卷"效度"(valid)的保证。如下表:

具体考试内容	考试目标			分值
	记忆	理解	运用	
语音、词汇、语法、汉字				
听、说、读、写				
内容和结构				
流利度				
……				

当然,汉语教师可以多出一些题目,各个考点、各种难度的都有,从中挑选更符合教学目标、更有代表性的题目。注意题目中不应出现学习者没有学过的内容。

(2) 控制试卷难度。一般来说,各种难易程度的题目都应有一些,既有汉语水平较低的学习者能回答的基本题目(约占30%),也有中等难度的题目(约占40%),还有偏难的题目(约占20%)和最难的题目(约占10%)。这样既能保证一定的区分度,也能让不同水平的学习者都能参与进去。但应避免偏题、怪题和过难的题目。试卷设计完后,汉语教师可自己做一遍。另外,题目的难度应体现在所考内容上,其他方面不要设置障碍。如表述题目的文字,要浅显、易懂,尽量减少学习者不认识的汉字和语法等,多用符号、数字代替。再如,答题要求应清晰明确,最好附上一个样题及其答案。汉语教师可在考试前检查一遍考试内容和考试说明是否清楚、是否有语法或者拼写、格式等方面的错误。

(3)根据考试目标选择题型。具体设计什么题型,要根据考察目标来确定,如要重点考查学习者的理解细节、猜词、推断主人公态度、归纳主题、捕捉关键信息等能力,应重点选择听力理解和阅读理解这两种题型。再如要重点考查语法掌握情况,则应重点考虑选择题、是非题、配伍题等题型。题型最好不要太多,四五种即可,但应适合重点内容的测试。考试中不应出现学习者没有见过的试题类型。

(4)根据考试时间安排题量,科学排列。首先,题目数量要跟考试时间相适合,以保证大多数学习者能在规定的时间内做完。具体到听力理解题和阅读理解题,还要结合文章篇幅确定题目的数量和分布。一般来说,初级阶段,听力理解80字左右设计一个题目,阅读理解100字左右设计一个题目;中级和高级阶段,听力理解100字左右设计一个题目,阅读理解150个字左右设计一个题目。当然,在学习者能够承受的范围内,题量可以适当多一点,以增加试卷的信度和效度。其次,整个试卷的题目采用由易到难的顺序排列,具体到听力理解题和阅读理解题,还要按照接受信息的顺序和文章结构的顺序排列,以免学习者前后寻找,影响答题。题目之间不宜太挤,留出一定的空间,尤其是主观题目之间。把相似的题型组织到一起,保证每个题目完整地出现在同一页纸上,尤其是完形填空和阅读理解等题目,以节省学习者前后翻阅试卷查找答案的时间。

(5)口试要有平行试卷,保证科学性。口试的试卷要准备多套内容不同、难度相近的平行试卷,由学习者抽签决定使用哪一套,以保证公平性。口试时要对学习者的叙述和回答进行记录或者录音,避免凭印象给分。评价维度一般为语音语调(正确度)、流利度和内容结构(复杂度)。

(6)笔试中的各个题型都要科学设计。①是非题。是非题是准确且不带限制条件的正确或错误陈述。②选择题。答案避免有规律,在每个位置上的次数大致相等;题支要避免模棱两可,保证只有一个正确答案,而且要与考点相关,有一定的迷惑性;其他错误选项也要有一定的干扰性(如有的选项直接与题干不搭配,学习者很容易排除);选项之间避免相互暗示、包含或排斥(如两个选项意思相同或相反)。③完形填空。完形填空题的语料可选公开出版的书籍或报刊,尽量保持原貌;其语言为较为规范的汉语书面语;主题为中国人日常所关注,具有鲜活性,回避禁忌性和敏感性话题;初级阶段汉语测试,完形填空的语料最好在200字左右,有5个左右的空白;一般来说,难度应介于听力理解语料和阅读理解语料之间。设计题目时还要注意:尽量不在首句和末句留空白;全篇语料中的空白均匀化,不宜过于集中;空白处对应考查重点;超出考试范围的词语、对上下文语境依赖较小(无法推测)的词语、对语料的整体意思影响不大的词语、可替换性较强的词语等都不适合置换成空白。④听力理解和阅读理解。首先,提问方式要多样化。既有完全开放的问题,如"这篇文章告诉我们什么?"也有封闭性、求证型的问题,如"故事发生在什么地方?"。具体的题干要多用特指疑问句。多设计理解性题目。题干尽量不使用否定句。如"这个故事没有告诉我们什么?"即便在阅读理解中使用,也应对否定词进行加粗、下画线等标志予以突显。其次,语料最好选自最近公开出版的书籍或报刊(注意话题不要太陈旧),属于规范的汉语,专业性不宜太强;阅读题语料偏书面语化,其体裁一般是叙述性、说明性和议论性的散文或新闻,听力题语料偏口语化,其体裁更多是叙述性和说明性的文章或新闻报道等。再次,话题要求跟完形填空差不多,尽量不使用专业性太强的科普话题(如转基因),也尽量避免使用某些特定文化背景学习者更熟悉的话题(如穆斯林生活习惯等话题)。最后,篇幅应随着学习者的汉语水平而变化。初级阶段汉语测验听力语料一般控制在200字左右,阅读语料应控制在500字左右;中级阶段汉语测验听力语料一般应控制在400

字以内,阅读语料一般应控制在 800 字以内;高级阶段的汉语测验听力语料一般应控制 600 字以内,阅读语料一般应控制在 1000 字以内。

(7) 试卷评分标准。每个题型的评分标准都要明确、具体、简单、可操作,保证学习者都能理解和掌握;每个题目的分值也要清楚、明确。如朗读 10 分,语音语调占 5 分,可以分 5 个等级:语音正确,语调自然;个别语音不正确,语调自然;有语音错误,语调基本自然;语音错误较多,语调不太自然;语音错误很多,语调不自然;依次得分 5、4、3、2、1;重音、停顿、语速、感情占 5 分,也分为 5 个等级:重音、停顿恰到好处,语速正常流利畅通,感情充沛;四者有一欠缺;四者有二欠缺;四者有三欠缺;四者都不太好;依次得分 5、4、3、2、1。再如口头叙述,每个题目 20 分,内容、条理占 10 分:内容完整,条理清楚 9-10 分;内容完整,条理不太清楚 7-8 分;内容和条理都有欠缺 5-6 分;内容不太完整,条理不太清楚,但能使人听懂 3-4 分;内容不完整,条理不清楚,不能完全使人听懂 1-2 分。用词、造句占 5 分:用词准确,语句通顺 5 分;二者有一欠缺 4 分;用词基本准确,语句基本通顺 3 分;用词造句有错误 2 分;用词造句错误很多 1 分。语音、语调、重音、停顿、语速占 5 分:语音语调正确、重音停顿恰到好处、语速正常 5 分;五者有一欠缺 4 分;五者有二欠缺 3 分;五者有三欠缺 2 分;五者有四欠缺 1 分。(杨惠元,1996:364-365)龚亚夫等(2002:96)也提到过一个口头演示/汇报评价表,可供汉语教师进行口语评价时参考。

(8) 创造良好的考试环境。考试的教室内要安静、光线充足、温度适宜,尽量不要打扰到学习者考试,避免选择在刚过完假期后或周一进行考试,也避免给学习者有关试题答案的暗示,考试开始前就告诉学习者如果完成试卷可以做什么,等等。另外,注意提前安排好考试所涉及的工具或其他方面,如考听力用的录音机,口试前安排好考试顺序和各个学习者口试的时间段,等等。

1.6 表现性评价(performance evaluation)

表现性评价是指通过让学习者执行模拟任务或完成作品来展现其学习知识、技能、语音语调、流利度、情感、态度、合作能力等方面的综合情况,汉语教师对此过程进行观察和评价的一种评价方式。上文提到的很多主观题(如看图说话、角色扮演或小品表演等)都属于表现性评价。以"看图说话"为例,汉语教师对学习者在此过程中表现出的想象力、情感、参与、态度、语音语调、语言表达、体态语等各个方面的表现进行综合评价。

表现性评价属于标准参照评价,可以直接预测学习者对真实生活中言语交际任务的完成情况。一般认为,表现性评价比纸笔测验能更有效地判定出学习者的真实言语交际能力,属于情境化的、综合性的、侧重思维力的考察,能避免纸笔测验的负面影响,如不太注重实际应用。但同时应注意,表现性评价的劳动力和时间成本也比较高。

在很多情况下,学习者汉语和文化的学习情况很难用纸笔测试进行衡量,尤其是太极拳、剪纸、创意作品等活动性内容。对这类内容,最有效的评估方式就是对其在完成作品、表演等各种活动或任务中所表现出来的言语交际能力进行观察和评价。如两个学习者一组,一个学习者描述一堆物品中的一个的特点,另一个学习者将其找出来;汉语教师通过观察学习者在这个活动中的表现就可以评价其描述和分类的能力,具体包括用所学汉语描述物品特征的能力,根据物品的特征进行分类的能力,等等。

表现性评价的关键在于收集到的信息要准确,并设计一个科学、有效、合理的评价工具。这要求汉语教师在熟悉标准的基础上仔细计划、正式观察和评价,才能保证其公平有效,有更高的信度和效度;同时也要求汉语教师设计一个对学习者的表现或作品进行正式评价的有效工具——描述性等级量表。

描述性等级量表是一个详细表格,每一列都代表一个有待评价的具体维度,其顶端的数字表示该部分的分值;每一行都表示某个具体维度在不同表现水平上的典型特征以及应得的分数。评分标准部分列举的朗读和口头叙述的评分就是描述性等级量表;再如学习者汉语写作观察等级量表(杨翼,2008:166)。

学习者汉语写作观察等级量表:

	内容5分	组织5分	词汇5分	语法5分	结构5分
非常好 (25分)	主要意思陈述得很清楚、准确;思路变化很清楚	组织得很好,很连贯	非常有效地选择词和使用习惯用语	没有错误,完全控制了复杂的结构	掌握了拼写和标点
好 (20分)	主要意思陈述得比较清楚、准确;思路变化比较清楚	组织得比较好,连贯一般。	有效地选择词和使用习惯用语	几乎没有错误,较好地控制了复杂的结构	在拼写和标点上错误很少
一般(15分)	主要意思有点不清楚或不准确;思路变化的陈述有些乏力	组织松散,但主要意思清楚,合乎逻辑,但先后顺序不完善	适当地选词,但有一些词、习惯用语错用	有一些错误,明显地控制了复杂的结构	有一定数量的拼写和标点错误
差 (10分)	主要意思不清楚或不准确;思路变化的陈述乏力	思想不连贯,缺乏逻辑顺序	在有限的范围内混淆使用词、习惯用语	较多错误,较差地控制了复杂的结构	在拼写和标点上错误很多
很差 (5分)	主要意思陈述完全不清楚或不准确;思路变化的陈述很乏力	缺乏组织,不连贯	在有限的范围,很差地使用词、习惯用语	以错误为主,无法控制复杂的结构	不能控制拼写和标点

使用这种量表,教师就比较容易为学习者的作文打分,打分的标准也比较一致。更重要的是,学习者可以根据这个量表为自己或其他学习者打分,从而提供更及时、更积极的反馈。龚亚夫等(2002:93)提到过一个课堂活动评价表(书面),也可作为作文评价;还有一个英语口试

评分标准,可作为汉语口试评分参考。罗少茜(2003:78-89)提到过写作过程评价表、态度行为评价表、写作评价表、听说评价表、故事阅读评价标准(具体参见附录2)。

为了保证学习者表现性评价活动的有效性和准确性,汉语教师还要注意以下几点:①向学习者明确"测什么",包括每个层次的核心要素(行为)及其关键特征,最好向学习者展示一个高质量成果的样本。②核心要素(行为)的关键特征必须是可观察、可识别的,用清晰、规范的语言进行描述,并能依据该标准对学习者的言语交际情况进行解释和反馈。③判断或评价学习者汉语活动或作品的情境要清楚阐明,而且有一定的趣味性和复杂度。换句话说,评价所用的真实任务或情境,有利于学习者展示自己所学的言语交际能力及其相关能力,而不仅仅是需要回忆和再现的一些孤立、零碎的语言点。④评分标准包括汉语知识、技能、综合交际能力等多方面的信息,即"明确规定评分细则",要保证学习者也很清楚,是公开的。⑤评价的条件是明确具体的,如学习者展现其所学技能的时间、参考资料、设备等;评价的内容是综合性的、高层次的言语交际能力,包括分析、综合、鉴别等;评价的任务或活动是日常生活中真实的、基本的、值得评价的,而不是为了评价而臆造的。⑥提供多种可供选择的评价方式,以充分展示其汉语交际能力。如因生理原因(如残疾人)不能正常参加考试的学习者可以通过其平时学习的档案袋参与评价;同时允许学习者根据自己的汉语水平从不同难度的交际任务中进行选择,以便能充分展示自己的言语交际水平。⑦反复多次、连续进行评价,直到学习者的表现达到标准,因为表现性评价是一个渐进的过程。如果学习者暂时没能达到标准,可以给其学业表现相关的评论,包括评价结果及其合理解释;同时学习者可以对自己的学业评价结果进行质疑,甚至参与到评价过程中;同时也尽量避免在不同学习者之间进行比较。

除了对学习者的学业表现进行评价以外,汉语教师有时还需要对其课堂表现进行评价。学习者课堂表现的评价一般从以下几个维度来进行:缺勤、迟到和早退的次数;注意力的集中情况;作业完成情况;与其他学习者的合作互助情况;每堂课教学目标的完成情况;言语交际能力进步情况;参与课堂教学活动的积极性,等等。对课堂表现进行评价需要汉语教师对学习者的课堂表现进行有意识地观察和记录,为准确、恰当、公平、客观地进行评价奠定基础。如"这周,山本回答问题和参与活动都比较积极,但上课精力不能集中,有时会打扰到其他人听讲,用眼神暗示过他几次以后,情况就好多了。"当然还要交代这项记录的时间和记录人。

下面表格中的评价标准就是针对学习者小组合作活动表现技能进行评价时用的[①]:

A. 为完成小组目标合作
4 积极促进小组目标的确定,努力工作来实现目标。
3 就小组目标进行交流,分配任务,并完成了各自的任务。
2 就小组目标进行交流,分配任务,但未完成任务。
1 不按照小组目标工作或有意反其道而行之。
B. 表现出色的人际交流技能
4 积极地促进小组成员有效互动,在表达自己的思想和观点时照顾他人的感受和知识基础。
3 参与小组互动,但起不到促进作用。在某种程度上,表达想法时能照顾他人的感受和知识基础。
2 在他人促进下参与小组互动,或者表达想法时不考虑他人的感受和知识基础。
1 即使在他人的促进之下也不参与小组活动,或表达想法时完全无视他人的感受和知识基础。

---

① [美]阿兰兹.学会教学·第6版.丛立新等译.上海:华东师范大学出版社,2005:327.

	C.促进小组改进工作
4	在小组合作的过程中,须做改变或调整时,积极主动地帮助小组成员认识到这一点,并促使小组成员共同努力做出改变。
3	在小组合作的过程中,帮助小组认识到必要的改变或调整,并朝这一方向努力。
2	在小组合作的过程中,经人提示,帮助小组做出必要改变或调整,或者,在小组转变的过程中参与极少。
1	在小组合作的过程中,即便经人提示,也拒绝承认必须的改变或调整,或在小组做出改变时不予配合。

1.7 档案袋评价(portfolio evaluation)

档案袋评价属于成果评价(product evaluation)的一种(其他还有代表作品、学习经验总结、学习日志等),其实质就是为每一位学习者都准备一个纸袋,并有计划地收集其作业、单元或课堂测试成绩、研究项目、作文、图片、角色扮演的录像带、演唱曲目的语歌曲(或朗读课文)的视频等学习成果及其获取过程,如回答问题的录音、剪纸、中国结等。资料形式既可以是手写、打印,也可以是图片和音像资料等。

档案袋不仅显示了学习者最终的学习成绩和成果,而且体现了学习者汉语认知发展、能力提高和情感态度改变的过程,以及在此过程中所表现出来的努力程度、进步程度和相对于其他学习者的个体差异性,等等。另外,档案袋还有利于学习者参与评价过程,甚至是教学过程,明确自己汉语学习上的优势和欠缺,同时也有利于家长对学习者汉语学习情况的详细了解。

汉语教师及其学习者可以根据档案袋的不同目的挑选在汉语学习方面的作品,包括各种成果,如小测验、家庭作业样本、手工作品,甚至考试成绩;也包括学习过程中汉语交际活动的行为记录,即音频或视频,还包括汉语教师、学习者本人、其他学习者的相关评价。当然,在制作档案袋之前,要明确认识到档案袋评价的目的是什么(如为了促进学习者的进步、告诉家长学习者已学会了什么、评价教学效果、判定学习者的学业表现等)?选择的标准和原因是什么?即应明确"什么样的作品最有可能帮助我们有效地评价学习者的表现?"以及评价这些作品的标准是什么?这是非常关键的。如建立一个展现学习者"写作"水平的档案袋,至少选择以下作品:一篇学习者的代表性作品,并附上选择这篇作品的原因及其完成的经过和感受;一篇学习者自己较为得意的作品和一篇自己不太满意的作品,以及学习者对这两篇作品的对比、思考、改进方案等;一篇教师认为能代表学习者写作进步的作品,以及选择它的具体原因,等等。

为学习者建立档案袋,汉语教师要明确以下几个步骤:①建立档案袋的目的是什么?它能满足什么需要?②确定由谁来设计规划档案,是教师,学习者,家长,还是同伴?或者是其中几个主体联合;同时应明确谁是档案袋的读者,家长、管理人员,还是其他相关人员?③决定哪些学习场景、学习的阶段性成果(如汉语写作的习作)、成绩或者手工作品(如剪纸、中国结)放到档案袋里,并考虑如何确保档案袋中资料的公平性、信度和效度。④思考和评价,对档案袋里的学习者作品进行思考和评价,有时可以跟学习者一起协商合作评价,如学习者的这些资料如何量化计分?主要关注哪些方面?如何排序?各种资料所占的权重一样吗?具体标准是什么?等等。⑤明确档案评价其他方面的一些细则,如当堂收集的学习者作业可行吗?在什么地方存放档案袋?在建立档案袋的过程中如何确保学习者对自己汉语学习的反思?等等。

1.8 评定等级

很多学校等教学机构都会要求汉语教师把学习者的汉语水平判定为一个等级,即评定等级。具体等级有的分为 A、B、C、D、E 等级别,也有的分为优秀、良好、及格、不及格等级别。评定等级是对学习者经过一段时间的汉语学习、体验各种经历后的表现或学习情况进行总结的一个简单方法。等级反映学习者的学习情况和进步情况,激励其更加努力地学习,也可以用来判定学习者能否升入高一级继续学习或是否可以毕业。

评定等级时,汉语教师需要考虑两个方面的因素:第一,要明确评定等级时需要考虑的维度。评定等级的目的是准确反映学习者在汉语交际方面的水平,要与汉语教师平时所强调的知识和技能等内容相对应。评定等级时要从多种渠道收集信息,以提高其等级的准确性。常见的收集信息的渠道有考试、小测验、家庭作业、课堂表现、档案袋等;有的学校还要求参考学习者的出勤情况、行为、态度、课堂参与、学习动机或努力程度,如哈佛北京书院对学习者的汉语学业总评成绩就包括出勤、听写、背诵、作业、周考、口头报告、期中考试、期末考试、社会调查报告等几项;哥伦比亚大学的暑期汉语教学项目学习者的总评成绩也包括出勤和课堂表现、听写、作业与作文、周考、口头报告、期末考试等几项。评定等级时既可以把这些信息量化以后综合为一个等级,也可以考虑给两个等级:一个是学习成绩方面的,一个是行为表现或努力程度方面的。

第二,要明确采取什么标准。最常用的三个参照标准为:其他学习者的汉语水平、事先制定的客观标准和学习者自己以前的汉语水平。①参照其他学习者汉语水平又称为常模参照,一般采用百分比的形式。如前10%属于A等,紧跟其后的20%属于B等,接下来的40%属于C等,再接下来的20%属于D等,最后的10%属于E等。②参照事先制定的客观标准又被称为标准参照。标准参照旨在用一个客观的标准衡量学习者的学习情况。换句话说,学习者所得的等级与其他学习者无关,只是体现其对所学内容的掌握程度。通常是根据学习者在试卷总分(如 100 分)基础上的得分来判定等级:90－100 分属于 A 等,80－90 分属于 B 等,70－80 分属于 C 等,60－70 分属于 D 等,0－60 分属于 E 等。汉语水平考试(HSK)就把分数等级分为 11 级,其中 1－2 级属于基础水平、3－5 级为初等水平、6－8 级为中等水平、9－11 级为高等水平。③参照学习者以前的汉语水平来评定,又称为自我参照等级制度(self-referenced grading system)。等级是建立在学习者个人进步的基础上的,需要事先确定学习者取得多大进步才能得到某一等级。当然是不同的进步程度对应不同的等级。如进步提高的分数为 10 分及以上,或者达到满分,属于 A 等,6－10 分属于 B 等,3－5 分属于 C 等,1－2 分属于 D 等。

下面这个表格是国外一个高中的口头展示的等级评价标准①:

口头展示的评价标准	
姓名: 日期: 科目: 一年级:	
5	清楚地展示问题,清楚地表达主题 声音洪亮,容易理解 具有良好的眼神接触 有效运用视觉演示 组织优良
4	合理展示问题,能恰当地表述问题 声音适当 眼神接触断断续续 视觉演示辅助演讲 组织很好

---

① [美]阿兰兹著.学会教学·第 6 版.丛立新等译.上海:华东师范大学出版社,2005:208.

续表

3	合理展示问题,能恰当地表述问题 音量不稳定 学生看着提示发言——眼神接触不连贯 直观演示没有辅助演讲 演讲时常反复
2	演讲需要加以解释 演讲难以得到理解 缺乏眼神接触 糟糕的视觉辅助 缺乏组织
1	演讲没有涉及主题 演讲听不到 很少眼神接触 没有视觉辅助 没有组织

分数:5＝A;4＝B;3＝C;2＝D;1＝不通过

总体评价:

1.9 汉语教学常用评价活动

《国际汉语教学通用课程大纲》(修订版)附件八"汉语教学常用评价活动建议表"列出了许多典型的评价性活动,如常用于诊断性评价的汉语言知识、语用知识选择填空,词汇测试,语法测试,写自我介绍,其他各门功课的成绩,填个人信息表,一对一面试,谈个人文化、语言、教育背景,谈生活经历、个人体验和家庭背景,摸底测验,心理测试,访谈家长,试考YCT、HSK、BCT等正式汉语水平考试,等等。常用于形成性评价的课堂观察,课堂提问,听写练习,小组讨论,小测验,课上或课后的作业,看谁说得快、多、准,看谁写得快、多、准,听后画,听后复述,听后猜,听后写,听后演,读后画,读后复述,读后猜,读后演,看图说话,看图写话,记录,问卷;自评,互评,填写课堂活动评价表,建立学习档案,自我反思,纸笔测试,师生会谈,等等。常用于总结性评价的听录音写出信息,听后判断,听后回答;看图讲故事,做口头报告,PPT演讲,朗读,演讲,个别谈话,现场说文,运用口语解决问题;汉语言知识、语用知识选择填空,词汇测试,语法测试,填空,完型,选择题,生词造句,回答问题;分析结构,加小标题,归纳,回答问题,阅读理解,阅读后选择填空,阅读并匹配相关信息;口头报告文稿,写话,写演讲稿,续写,命题作文,写总结报告,论述观点,根据信息写短文,运用写作解决问题,看图写作,写文艺、文学评论;完成任务,完成项目;参加YCT、HSK和BCT等正式汉语水平考试,等等。[①]

另外,王笃勤(2002:72－77)还收集了一些较为常用的课堂评估方式:一分钟问卷(one-minute paper)、问题展示(documented problems)、一句话概要(one-sentence summary)、应用卡(application card)、学生自拟测试题目(student-generated test questions)、难懂或模糊的问题(muddiest point)、学习监控表(performance monitor)、协商评定(reflecting on performance)、预测评估(assessing predictions)、卡式评估(card-assessment)。这些评估方式灵活多样,对应不同的具体教学内容,有需要的国内外汉语教师可以参阅选用。

1.10 案例分析

1. 案例一

笔者曾在国内教过多届来华留学生(相当于B班)初级阅读,使用教材为《汉语阅读速成》(入门篇),学完第一单元(1－3课)后,为了帮学习者巩固所学内容,笔者参考使用过教研室设计的这样一份单元试卷:

[①] 孔子学院总部/国家汉办.国际汉语教学通用课程大纲(修订版).北京:北京语言大学出版社,2014:213.

2011年春季初级汉语阅读第一单元测试题

试题说明:本套试题共分四个题型,分别为配伍题(5分)、填空题(5分)、选择题(66分)、阅读理解题(24分),满分100分。

一、配伍题,选择合适的搭配(1×5=5分)

接受能力晴朗

采取强

天气他的要求

同意传统

按照方式

二、量词填空(1×5=5分)

1. 明天刮风,风力大概四五。

2. 这雪会给交通带来不利影响。

……

三、选择画横线的词语在本句中的解释(1×16=16分)

1. 他<u>非要</u>等到过年才回家。

    A.不要   B.一定要   C.很需要

2. 今年找工作的人数增多。2015年新增了50万人,<u>此外</u>,2013年和2014年还有100万人和150万人没有找到工作。

    A.除了这些,还有别的

    B.这个的外面

    C.特别重要的是

3. 我去她宿舍找她,她<u>恰恰</u>不在。

    A.非常   B.合适   C.正好

……

四、选择句子或短语的正确解释(2×10=20分)

1. 走进街上的一个酒吧——以前让你皱眉的地方。

A. 去你以前不喜欢的酒吧

B. 去你以前没去过的酒吧

C. 去你以前很感兴趣的酒吧

2. 难怪你不喜欢酒吧

A. 你不喜欢酒吧不是一件奇怪的事

B. 不能怪酒吧

C. 你这个人很奇怪

3. 游客最高峰日

A. 游客人数最多的一天

B. 游客人数最多的地方

C. 旅游景点交通问题严重

……

五、选择适当的词填空(2×15＝30分)

说服　决定　改变　为　带　包　接　搀扶　吸引　分别　适合　显得　到来　丰富　满足

1. 学校安排了很多活动来_____同学们的生活。

2. 冷空气_____的时候会有四五级的风。

3. 以前每个家庭的子女都很多,女儿不在身边也_____不冷清。

……

六、阅读理解(24分)

北京市气象台预计,4月25日午后开始,北京地区将有一次较明显的降雨天气过程。降雨时段主要集中在25日傍晚到前半夜,全市大部分地区降雨量为5—10毫米。……

1. 填空(2×1＝2分)

(1) 下雨的时间主要是什么时候?

2. 选择正确答案(2×2=4分)

(1) 下雨以后气温　　A. 升高　　　B. 降低　　　C. 不变

(2) 这次降雨以后

A. 空气干净了　　　B. 树木叶子发黄　　　C. 不会发生堵车

……

单元测试即对所学单元内容的测试,属于内容测试类型,前五个题型属于分立式测试,第六题属于综合性测试。这些题型都属于常规性的语言测试题目类型,稳定性高,信度、效度也高,基本能反映出学习者的掌握情况。另外,这个单元测试也属于纸笔测试、形成性评价的一部分。

2. 案例二

笔者还教过多届来华留学生的初级口语课(B班),所用教材为《汉语口语速成》(入门篇/基础篇),也参考使用过教研室设计的口语考试的期末试卷。

2011—2012学年第一学期B班期末考试口试卷

试卷说明:

1. 本试卷共分两部分:第一部分为朗读并回答问题。由教师指定一段课文,学生朗读。集中考查学生的语音。然后教师就学生所读内容提问,考查学生的理解和应答能力。学生考前不准备。第二部分为话题叙述。考查学生运用所学句式和词语,成段表达能力。教师事先将所考话题裁成小条儿,让学生于本人考试开始前十分钟抽取,学生准备十分钟后开始考试。

2. 卷面总分为100分,学生口试最高成绩为90分左右。

3. 评分标准和要求:第一部分,朗读20分,侧重语音语调;回答问题20分,侧重语法。第二部分,60分,侧重语法的正确与否,语句的连贯,也注意发音和声调。1)语音、声调、语调:发音应该清楚、准确,特别是声调;句子语调要正确、自然。2)语法、句式、词语:不出现语法错误,句式完整,词语使用准确、恰当。3)段落、条理、表达:观点清晰,表达有条理,语句衔接自然,有逻辑性。

4. 口试采取每个学生单独应试的方式,教师应于考试前一天给学生安排好顺序。

一、朗读课文并回答问题:(教师任选一段,让学生读)(40分)

1. 李莉是个大学生,她个子高高的,眼睛大大的,头发长长的,她爱说爱笑,笑的时候,声音也很好听。她性格外向,有什么说什么,因此大家都喜欢跟她在一起。她学习认真努力,而且挺聪明。她是学英语的,除了英语以外,她还会说一点儿法语,她最理想的职业是当一名记者。

(1) 请介绍一下李莉的样子。
(2) 请介绍一下李莉的性格特点。
(3) 除了英语,她还会说哪种外语?
(4) 她最理想的职业是什么?

……

二、话题(学生任选一题,准备十分钟)(60分)

1. 介绍一下你自己或你的一位朋友。

(提示:哪国人、什么时候认识的、怎么认识的、他/她什么样子、性格、爱好、优点、缺点等)

2. 谈谈你们国家的人喜欢的职业。

(提示:年轻人喜欢什么职业、为什么、你们国家的人最羡慕的职业是什么、你理想的职业是什么)

……

本案例属于等级评价,适合口语或综合性的言语交际能力的考察。

第二节 评价教学效果

对该项技能的理解和操作如下:

2.1 对"教学效果评价"的认识

教学效果评价是指汉语教师采用一定的方式方法(如测量、调查、观察等)全面、系统、科学地收集有关课堂教学过程和结果的相关信息和数据,并根据一定的标准对课堂教学整体和各个部分进行价值判断,并据此对其进行修改和完善的一种规范性活动。

教学效果的评价,是对整个教学系统的评价。即依据一定的标准鉴别汉语教学的整体和各个部分(包括目标、大纲、组织、材料、评价等)是否有效,如果无效或者效率不高,则需要改进某个环节或者步骤。

教学效果的评价是建立在对学习者学业成绩的科学评价基础上的,二者具有天然的关联性。学习者的学业成绩好,教学效果就不错,当然也可能有例外。学习者的学业成绩很差,教学效果就不会好。这个没有例外。教学效果好坏的最直接证据就是学习者的学业成绩。

汉语教师要重视经常性的形成性评价、针对教学过程各个环节的评价;同时在评价教学效果的过程中,不仅要关注教学目标有没有达到,而且要关注那些超出预期的结果。对这些超出预期的结果,汉语教师要积极分析其对教学有益的成分,并在教学中加以利用,进而提高汉语教学的质量和水平。

2.2 教学效果评价的类型

目标本位评价(goal-based evaluation)是以汉语教学目标为依据所进行的评价,其主要目的在于判断预定目标是否得到实现以及实现的程度。这种评价有两个要素:首先要评估汉语学习者的行为。因为教学目标主要表现为学习者行为的改变。其次,要进行两次或两次以上的评估,寻求两次评估之间的差别。如果目标实现了,汉语教学就成功了;如果目标没有实现或实现的程度不高,汉语教学就被视为没有成功。目标本位评价的优点在于标准清晰、任务明确、易于把握。缺点在于范围稍窄,局限于行为目标。情意类、态度类目标不太容易评价。

目标游离评价(goal-free evaluation)是指不受既定目标的限制,考虑汉语教学的全部实际结果,并在此基础上对汉语教学进行评价。如某节汉语课的教学目标为:掌握本节课所学的20个重点词语,要求会写、会用。教学结束后,原有目标完成得并不好,但这节课使学习者喜欢上了汉字。如果目标本位评价,这节课的评价结果就不太好,有效性较低。相反,如果目标游离评价,这节课的评价就不错。虽然在具体目标上完成得不好,但学习者对汉语有了兴趣,具备了学习汉语的动力,随后可能主动掌握更多汉字。可见,目标游离评价的优点是不因具体目标的失败而否定整个教学,评价项目和范围更广、更全面。

汉语教师在进行教学效果评价时可以把目标本位评价和目标游离评价结合起来,既突出重点,依据教学目标和评价结果的差距对教学进行反思、改进,又兼顾全面,把一些虽然没有纳入教学目标但从长远来说对学习者掌握汉语有益的项目(如增加了对汉语学习的兴趣,改变了对中国文化的态度)纳入评价中来。

2.3 教学效果评价多元化

教学效果评价多元化包括评价内容的多元化、评价主体的多元化和评价方法的多元化。

汉语教学的有效性是通过各个部分的有效性体现出来的,所以,汉语教学效果的评价内容包括很多方面,具体包括教学目标、教学内容和材料、教学活动和方法、评价本身等方面。不同的部分有不同的评价标准。汉语教学目标:教学目标达成情况怎样?是否具有可操作性?哪个目标符合学习者的需要?哪个不符合?如何修改?等等;教学内容和材料:教学内容是否符合学习者的学习需要?难度如何?教学材料是否与学习者原有的生活经历有关?有无趣味?等等;教学活动和方法:是否简便易行?是否有利于学习者言语技能或交际技能的提高?哪些教学活动对学习者的言语技能更有效?教学方法是否有利于学习者掌握教学内容？等等。教学评价本身：即对评价的评价，具体的教学评价方案是否科学？所包含的评价项目是否全面合理？评价的方式和途径是否多样、有效？一些测量方式（如考试、调查问卷）的信度和效度如何？等等。

评价主体的多元化是指对教学效果的评价需要不同的主体从不同的角度来进行。汉语教师和学习者是"天经地义"的评价主体，而且因为深度参与在教学过程之中，他们还被称为内部评价人员；此外，教学机构管理者、专家或专业机构等也可以是教学效果的评价主体，但因为没有参与到教学过程之中，他们又被称为外部评价人员。除了有关汉语教学的一些基本情况得到共同关注外，不同的评价主体所关注的评价重点和倾向是不同的。如学习者关心的是：汉语教学中，我学到了什么？所学内容对我有什么帮助？是否需要继续学习？等等；教师关心的是：汉语教学有效吗？在教学上，我还能做哪些改进？等等；教学机构管理人员关心的是：师生对汉语教学的态度怎么样？汉语教学的成本是不是太大？等等。

评价方法的多元化是指，无论是收集汉语教学的信息，还是确立评价的标准，还是具体进行评价，都尽可能地采用多种方式和途径，从不同的角度进行综合、立体的评价。

基于此，汉语教师要明确评价教学效果的维度，如教学目标、教学内容和材料、教学活动和方法、教师自身的教学行为和教学环境的支持程度，等等；同时应从更宏观、更全面的角度把握评估标准，运用量化和质化不同类型的评价方式来进行评价，等等。

2.4 熟悉常用的教学评价模式

第一，目标模式。该模式最先由美国课程学者 Tyler 提出，其核心理念在于检查最初设定的教学目标是否在学习者身上得到实现，并以此来判定教学成功与否。其核心步骤包括：①确定要评价的教学目标；

②把教学目标细分为更小的类别;③用行为术语表述目标,以便加以测量;④设置能显示目标达成程度的情境;⑤选择或设置收集信息的评价工具;⑥收集学习者行为变化的数据信息并与教学目标进行比较;⑦解释结果并得出结论。

"目标模式"主张细化教学目标,使其具有操作性和可测量性。对汉语知识和技能类目标很适用,但一些方法类、情意类目标就很难细化。虽然如此,"目标模式"并没有过时,言语交际是一种技能,其绝大部分目标都具有操作性和可测量性。

第二,CIPP模式。该模式即Stufflebeam et al(1971)提出的环境(context)—投入(input)—过程(process)—产出(product)这一评价模式。它是一种过程,旨在描述、取得及提供有用资料,作为判断各种教学方案之用。其主要包括四种评价:

环境评价:即根据评价对象的需要对教学目标及其背后的理念进行评判,看二者是否一致。旨在提供确定教学目标的依据,属于最基本的评价,以促成目标的决定。如教学时间是否足够?关键性的外部影响因素有哪些?教学内容是否符合学习者未来的工作需求?等等。

投入评价:即对可供选择的各种教学设计方案或计划进行评价,又称为教学可行性评价。旨在确定如何运用资源以达成教学目标,包括教学资源的选择、设计与发展,资源则涵盖材料、设备、程序、方法、人员、环境等,以协助设计教学过程。如学习者的原有水平怎么样?学习动机强不强?教学目标是否恰当?教学内容是否清楚?是否与生活或工作中的实际问题有关?教学能够利用的资源有哪些?教师的教学水平怎么样?教师能够花在教学上的时间有多少?学校和教室等环境是否有利于学习者的汉语学习?教学方法是什么?等等。

过程评价:即通过描述教学过程来确定是否存在问题。旨在给教师提供反馈,以协助其改进教学步骤或程序。如学习者是否积极参与课堂教学活动？教师在课堂教学中遇到的最大困难是什么？学习者在学习中遇到的最大困难是什么？主要的教学方法是什么？教学过程中有没有形成性评价？学习者的作业多不多？师生关系如何？课堂纪律怎么样？等等。

产出评价：即要测量、描述和评判教学效果。旨在判断教学效果并给予反馈。如整个教学只有一次终结性评价还是有多次形成性评价？考试的科学性如何？教学目标的各个部分分别是如何被考核的？学习者是否达到了前面设定的目标？教师和学习者对教学的总体感受如何？等等。

CIPP评价模式旨在改良教学方案。其优点在于评价内容相对比较全面，但操作起来有点儿复杂。

第三，CSE模式。CSE是美国加州大学洛杉矶分校评价研究中心(center for the study of evaluation)的简称。该模式包括四个阶段：

需求评估：即调查学习者需要完成什么言语交际任务，以确定教学目标。这一阶段又称为"问题的选择"，主要是针对教学目标的评价。

选择计划：即对各种可供选择的教学计划的有效性和可行性做出评价，当然也会对教学内容和投入的资金、设备等进行评价。这一阶段又称为"计划的选择"，主要是对教学内容、方案和前期投入成本的评价。

形成性评价：即对教学过程进行评价，发现其缺点和不足之处，随时修正。这个阶段也可称为"计划的修正"，主要是针对教学过程的评价。

总结性评价：即在前面评价的基础上对教学进行全面的评判，以决定教学是继续、修改、还是取消？这个界定也可称为"计划的批准或采纳"，主要是对教学效果、学习者学完后达到的汉语水平进行评价。

CSE模式综合了形成性评价和总结性评价，保证了过程和结果评价的统一。操作起来相对容易一些,实用性也强。

汉语教师可以掌握几种常用的教学效果评价的模式,了解熟悉评价活动的基本过程,并在此基础上进行评价(包括记录和公布评价数据和结果)。

2.5 评价汉语课堂教学的量表

评价汉语课堂教学效果是一个技术活,只了解一些评价的概念或理念还不够,需要借助一些反映先进评价理念的测量工具(即量表)进行测量,在测量所得出的数据分析基础上再进行评价。陈光磊(2004)提出过一个同行或专家使用的课堂教学评估表(教师可用来自评),兹录如下:

课堂教学评估表:

	评估项目	标准和要求	评分
教学目标的实现	1. 对总体目标	充分理解,切实贯彻,全面完成教学任务	
	2. 对根本目标	要求明确,努力达到,注重提高交际能力	
	3. 对具体目标	全面落实,认真执行,完满完成教学任务	
教学内容的传授	1. 语言知识的讲解	内容正确,解说简明,指点精要	
	2. 言语技能的操练	方式恰当,数量足够,切实有效	
	3. 交际能力的培养	设置有效语境,运用语用规约,进行交际实践	
	4. 文化背景的说明	介绍适时适量,运用中外对比,解说正确贴切	
	5. 教学内容的组合	精讲多练,交际实用,文化导入	

续表

	评估项目	标准和要求	评分
教学方法的运用	1. 教学法与课型的匹配	适应课型的特点和要求	
	2. 教学法与学生的对应	适合学生的水平和要求	
	3. 教学法所具有的成效	具有启发性、生动性和趣味性	
	4. 教学设施的使用	合理,熟练,有效	
教学环节的安排	1. 教案的设计	合理,精确,可变通	
	2. 教学的过程	起始——展开——结束的顺序完整、明确	
	3. 旧课的复习	及时,注意承前启后	
教学环节的安排	4. 新课的引入	自然,力求方式新颖	
	5. 生词和语法的教学、技能训练等环节的组合	组配合理,层次分明,节奏紧凑	
	6. 教学小结	进行适时,讲练精要	
	7. 进度安排	时间分配合理,进度恰到好处	
课堂教学的组织	1. 课堂秩序	学生安定,精力集中	
	2. 调动学生的学习情绪	发挥学生的学习积极性、主动性、创造性,对程度不同的学生既区别又平等地对待、因材施教	
	3. 组织交际性练习	把课堂作为交际场所,提供语境和话题,展开不同形式的交际实践	
	4. 课堂气氛	调节适度,既认真紧张又活泼愉快	

续表

评估项目		标准和要求	评分
教学技能的掌握	1. 教学语言	普通话标准、规范；教学用语简练,语速适当；声音洪亮,话语清晰；媒介语使用准确、恰当	
	2. 板书运用	整体布局合理,整齐美观；书写规范,字迹端正	
	3. 辅助手段	准备充分,使用合理,具有实效	
	4. 教师形象	精神饱满,仪表端庄,态度和蔼；举止优雅,善于以姿态助说话	
作业布置与评改	1. 题型设计	类别多样,内容新颖,分布合理	
	2. 程度把握	难以适度,循序渐进	
	3. 练习量度	数量足够,不过多或过少	
	4. 作业评改	进行及时,态度认真,评析精确	
教学效果的反映	1. 学生对应知应会内容的掌握	能理解,会模仿,能记忆,会使用	
	2. 学生考试成绩	考题合理,优、良、中、差成绩的分布和比例	
	3. 学生对课堂教学的意见	(可拟制学生对课堂教学评估意见表以收集有关信息)	

陈光磊(2004)还拟制了学生用的课堂教学评估表,具体见下表:

课堂教学评估表(学生用)

评估项目	很好	好	较好	中等	较差	差	很差
	7	6	5	4	3	2	1
1. 这门课的内容是不是有意思							
2. 这门课对提高汉语水平是不是有帮助							

续表

评估项目	很好 7	好 6	较好 5	中等 4	较差 3	差 2	很差 1
3. 老师讲得是不是明白易懂							
4. 老师讲得是不是生动有趣							
5. 老师讲话的速度是不是适当							
6. 老师的板书是不是清楚整齐							
7. 课堂模仿练习做得怎么样							
8. 课堂交际练习做得怎么样							
9. 课后作业的内容、数量是不是适当							
10. 老师批改作业是不是及时							
11. 老师是不是热心这门课的教学							
12. 老师对同学是不是亲切、热情							
13. 老师对同学提出的问题是不是很好回答							
14. 总体上说你对这门课的内容是不是感兴趣							
15. 总体上说你对这门课的内容是不是学会了							
16. 总体上说你对这门课的老师是不是满意							

另外韩孝平(1986)也曾拟制过教学评估的系列表格，具体包括四个："主体评估表""学生基本情况表""客体评估教师基本情况表""客体评估课堂教学"，读者也可根据自己的情况选择使用。

参考文献

[1] 阿兰兹. 学会教学(第六版)[M]. 丛立新等译. 上海:华东师范大学出版社,2005.

[2] 安布罗斯等. 聪明教学7原理:基于学习科学的教学策略[M]. 庞维国等译. 上海:华东师范大学出版社,2012.

[3] 陈光磊. 对外汉语教学评估问题探讨[A]. 第七届国际汉语教学讨论会论文选[C]. 北京:北京大学出版社,2004.

[4] 陈宏,吴勇毅. 对外汉语教学课堂教案设计[M]. 北京:华语教学出版社,2003.

[5] 陈田顺. 对外汉语教学中高级阶段课程规范. 北京:北京语言大学出版社,1999.

[6] 陈田顺. 中级汉语教程[M]. 北京:北京语言学院出版社,1987.

[7] 陈旭远. 教学技能[M]. 北京:北京师范大学出版社,2015.

[8] 陈灼. 桥梁:实用汉语中级教程. 北京:北京语言大学出版社,2012.

[9] 程娟等. 对外汉语专业建设的理论与实践:全国高校对外汉语专业建设研讨会论文精选[C]. 北京:北京语言大学出版社,2013.

[10] 程美珍. 一年级综合课语法阶段教案示例[A]. 对外汉语教学初级阶段课程规范[C]. 北京:北京语言文化大学出版社,1999.

[11] 崔希亮. 北京语言大学对外汉语教学名师访谈录:李景蕙卷[M]. 北京:北京语言大学出版社,2008.

[12] 崔希亮. 北京语言大学对外汉语教学名师访谈录:李培元卷[M]. 北京:北京语言大学出版社,2010.

[13] 崔希亮. 北京语言大学对外汉语教学名师访谈录:钟梫卷[M]. 北京:北京语言大学出版社,2010.

[14] 崔希亮. 对外汉语综合课课堂教学研究[M]. 北京:北京语言大学出版社,2010.

[15] 崔希亮. 对外汉语综合课优秀教案集[M]. 北京:北京语言大学出版社,2010.

[16] 崔希亮. 北京语言大学对外汉语教学名师访谈录:赵淑华卷[M]. 北京:北京语言

　　　　大学出版社,2011.

[17] 崔希亮.对外汉语听说课课堂教学研究[M].北京:北京语言大学出版社,2011.

[18] 崔希亮.对外汉语听说课优秀教案集[M].北京:北京语言大学出版社,2011.

[19] 崔永华.对外汉语语法课堂教学的一种模式[J].世界汉语教学,1989(2).

[20] 崔永华.语言课的课堂教学意识略说[J].世界汉语教学,1990(3).

[21] 崔永华.基础阶段精读课课堂教学结构分析[J].世界汉语教学,1992(3).

[22] 崔永华.新概念汉语[M].北京:北京语言大学出版社,2013.

[23] 崔永华.后方法时代的汉语教学理论建设[J].国际汉语教学研究,2016(2).

[24] 崔永华,杨寄洲.对外汉语课堂教学技巧[M].北京:北京语言大学出版社,1997.

[25] 邓懿等.汉语教科书[M].北京:商务印书馆,1958.

[26] 丁迪蒙.对外汉语课堂教学技巧[M].上海:学林出版社,2006.

[27] 杜萍.当代中小学教师基本教学能力标准的研制与反思[J].课程·教材·教法,2011(8).

[28] 杜荣等.话说中国[M].北京:外文出版社,1985.

[29] 杜申诺娃,王小庆.好用的英语教学游戏:最新中小学英语教学游戏分类精选[M].上海:华东师范大学出版社,2010.

[30] 冯克诚,范英,刘以林.教师行为规范全书[M].北京:华语教学出版社,1996.

[31] 冯惟钢.实用对外汉语教学方法与技巧[M].北京:团结出版社,2014.

[32] 龚亚夫,罗少茜.英语教学评估:行为表现评估和学生学习档案[M].北京:人民教育出版社,2002.

[33] 古德,布洛菲.透视课堂[M].陶志琼,王凤,邓晓芳等译.北京:中国轻工业出版社,2002.

[34] 郭风岚.关于海外汉语教师培训的几点思考[J].语言教学与研究,2012(2).

[35] 郭睿.汉语教师发展[M].北京:北京语言大学出版社,2010.

[36] 郭睿.汉语教师应学会创造性使用教材[J].海外华文教育,2013(2).

[37] 郭睿.初级汉语综合课教师话语的个案研究——基于两位汉语教师课堂话语语料的分析[J].华文教学与研究,2014(3).

[38] 郭睿.汉语课程设计导论[M].北京:北京语言大学出版社,2015.

[39] 郭睿.来华留学生汉语学习效能感与学习倦怠关系研究[J].华文教学与研究,

2016(2).

[40] 郭志良,杨惠元. 速成汉语基础教程·综合课本[M]. 北京:北京大学出版社,2007.

[41] 国家汉办. 高等学校外国留学生汉语教学大纲:长期进修[M]. 北京:北京语言大学出版社,2002.

[42] 国家汉办. 高等学校外国留学生汉语教学大纲:短期强化[M]. 北京:北京语言大学出版社,2002.

[43] 国家汉办. 高等学校外国留学生汉语言专业教学大纲[M]. 北京:北京语言大学出版社,2002.

[44] 国家汉办. 国际汉语教师标准[M]. 北京:外语教学与研究出版社,2007.

[45] 国家汉办. 国际汉语教师标准(修改版)[EB/OL]. 2012.

[46] 国家汉办. 国际汉语教学通用课程大纲(修订版)[M]. 北京:北京语言大学出版社,2014.

[47] 国家汉语水平考试委员会. 汉语水平词汇与汉字等级大纲[M]. 北京:经济科学出版社,2001.

[48] 韩经太. 教学督导的实践探索[M]. 北京:北京语言大学出版社,2008.

[49] 韩孝平. 试论对外汉语教学工作的评估[J]. 语言教学与研究,1986(4).

[50] 荷烈治等. 教学策略——有效教学指南(第八版)[M]. 牛志奎译. 北京:中国人民大学出版社,2011.

[51] 胡炳忠. 基础汉语语法点的针对性及试分类[J]. 世界汉语教学,1987(2).

[52] 胡淑珍等. 教学技能[M]. 长沙:湖南师范大学出版社,1996.

[53] 华燕君. 拓展本土需求,提升国际汉语教师的海外就业竞争力——阿曼首个汉语项目的实践探索及其启示[A]. 第十一届国际汉语教学研讨会论文集[C]. 2012.

[54] 吉比尼,威廉·威尔玛. 美国本科毕业的实习教师能力评定条目[J]. 沈剑平译. 外国教育动态,1987(5).

[55] 加里·D.鲍里奇. 有效教学方法(第四版)[M]. 易东平译. 南京:江苏教育出版社,2002.

[56] 姜丽萍. 课堂活动设计指南[M]. 北京:北京语言大学出版社,2014.

[57] 姜丽萍. 谈初级阶段综合课的教案设计[A]. 崔希亮主编. 对外汉语综合课课堂教学研究[C]. 北京:北京语言大学出版社,2010.

[58] 康玉华,来思平. 汉语会话301句[M]. 北京:北京语言大学出版社,1990.

[59] 克莱因等. 教师能力标准:面对面、在线及混合情境[M]. 顾小清译. 上海:华东师范大学出版社,2006.

[60] 克里克山克等. 教师指南(第四版)[M]. 祝平译. 南京:江苏教育出版社,2007.

[61] 肯尼斯·莫尔. 课堂教学技巧[M]. 刘静译. 北京:人民教育出版社,2010.

[62] 孔子学院总部/国家汉办. 国际汉语能力标准[M]. 北京:外语教学与研究出版社,2007.

[63] 孔子学院总部/国家汉办. 汉语国际教育用音节汉字词汇等级划分[M]. 北京:北京语言大学出版社,2010.

[64] 孔子学院总部/国家汉办编. 国际汉语教学优秀课例集(1－3册)[M]. 北京语言大学出版社,2015.

[65] 李德津. 一年级综合课短文阶段教案示例(1)[A]. 对外汉语教学初级阶段课程规范[C]. 北京:北京语言文化大学出版社,1999.

[66] 李景蕙. 提高课堂教学质量的几个问题[A]. 北京语言大学对外汉语教学名师访谈录:李景蕙卷[M]. 北京:北京语言大学出版社,2008.

[67] 李培元等. 基础汉语课本[M]. 北京:外文出版社,1980.

[68] 李泉. 对外汉语教学理论思考[M]. 北京:教育科学出版社,2005.

[69] 李先银,吕艳辉,魏耕耘. 词汇教学方法与技巧[M]. 北京:北京语言大学出版社,2015.

[70] 李雁同. 当好国际汉语教师必须要过"三关"——以英国曼城中小学教学工作为例[J]. 青少年日记(教育教学研究),2014(9).

[71] 李振村. 教师的体态语言[M]. 北京:教育科学出版社,2011.

[72] 李振杰等. 当代中国话题[M]. 北京:北京语言学院出版社,1993.

[73] 廖嗣德. 中小学教师教育教学能力结构研究[J]. 辽宁教育研究,2000(6).

[74] 刘佳音. 国际汉语教师课堂导入话语的语用研究[J]. 长春师范大学学报(自然科学版),2014(6).

[75] 刘涛,刘富华. 国际汉语教师课堂教学能力培训策略研究[J]. 东北师大学报(哲

学社会科学版),2013(1).

[76] 刘珣等. 实用汉语课本[M]. 北京:商务印书馆,1981.

[77] 刘珣. 新实用汉语课本(第3版)[M]. 北京:北京语言大学出版社,2015.

[78] 刘英林. 汉语水平等级标准与语法等级大纲. 北京:高等教育出版社,1996.

[79] 刘英林. 汉语水平等级标准与语法等级大纲[M]. 北京:高等教育出版社,1996.

[80] 卢华岩. 对外汉语课堂教学行为的理论与实践[M]. 北京:北京大学出版社,2011.

[81] 鲁健骥,吕文华. 商务馆学汉语词典[M]. 北京:商务印书馆,2006.

[82] 鲁健骥. 初级汉语课本[M]. 北京:北京语言大学出版社,2003.

[83] 陆俭明,马真. 汉语教师应有的素质和基本功[M]. 北京:外语教学与研究出版社,2016.

[84] 陆俭明. 汉语教学的新形势与汉语教学人才培养——兼论汉语师资培养要有针对性[A]. 对外汉语专业建设的理论与实践:全国高校对外汉语专业建设研讨会论文精选[C]. 北京:北京语言大学出版社,2013.

[85] 陆应飞. 略论对外汉语教师的基本素质[A]. 北京高校来华留学生教育研究[C],北京:北京语言大学出版社,2008.

[86] 吕必松. 关于对外汉语教师业务素质的几个问题[J]. 世界汉语教学,1989(1).

[87] 罗青松. 美国《21世纪外语学习标准》评析——兼谈《全美中小学中文学习目标》的作用与影响[J]. 世界汉语教学,2006(1).

[88] 罗少茜. 英语课堂教学形成性评价研究[M]. 北京:外语教学与研究出版社,2003.

[89] 马什. 初任教师手册(第2版)[M]. 吴刚平,何立群译. 北京:教育科学出版社,2005.

[90] 倪树干,亓华. 赴澳国际汉语教师志愿者跨文化适应研究[J]. 国际汉语教育,2012(1).

[91] 欧洲理事会文化合作教育委员会. 欧洲语言共同参考框架:学习、教学、评估[M]. 北京:外语教学与研究出版社,2008.

[92] 佩尔蒂埃. 成功教学的策略:有效的教学实习指南[M]. 李庆等译. 北京:中国轻工业出版社,2002.

[93] 彭利贞.试论对外汉语教学语言[J].北京大学学报(哲学社会科学版),1999(6).

[94] 邱军.成功之路·进步篇.北京:北京语言大学出版社,2008.

[95] 邱志朴.说什么和怎么说[M].南京:江苏人民出版社,1990.

[96] 申继亮,王凯荣.论教师的教学能力[J].北京师范大学学报(人文社会科学版),2000(1).

[97] 田桂文等.文选[M].北京:北京语言学院,1981.

[98] 王笃勤.英语教学策略论[M].北京:外语教学与研究出版社,2002.

[99] 王还.对外汉语教学语法大纲[M].北京:北京语言学院出版社,1995.

[100] 王青.对外汉语初级阶段综合课的课堂教学模式研究[D].北京:北京语言大学硕士学位论文,2006.

[101] 王宪平,唐玉光.课程改革视野下的教师教学能力结构[J].集美大学学报,2006(3).

[102] 王艳.对学生和教师关于课堂教学活动看法的调查与分析[M].国外外语教学,2004(3).

[103] 王艳玲.美国教师多元文化教育能力研究述评[J].外国教育研究,2013(9).

[104] 王钟华.对外汉语教学初级阶段课程规范[M].北京:北京语言文化大学出版社,1999.

[105] 吴勇毅等.对外汉语教学课堂教案设计[M].北京:华语教学出版社,2003.

[106] 吴中伟.汉语作为第二语言教学——汉语技能教学[M].北京:外语教学与研究出版社,2014.

[107] 谢绵绵.海外汉语教师教学资源开发例析[A].第十届国际汉语教学研讨会论文选[C].2010.

[108] 徐碧美.追求卓越——教师专业发展案例研究[M].北京:人民教育出版社,2003.

[109] 杨贺松.中国家常[M].北京:北京大学出版社,1991.

[110] 杨惠元.汉语听力说话教学法[M].北京:北京语言学院出版社,1996.

[111] 杨惠元.综合课教学要处理好的十个重要关系[A].崔希亮主编.对外汉语综合课课堂教学研究[C].北京:北京语言大学出版社,2010.10—19.

[112] 杨寄洲.对外汉语教学初级阶段教学大纲.北京:北京语言大学出版社,1999.

[113] 杨寄洲. 对外汉语教学初级阶段教学大纲[M]. 北京:北京语言大学出版社,1999.

[114] 杨淑芹,马新英. 少数民族双语教师课堂教学能力评价标准建构[J]. 中国教育学刊,2010(7).

[115] 余文森. 试论教学的三种基本能力[J]. 课程·教材·教法,1997(10).

[116] 翟小宁,李学伟. 中学教师能力评价指标体系建构[J]. 教育研究,2010(5).

[117] 张波. 论教师教学结构的建构[J]. 教育探索,2007(1).

[118] 张丹. 初级汉语教学策略研究——以法语国家学员为例[J]. 国际汉语教育,2013(2).

[119] 张和生,马燕华. 对外汉语教学示范教案[M]. 北京:北京师范大学出版社,2009.

[120] 张和生. 对外汉语教师素质与教师培训研究[M]. 北京:商务印书馆,2006.

[121] 张莉,卢咏莉. 论教师的教材加工能力[J]. 北京师范大学学报(社会科学版),2012(1).

[122] 张宁志. 国际汉语教师手册:新教师必备81问[M]. 北京:商务印书馆,2012.

[123] 张伟. 一年级综合课短文阶段教案示例(2)[A]. 对外汉语教学初级阶段课程规范[M]. 北京:北京语言文化大学出版社,1999.

[124] 张永芳. 海外教学环境认知与教师教学策略调整——基于个人在美国汉语教学实践的思考[J]. 国际汉语教学研究,2015(4).

[125] 赵建华. 对外汉语教学中高级阶段功能大纲[M]. 北京:北京语言大学出版社,2000.

[126] 赵金铭. 论"教案"[A]. 陈宏,吴勇毅主编. 对外汉语教学课堂教案设计[C]. (代序). 北京:华语教学出版社,2003:2.

[127] 赵勇,王安琳,杨文中. 美国中小学教师[M]. 北京:北京师范大学出版社,2008.

[128] 周健. 汉语课堂教学技巧325例[M]. 北京:商务印书馆,2009.

[129] 朱晓星. 体验汉语·生活篇[M]. 北京:高等教育出版社,2007.

[130] 朱旭东. 教师专业发展理论研究[M]. 北京:北京师范大学出版社,2011.

[131] 朱勇. 国际汉语教学案例与分析[M]. 北京:高等教育出版社,2013.

[132] 朱子仪. 捷径:中级速成汉语课本. 北京:北京语言大学出版社,2008.

[133] Borich, Gary D. *Observation skills for effective teaching (fourth edition)* [M]. Pearson Education, Inc, 2003.

[134] Brown, H. D. *Teaching by Principle: An Interactive Approach to Language Pedagogy* [M]. Englewood Cliffs, New Jersey: Prentice-Hall, 1994.

[135] Burden, Paul R. & Byrd, David M. *Methods for effective teaching* (3rd) [M]. Pearson Education, Inc, 2003.

[136] Farber, Matthew. *Gamify your classroom: A field guide to game-based learning* [M]. NewYork: Peter Lang Publishing, Inc, 2015.

[137] Joyce, Bruce Weil, Marsha & Calhoun, Emily. *Models of Teaching* (9th) [M]. Pearson Education, Inc, 2015.

[138] Lewis, M & Hill, J. *Practical Techniques for Language Teaching* [M]. London: Commercial Colour Press, 1992.

[139] Mehrabian, Albert. *Silent Messages* [M]. California: Wadsworth Publishing Company, 1971.

[140] Ornstein, Allan C. *Strategies for Effective Teaching* [M]. NewYork: Harper & Row, Publishers, Inc, 1990.

[141] Scrivener, J. *Learning Teaching: A Guidebook for English Language Teachers* [M]. Shanghai Foreign Language Education Press, 2002.

[142] Tao-chung Yao, Yuehua Liu et al. *Integrated Chinese* (Simplified Character Edition, Second Edition) [M]. Cheng&Tsui Company, 1997, 2005.

[143] Ur, P. *A Course in Language Teaching: Practice and Theory* [M]. Foreign Language Teaching and Research Press, 2000.

[144] American Council on the Teaching of Foreign Languages. *Program Standards for the Preparation of Foreign Language Teachers* (《外语教师培养标准》). http://www.actfl.org. 2002.

[145] Interstate New Teacher Assessment and Support Consortium Standards (《〈美国州际新教师评价与支持联盟〉标准》). *Model standards for beginning teacher licensing and assessment: A resource for state dialogue.* Washington, DC: Council of Chief State School Officers. /http://www.

ccsso. org/intascst. html. 1992.

[146] National Board for Professional Teaching Standards (《美国优秀教师专业标准》). *What teachers should know and be able to do*. Arlington, VA: National Board for Professional Teaching Standards. http://www.nbpts.org. 1999.

附 录

一、两种形式的教案样例

1.1 传统的流程式教案:

教案一:一年级综合课语法阶段教案示例

年级:一年级

课时:2学时(100分钟)

教材:《初级汉语课本》(北京语言学院来华留学生三系编,北京语言学院出版社、华语教学出版社联合出版,1988)第一册第十七课:16个生词、表示时间的句式(名词谓语句②),课文Ⅰ和课文Ⅱ、句重音。

第一部分 教案设计
课时计划

一、教学要求

(一)要求学生正确地默写本课的15个汉字,熟练地掌握本课的16个生词、表示时间的句式,能够运用课本语言点进行会话,并能流利地读出本课课文。

(二)说说"你一天的生活"

(三)掌握表示日期的句重音的读法

二、教学重点

(一)时间的表示法

两点、两点五分、两点十分、两点一刻、

两点二十二分、两点半、两点三刻、差两分三点

(二)时间词的语法功能

1. 作主语 现在十一点了。

2. 作谓语 现在十一点了。

3. 作状语 我早上六点起床。

时间词作状语的位置。不能用于句尾,不能说"我起床早上六点"。

三、教学方法

(一)通过具体的语言事实,逐步启发学生掌握本课所学的语法规则。

(二)内容由近及远,由旧引新。

(三)运用直观手段。

四、教具

(一)实物:钟(模型)

(二)图片(起床、吃饭、上课、下课、睡觉等五张)

(三)用手势表示句重音。句重音用"·"标出。

教学过程

一、组织教学(2分钟)

(一)安定课堂秩序

(二)检查出席情况

二、复习旧课(12分钟)

(一)目的

1. 检查学生对前一课语言知识、言语技能掌握的情况。

2. 进一步巩固前一课所学的语言知识,提高听、说以及读、写的熟巧。

3. 为新课铺垫。

(二)本课采用的复习方式

1. 用指定的词语结合图片内容会话。

2. 快速回答。

三、学习新课(78分钟)

(一)学习生词(10分钟)

(二)词组练习(12分钟)

(三)导入、操练新的语法点(28分钟)

(四)处理课文(30分钟)

四、本课小结(5分钟)

五、布置作业(3分钟)

教　案

一、组织教学(2分钟)

二、复习旧课(12分钟)

复习巩固第十六课：表示时间的词语做状语，表示完成的语气助词"了"①。

复习第十五课：表示日期的句式(名词谓语句①)，表示变化的语气助词"了"②。

(一)用指定词语，结合图片内容会话——两个人在旅馆门口闲谈

(1) 今天上了？

(2) 今天颐和园了。(　)呢？

(3) 香山。昨天,了？

(4) 昨天长城了。

(二)快速回答(老师问，学生回答)

(1) 今天星期几了？

(2) 昨天星期几？

(3) 明天呢？

(4) 昨天你去哪儿了？你呢？

(5) 你昨天去哪儿了？你呢？

(6) 昨天你和你朋友去哪儿了？

(7) 你和你朋友昨天去哪儿了？

(8) 今天几号了？星期几？

(9) 昨天几号？星期几？

(10) 明天几号？星期几？

(11) 今天几月几号了？星期几了？

(12) 昨天几月几号？星期几？

(13) 明天几月几号？星期几？

(14) 今天几月几号？星期几了？

三、学习新课

(一)学习生词

1. 听写生词。教师指定两个学生到黑板前按照教师预先设计好的板书顺序听写,每个词说三遍。

板书(1)

1. 现在	7. 早上	12. 起床
2. 点		13. 早饭
3. 分	8. 上午	14. 上课
4. 刻		15. 下课
5. 半	9. 中午	16. 午饭
6. 差	10. 下午	17. 晚饭
	11. 晚上	18. 睡觉

2. 师生共同改正写错的汉字

3. 教师领读,学生们跟读,个别读,并让学生看着图片说出第12~18生词。

(二)扩展词组练习

1. 教师借助板书和图片,领说词组,学生跟说。练习之前,将原有的1~18的序号一律擦掉。(12分钟)

起床——什么时候起床

早饭——吃早饭——早上吃早饭

上课——什么时候上课

下课——什么时候下课

午饭——吃午饭——中午吃午饭

晚饭——吃晚饭——下午吃晚饭

睡觉——什么时候睡觉

2. 让学生借助板书、图片,根据记忆齐说一遍所扩展的词组。

(三)导入、操练新语法点

1. 时间的表示法以学生容易混淆的"二""两"作为重点练习内容。

(1)教师一般把钟上的时针拨到2:00,一边指着生词板书,自问自答三遍:①"现在几点了""现在两点了"。学生静听,体会教师所说的内容以及句重音,准备学说,个别模仿。然后依次你问我答,我问你答。直到每人练习过一遍为止。

②现在几点了？　　　　　　现在两点五分了。

③现在几点了？　　　　　　现在两点一刻了。

　　　　　　　　　　　　　或：现在两点十五分了。

④现在几点了？　　　　　　现在两点半了。

　　　　　　　　　　　　　或：现在两点三十分了。

⑤现在几点了？　　　　　　现在两点三十二分了。

⑥现在几点了？　　　　　　现在两点三刻了。

　　　　　　　　　　　　　或：现在两点四十五分了。

　　　　　　　　　　　　　现在差一刻三点了。

⑦现在几点了？　　　　　　现在差五分三点了。

　　　　　　　　　　　　　或：现在两点五十五分了。

⑧现在几点了？　　　　　　现在三点了。

②⑤⑧操练方法同，教师先后把时针、分针拨到2:05、2:32、3:00，启发学生们自己问答，然后依次一问一答。③④⑥⑦的第一种回答方式的操练方法同①，第二种回答方式同②⑤⑧。

(2) 综合练习

1) 教师写出课文Ⅰ的任何一个时间，学生立即说出一个。

　　　　11:05　　11:10　　12:15　　11:00

　　　　12:26　　1:30　　5:50　　7:47

2) 教师用红色粉笔把课文Ⅱ所提供的时间依照顺序填写在板书(1)有关的时间名词后边。教师写一个，学生说一个。为课文Ⅱ作铺垫。

板书(2)

现在	早上	6:00	起床
点	7:00		(吃)早饭
分	上午	8:00	上课
刻	11:50		下课
半	中午	12:00	(吃)午饭
差	下午	6:15	(吃)晚饭
	晚上	10:30	睡觉

3) 教师要求学生用板书(2)的"现在"和"11:00"练习回答:"现在几点了？现在十一点了。"

4) 名词谓语句(2)通过听说操练完毕,教师写课文Ⅰ的典型句式。

板书(3)

      现在几点了？   现在十一点了。

2.问什么时候做什么

(1) 教师指着板书(2),依照次序领说词组:

①早上 6:00 起床 ②早上 7:00 吃早饭 ③上午 8:00 上课

④上午 11:50 下课 ⑤中午 12:00 吃午饭 ⑥下午 6:15 吃晚饭

⑦晚上 10:30 睡觉

(2) 教师一边指着板书(2)"起床"(或出示"起床"的图片),一边按照课文Ⅱ的句式范说三遍,①"你什么时候起床？""我早上六点起床。"学生静听,体会教师所说的内容及句重音,准备学说,个别模仿,然后依次你问我答,我问你答。直到每人练习过一遍为止。

  ②你什么时候吃早饭？ 我早上七点吃早饭。

  ③你什么时候上课？   我上午八点上课。

  ④你什么时候下课？   我上午11:50下课。

  ⑤你什么时候吃午饭？ 我中午12:00吃午饭。

  ⑥你什么时候吃晚饭？ 我下午6:15吃晚饭。

  ⑦你什么时候睡觉？   我晚上10:30睡觉。

②～⑦练习方式相同。即教师按照板书(2)的顺序指一组词,启发学生用该组词进行问答。

(3) 教师一边指着板书(2)"起床",一边范说三遍所扩展的句式,①"你早上什么时候起床？""我早上六点起床。"学生静听,准备回答问题。②～⑦练习方式相同。教师依照板书(2)的次序指一组词,启发学生回答。

  ②你早上什么时候吃早饭？

  ③你上午什么时候上课？

  ④你上午什么时候下课？

  ⑤你中午什么时候吃午饭？

⑥你下午什么时候吃晚饭?

⑦你晚上什么时候睡觉?

(4) 综合练习

1) 教师任指板书(2)的一组组词组,或出示任何一张图片,让学生一问一答。

2) 时间词语作状语通过听说操练完毕,教师板书课文Ⅱ典型句式。

板书(4)

　　　　　你什么时候起床?　　　我早上六点起床。

3) 教师领读板书(3)、(4),学生齐读,个别读。

(四) 处理课文

1. 打开书,读课文

(1) 教师领读课文Ⅰ和替换词,学生跟读。之后,学生互相问答。直到轮流认读完课文Ⅰ、替换词为止。

(2) 教师领读课文Ⅱ和替换词组,练习方法同(1)。

2. 听述课文Ⅱ

我早上六点起床。七点吃早饭。上午八点上课。十一点下课。中午十二点吃午饭。下午六点一刻吃晚饭。晚上十点半睡觉。

(1) 教师借助板书(2)范说"一天的活动",学生静听,体会教师讲述的内容及句重音所在,准备复述。

(2) 学生根据听到的内容,一人一句接力复述。

(3) 指定上中下三个程度不同的学生各从头至尾复述一遍。

四、本课小结　　采用一边练习,一边小结的方式

(一) 时间表示法

利用课堂语境启发学生问答。

板书(5)　　　A:现在几点了?　　B:现在九点四十六。

(二) 时间词的句法功能(名词谓语句②)

教师就学生小结(一)的回答语句提问:主语是什么?谓语是什么?然后用红色粉笔标出

```
     现在        |    九点四十六
                 |
       S             P
```

(三)问什么时候做什么(时间词做状语)

利用课堂语境提问:你们几点下课?要求学生按照实际时间回答;板书(6)我们九点五十分下课。教师板书此句并指出在汉语中,时间词作状语,不能用在句末。不能说"我们下课九点五十分"。

(四)句重音

教师就"我们九点五十分下课"提问学生;在回答"现在几点了"的时候,句重音在哪儿?——在最后一个数字上。

五、布置作业

笔头作业:P133～134   3.用疑问代词提问。

　　　　　　　　　　5.根据图中的时间各造一个句子。

口头作业:背熟你一天的活动。

资料来源:程美珍.一年级综合课语法阶段教案示例.对外汉语教学初级阶段课程规范.北京语言文化大学出版社,1999.

教案二:第一堂汉语课

任课教师:金希(威尔士班戈大学孔子学院)

学生:小学五年级,共31人①

教材:教师自编(结合《汉语乐园》《跟我学汉语》②)

课型:综合课

课时:2课时(约80分钟)

等级:对应《国际汉语教学通用课程大纲》一级

---

① 来自北威尔士Llangefni小镇的Graig小学。
② 刘富华,王巍,周芮安,李冬梅.汉语乐园.北京语言大学出版社,2005;陈绂,朱志平主编.跟我学汉语.人民教育出版社,2003.

续表

背景分析	北威尔士地区的汉语教育有着很强的特殊性,且难度很大。当地人第一语言是威尔士语,第二语言是英语,且英语和威尔士语差异较大,小学生在学校要学习威尔士语和英语,语言学习负担已经很重,所以不论是校方还是学生,都不愿意再多花时间和精力去给自己增加语言负担;当地地处偏远,大多数人(包括当地教师、学生和家长)从没去过中国,对中国了解甚少,即使有热情,也没有大块的时间系统学习汉语,一周能拿出80分钟的课堂时间已经实属不易,所以分课型是不可能了,只能是综合课。
困难分析	根据以往的经验,若不能充分调动学生的热情和积极性,学生人数会越来越少,首先因为本身语言负担就重,再加上汉语难学,容易让学生丧失信心,如何调动学生的积极性,并保持学习热情,留住他们,是本课程的挑战点。
课程目标	总目标:班戈大学孔子学院成功在Graig小学建立汉语课堂,保持学生人数不掉,完成教学目标。 第一堂课目标:A.调动学生学习热情,完成教学任务,使学生愿意参加接下来的课。B.学习用"你好"打招呼,用"我叫……"介绍自己。C.汉语拼音概览,知道汉语有四个声调。
教学策略	充分利用多媒体工具、课堂活动、教师才艺,建立奖励制度,以吸引、鼓励学生坚持汉语学习。 每节课都要有成果,让学生有成就感,让学校看到学生在汉语课堂的成果。
教学用具	1. 电子类:教学PPT、关于中国的图片、介绍中国的简短视频(这里采用《汉语乐园》第一课里的视频)、儿歌《找朋友》音乐视频、京剧伴奏。 2. 实物类:汉语拼音声母韵母表、大熊猫玩偶、陶笛、苹果词卡、苹果叶子拼音卡、气球卡片、飞屋背景图。
课堂活动安排与目的	1. 声调体操——熟悉汉语拼音四个声调 2. 说名字——语言点操练 3. 摘苹果——巩固汉语拼音、汉字、意义的对应 4. 制作签到手册——复习所学内容

续表

教学环节	教学要点	备注
（1）导入 （8分钟）	教学目的：把学生带入课堂，引起学习期待，准备上汉语课。 教学重点：中国概览（建立中国印象，知道北京是首都，知道一些关于中国的词语）。 教学活动：学生们自由说中国有什么，烤鸭、熊猫、长城、京剧等，然后大家看视频，根据视频进行问答练习。 教具：介绍中国的视频，大熊猫玩偶	以《找朋友》作为组织课堂北京音乐，下课前为学生表演京剧。
（2）生词学习 （直接法） （5分钟）	教学重点：你好。 教学活动：教师提问中国人如何打招呼；学习"你好"；展示"你好"的汉字与拼音，模仿、跟读。 教具：白板笔，大熊猫玩偶	用大熊猫作为语伴对话，求声似，不纠音。
（3）介绍课程 （8分钟）	教学目的：激励学习，建立课堂秩序。 教学重点：让学生了解要学什么，建立课堂秩序和口令。 教学活动：彼此认识后，老师介绍一共几节课，学习什么，课堂秩序（要求、上课、下课、举手、发言），激励制度。 教具：奖励贴纸，全勤奖状。	适当用英语，但强化汉语口令，配合肢体语言。
（4）语音学习 （10分钟）	教学目的：通过试读找出学习的重点、难点。 教学重点：拼音试读，声调学习。 教学活动：试读拼音声母、韵母，以"a"为例学习并练习汉语四个声调。 教具：拼音挂图	
（5）课堂活动一：声调体操 （10分钟）	教学目的：活跃课堂气氛，加深声调印象，听音辨调。 教学重点：辨识汉语四个声调，了解三声变调，纠正"你好"的发音。 教学活动：学生起立，展开双臂，用双臂方向摆出声调状，根据教师说的声调做出相应姿势，先以"a"为例，然后换其他韵母。	注意语音纠错。 此处只讲两个三声相遇变调，不深入。

续表

教学环节	教学要点	备注
	教具：PPT展示声调调号图。 •纠音操练：完成体操后，让学生判断"你好"分别是几声，然后再听教师说"你好"，引导学生发现变调现象，学习后再次练习说"你好"，帮助学生形成正确的语音感觉，打好语音基础。	
（6） 课堂活动二：说名字 （10分钟）	教学重点：我叫＋名字。 教学活动：发给学生气球卡片，在卡片上写下自己的名字，学习用"我叫……"介绍自己的名字，师生互动练习后教师提醒同学要好好收着卡片以备后用。 教具：气球卡片，笔。 设计理念：学习新句型获得成就感；气球卡片制造神秘感。	
（7） 课堂活动三：摘苹果 （10分钟）	教学目的：建立拼音和汉字的联系，复习。 教学重点：汉字拼音配对。 教学活动：苹果树上有汉字苹果，树下叶子上有拼音和英语意思，学生找出正确的拼音和意思的叶子贴在苹果上，并大声说出该字/词，就可以拿走苹果。内容为："你""好""我""叫""你好" 教具：苹果树背板，苹果，叶子，蓝丁胶。	有多余的错误声调的卡片
（8）复习和操练活动：制作签到手册——小飞屋 （10分钟）	教学重点：总结、复习"认识中国""拼音""四声调""你好，我叫……"等内容。 教学活动：复习后，让学生拿出写有自己名字的气球卡片，两人一组，将名字贴在小屋上，然后完成对话表演"你好，我叫……"。 教具：飞屋背板。 设计理念：在课堂成果展示中完成签到手册的制作，激励出勤。	将气球挂在教室里，提醒学生每次来都有自己的气球。

续表

教学环节	教学要点	备注
(9)作业和预告(5分钟)	1.告诉你的家人今天学习了汉语,并向他们说"你好"和你的名字。 2.下次继续语音学习,还将学习如何写汉字,给自己起中文名字。	
(10)表演(4分钟)	表演京剧、陶笛,告诉学生如果有兴趣,以后还有机会接触。	

课堂效果与总结:

实践证明,这是一堂非常成功的汉语课。在上课之前,我确实有颇多担心,尤其是听说当地学生本身有双语压力、对汉语没有兴趣、人数递减的情况。所以为了能够开展可持续地教学,完成教学任务,我做了很多准备。挑选了教材,并且根据学生年龄段的特征选择、设计他们感兴趣的教具来辅助教学。第一堂课对零起点的学生来说尤为重要,不仅仅是给语言学习打下良好的基础,还是能否让学生对中国感兴趣、愿意将来继续参与学习的关键。所以除了语言本身外,我还充分发挥了我的特长——京剧和陶笛。学生们都对古老的中国艺术十分感兴趣,这促使他们对学习汉语产生兴趣。而且对孩子来说,喜欢老师,才会喜欢一门课,这很重要。

至于如何留住学生,也是第一堂课的重要任务。我的想法是要建立一个良好的课堂秩序,而且当堂课要有作品,对下堂课要有期待。成果要看得见,不仅让学生看得见,还要让学校看得见,让家长看得见,这样学生才有成就感,下次还愿意来,并且可以获得学校和家庭的支持。这节课我们的作品就是签名册。《飞屋环游记》是很著名的卡通电影,小孩子们几乎都看过,得知能自己动手做"飞屋",他们高兴极了,在制作"飞屋"的同时也操练了今日所学,完成了教学任务。我告诉他们,下次来就有自己的中文名字,你们就可以在气球上写下自己的中文名字,他们对此特别期待。事实也证明第二节课没有人缺勤。

资料来源:金希.《第一堂汉语课》教案.国际汉语教学优秀课例集3.北京:北京语言大学出版社,2015:2—5.

1.2 表格形式的教案

教学地点:法国雷恩　　教学对象:初高中学生

节	教学目标	教学活动	教学用具	培养能力	完成形式	家庭作业
1	阅读课	复习时间的表达 学生用汉语口头说出幻灯片上展示的时间（包括星期、时刻等）	PPT:用法语给出时间	口头表达	集体	制作课程表
		学习各科目的表达 •学生手拿课程表，听老师说时间，然后说出相应的科目，并用拼音写出完整的句子，如"我星期一十点一刻上汉语课"。 •老师核对学生记录的拼音是否正确，学生集体讨论记录的相关科目是什么。 •幻灯片给出相关科目的汉字和拼音，学生根据拼音口头重复各科目的汉语说法。 有关各科目说法的练习 学生用汉语制作课程表	学生课程表 PPT:用拼音、汉字和配图展现各科目的名称、有关各科目的生词表、汉字书写练习本、空白课程表	听力理解 拼音记读 口头表达 汉字书写	集体 集体 独立	
2	阅读课	复习各科目的说法 •学生在拼音书写本上写各科目的拼音。 •用幻灯片展示各科目的文字，学生认读并讨论如何根据字形更好地记住汉字。 阅读课程表(1) 学生手拿课程表，一边听一边猜测老师所说的是哪个科目，老师的提示如"第三节课/从八点到十点/星期一有三节课"。	PPT:用拼音、汉字和配图展现各科目的名称 学生课程表	拼音书写 口头表达 听力理解	独立 集体 集体	根据老师给出的例子，准备三个句子描述自己的课程表。 学习各科目生词：拼音、汉字认读、

续表

节	教学目标	教学活动	教学用具	培养能力	完成形式	家庭作业
		阅读课程表(2) • 学生在笔记本上用拼音记录下所听到的句子,如"第三节课/从八点到十点/星期一有三节课"。 • 学习"课"字的写法:笔画、笔顺。	书写		集体	练习(L1,P67)

资料来源:王彦(2013)巧用表格写教案,载《国际汉语教学案例与分析》(朱勇主编),高等教育出版社。

另外,北京语言大学的王枫、于天昱和于昆等几位老师的综合课也都曾使用表格式教案,她们把表格分为三列:第一列为教学内容;第二列为教学行为;第三列为行为意图/教学说明,非常规范和详细。郭姝慧老师则把自己的表格式教案分为四列:第一列为教学环节;第二列为教师活动;第三列为学生活动;第四列为备注。①

还需要说明的是,从已出版的教案来看,第一类流程式教案是主流,但表格式教案正在逐渐增多。

二、表现性评价量表/标准

2.1 口头演示/汇报评价表

Oral Presentation Checlist

NAMEDATE

Ⅰ Physical Expression

(1) Stands straight and faces audience

---

① 分别载崔希亮主编.《对外汉语综合课优秀教案集》.北京语言大学出版社,2010:57-75;109-119;185-200;141-149。另外,黄丹纳老师、孟艳华老师、刘丽瑛老师、王磊老师的听力、口语课也都使用的也是表格式教案,同样分为三列。分别载崔希亮主编.《对外汉语听说课优秀教案集》.北京语言大学出版社,2011:26-36;72-97;189-197;211-242.

(2) Changes facial expression with changes in tone of the presentation

(3) Keeps eye contact with the audience

Ⅱ　Vocal Expression

(4) Speaks in a steady clear voice and varies tone to emphasize points

(5) Speaks loudly enough to be heard by the audience and full of emotion

(6) Paces words in an even flow and pronounces each word clearly

Ⅲ　Verbal Expression

(7) Chooses precise words that convey meaning

(8) Avoids unnecessary repetition

(9) States sentences with complete thoughts or ideas and organizes information logically

(10) Summarizes main points at conclusion　　　　　　TOTAL：

NOTE：There are 10 statements above. You should give marks for each and then add them up to a total number. (100 for full marks and 10 for each statement：Excellent 9－10；Satisfactory 7－8；Needs improvement≤6)　　　　YOUR NAME

资料来源：龚亚夫，罗少茜.英语教学评估：行为表现评估和学生学习档案.北京：人民教育出版社，2002：96.

2.2　课堂活动评价表（书面）

评价内容	成绩
能正确使用标点符号	
能正确使用字母的大小写	
能正确拼写单词	
能使用地道、准确的词汇写作	
能巧用连词（包括慎用关联词、巧用过渡词、善用指代词等），使信息组织符合逻辑，上下文连贯	
能用多种语言形式进行写作，尽量做到句型多样、长短交错、结构多变	
主题句清楚、能引起读者兴趣	

续表

评价内容	成绩
能通过细节或实例对主题句作进一步阐述	
结尾力求概括、简练,做到首尾呼应	
文章逻辑顺序正确,条理清楚	
书写规范、漂亮,卷面清洁	
成绩:	总评:

注:优秀5分,一般3分,较差1分。

资料来源:龚亚夫,罗少茜.英语教学评估:行为表现评估和学生学习档案.北京:人民教育出版社,2002:106.

三、国际汉语教师教学能力框架的研究设计

3.1 被试

本研究的被试主要包括三个群体:第一个群体是北京语言大学有突出贡献的前辈专家(如刘珣、崔永华等)。第二个群体是汉语教学界的一些资深专家(如李泉、张黎、刘长征、姜丽萍等)。第三个群体是教龄达到10年且获过校级以上教学奖的青年优秀教师(如闻亭、于天昱等),共48位。另外,鲁健骥先生也曾给过我意见和建议。衷心感谢他/她们!

这48位被试的调查问卷全部合格,属于有效问卷。被试中,男教师13人,占被试总数的27.1%,女教师35人,占72.9%;学历为本科及以下的教师8人,占被试总数的16.7%,学历为硕士研究生的有21人,占43.8%,学历为博士研究生的有19人,占39.6%;讲师有20人,占被试总数的41.7%,副教授有17人,占35.4%,教授有11人,占22.9%;教龄接近10年的教师有5人,占被试总数的10.4%,教龄为10年到20年的教师有19人,占39.6%,教龄为20年到30年的教师有15人,占

31.3%,教龄超过30年的有9人,占18.8%;有海外教学经历的教师有42人,占被试总数的87.5%,无海外教学经历的教师有6人,占12.5%;其中,海外任教时间2年以内的教师有18人,占37.5%,任教时间2到5年的有18人,占37.5%,任教时间5到10年的有6人,占12.5%;有教育学背景的教师33人,占被试总数的68.8%,无教育学背景的教师15人,占31.2%。

被试中,曾在美国任教的教师有20位,曾到韩国任教的有10位,曾在日本任教的有9位,曾在英国任教的有5位,曾在法国任教的有3位,在德国、意大利、澳大利亚、新加坡、俄罗斯、瑞士、尼泊尔、匈牙利、也门、南斯拉夫、香港、澳门等国家和地区任教的各有1位。(因为很多教师曾在多个国家任教,数字加起来会多于48)

被试的专业几乎都是语言、文学类的,如语言学及应用语言学、课程与教学论(对外汉语)、汉语言文字学、对外汉语、汉语国际教育,也有个别被试本科专业为其他(如经济),但硕士专业又转到对外汉语教学。

3.2 研究方法和工具

本研究主要使用调查法,具体又分为问卷量表和开放式问题两个部分。问卷量表为自己设计的《汉语教师教学技能及其行为表现》。调查问卷共有34个题目,包括教学认知能力(包括4个题目)、教学设计能力(包括10个题目)、教学实施能力(包括15个题目)、课堂管理能力(包括3个题目)和教学评价能力(包括2个题目)等五个维度。问卷采用4点计分法,从"一点都不重要""不重要""重要""非常重要"分别记1—4分。在本次测量中,教学认知能力维度内部一致性α系数为0.556,教学设计能力维度内部一致性α系数为0.716,教学实施能力维度内部一致性α系数为0.853,教学管理能力维度内部一致性α系数为0.603,教学评价能力维度内部一致性α系数为0.812。

开放式问题调查即在问卷最后附上两个开放式问题作为调查的一部分,随问卷一起发放。两个开放式问题分别是:除了上面的教学技能,您觉得还有哪些教学技能对提高汉语教学水平比较重要?对上面教学技能的语言表述,您是否有修改建议?如有,可以在题目上改,也可写在下面。

3.3 具体调查问卷

汉语教师教学技能及其教学行为调查问卷

亲爱的各位老师:

您好!这份问卷的目的是调查您对汉语教师课堂教学技能及其教学行为的一些认识,尤其是这些教学技能相对于高水平课堂教学的重要程度。请您仔细阅读题目,按照自己的真实想法回答。问卷答案没有对错之分,所有内容只用于研究、严格保密,不会给您带来任何影响,敬请放心。衷心感谢您的合作!

第一部分:您对汉语教学技能重要性的认识

该部分把汉语教师教学能力共分为五个模块:汉语教学认知能力、汉语教学设计能力、汉语教学实施能力、汉语教学课堂管理能力和汉语教学评价能力。每种能力又包含若干种教学技能。每种教学技能都有一行表述,请在每行表述后面选出您认为的重要程度,每行表述后面只能选一个答案。

	序号 No.	教学技能	一点都不重要	不重要	重要	非常重要
汉语教学认知能力	1	对汉语课程标准和教学大纲的把握	1	2	3	4
	2	对学习者情况的了解和熟悉	1	2	3	4
	3	对不同层次汉语教学环境的认识	1	2	3	4
	4	对汉语教师自身及其他教学主体(助教、合作教师等)的认识	1	2	3	4

序号 No.		教学技能	一点都不重要	不重要	重要	非常重要
汉语教学设计能力	5	科学制定汉语教学目标	1	2	3	4
	6	创造性地把握汉语教材	1	2	3	4
	7	明确教学重点和难点	1	2	3	4
	8	预测学习者的错误和问题	1	2	3	4
	9	整合各种汉语教学资源（包括书刊、网络、当地社会环境等）	1	2	3	4
	10	设计教学流程	1	2	3	4
	11	有效设计课堂教学活动和任务	1	2	3	4
	12	针对特定内容选择恰当的教学方法和策略	1	2	3	4
	13	制定学年（学期）、单元教学计划	1	2	3	4
	14	编写具体一堂课的教案	1	2	3	4
汉语教学实施能力	15	导入（包括一堂课的导入和重要知识点的导入）	1	2	3	4
	16	形成合适的教学节奏	1	2	3	4
	17	结束（主要指一堂课的结束）	1	2	3	4
	18	激发并保持学习动机	1	2	3	4
	19	教师课堂话语（主要指教师在课堂上所说的"话"）	1	2	3	4
	20	体态语（主要指汉语教师在汉语课堂上的体态、动作等）	1	2	3	4
	21	清晰、条理板书	1	2	3	4
	22	使用教育技术和教具对教学内容进行演示	1	2	3	4
	23	清楚讲解（所教内容）	1	2	3	4
	24	巩固所学内容	1	2	3	4
	25	引导所学内容的迁移	1	2	3	4
	26	指导学习方法	1	2	3	4

续表

序号 No.		教学技能	一点都不重要	不重要	重要	非常重要
汉语教学实施能力	27	有效促进学习者汉语学习	1	2	3	4
	28	有效提问	1	2	3	4
	29	有效反馈(主要是指对学习者回答的反应和回馈)	1	2	3	4
课堂管理能力	30	有效管理课堂教学秩序	1	2	3	4
	31	有效管理课堂教学时间	1	2	3	4
	32	有效设计和布置课堂教学空间	1	2	3	4
教学评价能力	33	有效评价学习者的学业表现	1	2	3	4
	34	有效评价教学效果	1	2	3	4

35. 除了上面的教学技能,您觉得还有哪些教学技能对提高汉语教学水平比较重要?

36. 对上面教学技能的语言表述,您是否有修改建议？如有,可以在题目上改,也可写在下面。

第二部分：个人信息

1	您的性别是：☐男☐女
2	您的教龄：☐10年以下　☐10—20年　☐20—30年　☐30年以上
3	您的学历：☐本科及以下　☐硕士研究生　☐博士研究生
4	您是否在海外任教过：☐是　☐否
5	如果您在海外任教过，请填写国家：
6	如果您在海外任教过，任教时间是：☐2年以下　☐2—5年　☐5—10年　☐10年以上
7	您的职称：_____
8	您的专业背景：
9	您有过教育学及相关专业学习经历吗？☐有☐无
10	您是如何掌握上表中的教学技能的：☐自己摸索积累　☐跟着老教师系统学习　☐在老教师指导下自我掌握　☐就业前系统学习过。其他方式：

第三部分：您对合格汉语教师和优秀汉语教师在各自不同教学技能上的不同教学行为表现的认识。

该部分对合格汉语教师和优秀汉语教师在34种教学技能（见上表）上的不同表现，请您审阅每种行为表现，对其中您认为不合适的地方进行修改（请直接在纸面上修改）。

一、汉语教学认知能力部分：

1. 对汉语课程标准和教学大纲的把握

合格汉语教师会积极了解汉语教学界已有的一些课程标准和教学大纲，也经常有意识地进行翻看，对照其中对汉语教学性质和目的等方面的描述反思自己的教学实践有没有偏差，并通过对应学习者的汉语水平等来确定自己正在进行的汉语教学处于标准或大纲中的哪个位置，接下来应该设定什么样的目标，教学重点是什么，以便适应课程标准和教学大纲的"节拍"。

优秀汉语教师往往对汉语教学界的课程标准和教学大纲已经胸有成竹，甚至已经内化到自己的专业认知结构中了，制定教学目标时、进行汉语教学时自然会想起并自觉以此作为参照,但这种参照,更多是从原则上、宏观层次上进行参照,而不是完全中规中矩;在很多时候会根据自己面临的实际情况来把握汉语教学,哪怕跟课程标准或教学大纲稍有出入,以更好地实现汉语教学目标。

2. 对学习者情况的了解和熟悉

合格汉语教师会在教学之前采用一定的方式方法对学习者的学习需求、学习动机、汉语水平、身心发展特点、认知风格、兴趣爱好等方面的情况进行了解,以便进行针对性的汉语教学。

优秀汉语教师会积累很多各种类型(或不同国别)学习者的情况信息,并在此基础上有意识地采用多种方式方法重点了解学习者在某些方面的独特情况,一方面会利用学习者的某些情况促进汉语教学,一方面会预设学习者在汉语学习时可能遇到的困难,提前准备解决办法;优秀汉语教师往往能够跟学习者建立良好的师生关系。

3. 对不同层次汉语教学环境的认识

合格汉语教师会在教学之前采用一定的方式方法对教室、学校、社区乃至所在国家和地区等不同层次的环境进行了解,以便在汉语教学时充分利用其资源,并避免其可能带来的不便。

优秀汉语教师会基于自己汉语教学的需要有意识地采用多种方式了解和检视教室、学校、社区等各个层次的环境条件,明确其优势和劣势,并在此基础上进行一定的设计和改造,以最大限度地满足自己的教学需要。

4. 对汉语教师自身及其他教学主体(助教、合作教师等)的认识

合格汉语教师清楚认识到自己在教学方面的长处和短处,同时也会对助教、家长志愿者、合作教师、搭班教师等其他教学主体进行了解,以便在汉语教学中更好地互相配合和支持。

优秀汉语教师善于利用自己的教学方面的长处,不断改善、提高自己的"短板",同时在了解基本情况的基础上也善于调动和利用其他教学主体可资利用的资源,并能与其他教学主体建立良好的同事关系,在关键时候能得到合作和支持,以更好地进行汉语教学。

二、汉语教学设计能力

5. 科学制定汉语教学目标

合格汉语教师能够依据学习者的特点和汉语课程标准和教学大纲,在参考教师手

册等资源的基础上设计出具体、可操作的教学目标。

优秀汉语教师能够通盘考虑，不仅照顾到了学习者的特点和教学环境条件，而且参考了课程标准、教学大纲和教师手册，在此基础上，针对特定汉语教学内容设计出具体、明确、可操作、可测量的教学目标，以及一些情感和态度方面的目标，而且能重点突出某些目标。

6．创造性地把握汉语教材

合格汉语教师能发现汉语教材是根据什么理念（如是"结构—功能"还是"话题—结构"）编写的；能在教学目标的指导下充分吃透、把握汉语教材内容，根据教学需要删减教材上的内容或增加教材以外的内容，以确定具体教学内容。

优秀汉语教师有科学的教材观和很强的教材开发意识，不仅能迅速判定汉语教材是根据什么理念编写的，而且还能在此基础上对其进行灵活变通，即根据教学目标、学习者水平、周围教学资源情况对教材内容进行筛选、增补、改编、整合，以更好地为教学目标服务。

7．明确教学重点和难点

合格汉语教师会在把握教材内容和参考教师手册的基础上确定汉语教学内容中的重点和难点，并能在教学中重点讲解和练习，以便完成教学目标。

优秀汉语教师对汉语教材和教师手册已经非常熟悉，往往会把眼界放开，在学习者特点和教学目标的基础上通盘考虑、准确把握教学内容中的重点和难点，并在教学过程中进行深入、准确、适度地挖掘，组织相关内容，集中教授，以便学习者能透彻把握。

8．预测学习者的错误和问题

合格汉语教师会通过利用教师手册、查阅书刊、请教同事等方式预测学习者在学习所教具体内容上容易出现的错误和问题，并准备好相应的教学方法和策略。

优秀汉语教师基本上已经对学习者在所教具体内容上容易出现的错误和问题的表现形式和内在原因都心中有数，会在教学中准备多种针对该类问题的方法、策略及相关内容。

9．整合汉语教学资源（包括书刊、网络、当地社会环境等）

合格汉语教师会从各种书籍（包括各种汉语教材、词典等）、期刊、报纸、生活（如超市宣传单）、同事课堂、网络中搜集各种例句、语篇、音频、视频、图片、事物、模型、时间、空间、资金等各种教学资源,并能在教学中有效整合使用,以更好地呈现和解释所教内容,从而更好地实现教学目标。

优秀汉语教师本身拥有相当多的此类优质教学资源(更能突出所教内容的),在具体教学中更善于依据所教具体内容、学习者的认知特点、生活经历、兴趣爱好、所在学校和社区环境等各种情况来选择更典型、更有效、更规范、更有趣味的教学资源进行对比使用(如结构近似但实质不同的例句),必要时可以根据需要制作一定的教具(如图片、模型等),以更好地满足教学需要,实现教学目标。

10. 设计教学流程

合格汉语教师会在了解不同教学环节和活动的内在逻辑关系的基础上设计出思路清楚的教学流程,以做到各环节循序渐进,重点突出,时间安排合理。

优秀汉语教师往往对具体教学内容在整个课程中的位置、教学规律和学习者语言认知特点有一个宏观、透彻的把握,并在此基础上设计出一个清晰合理、富有弹性和开放性的教学流程,即汉语教师能够根据实际教学情况进行灵活变通,使教学具有生成性。

11. 设计教学活动

合格汉语教师会借用教师手册中已有或同事们曾使用过的教学活动和任务,也会在此基础上设计出(或修改现有的)有利于学习者掌握内容、达到学习目标的教学活动和任务。

优秀汉语教师可以在对学习者、教学目标和教学内容透彻把握的基础上设计出多样化、富有趣味、与学习者学习背景和当地教学环境有关联,而且规则简单、易操作、易评价的活动和任务,可以根据任教当地各方面的实际情况调整已有的、较为成熟的活动和任务,必要时能够制作适当的教具,且能预见教学活动的生成性。

12. 选择恰当的教学方法和策略

合格汉语教师了解各种汉语教学法,并能将其理念运用到自己的汉语教学工作中;同时能针对特定教学目标和内容,通过查阅教师手册及其他一些相关教学参考书,来寻找和选择合适、有效的教学方法、技巧和策略。

优秀汉语教师不仅能把握既有的各种汉语教学法的理念和实践步骤,而且对第二语言教学领域内的各种教学法的精髓也有较好的把握,并能在融合、改造的基础上运用到汉语教学中;同时还在头脑中积累储存着很多针对各类教学内容(如语言要素知识和语言技能知识等)的教学方法、技巧和策略,且能够在充分考虑教学目标、具体内容、学习者特点、教师自身特点和外部环境条件的基础上有效选择、针对性使用。

13. 制定学年(学期)、单元教学计划

合格汉语教师会根据教学目标、教学任务和教学时间制定合理的学年(学期)、单元教学计划,而且计划会写得相对详细一些,较为关注短期或眼前教学任务的完成。

优秀汉语教师能够在通盘考虑教学目标、教学起点、教学任务、教学时间和环境条件的基础上合理制定教学计划,其重点着眼于总目标的实现,注意宏观把握各阶段的重点和难点,概括性强,实效性强,而且相对比较简洁。

14. 编写具体一堂课的教案

合格汉语教师往往从完成当前教学任务的角度出发,编写的教案结构完整、有理论基础、材料充分、内容集中、方法具体、每个步骤及其时间安排清楚、操作性很强(具体每分钟做什么、学习者参与活动的顺序都有明确要求),可以为课堂教学的顺利进行提供依据和蓝本。事无巨细(甚至包括操练遍数)、不厌其详、完整规范是合格汉语教师尤其是任职时间不长教师所编写教案的特点。

优秀汉语教师则往往从培养具体学习者交际能力的长远目标出发,编写重点突出(突出主要步骤和主要内容)、详略有序、方法多样、结构相对简单、在时间和内容上都有一定弹性的教案,为课堂教学提供思路和草案。结构不完整、重点突出、文字简单、富有弹性是优秀汉语教师所编写教案的特点。

三、汉语教学实施能力

15. 导入(包括一堂课的导入和重要知识点的导入)

合格汉语教师会采用复习旧知识、设置悬念等多种方式调动学习者的兴趣、积极性和求知欲,使学习者集中注意力、专注于学习内容,为学习新内容创造条件。

优秀汉语教师往往会积累丰富多样的导入方式;也会在对教学目标、教学内容、学习者特点以及自己的教学特长深入把握的基础上,会从社会生活或教学中的某一点(甚至是偶发事件)引申启发,非常艺术性地激发学习者对所学内容的兴趣和积极性,且能够利用独特的提问等方式使其保持非常积极的状态。

16. 形成合适的学习节奏

合格汉语教师会有一定的节奏意识,依据教学内容和教学环节等课堂的自然节拍,积极引导学习者注意力和学习兴趣在某些时候适当集中,形成课堂教学的节奏。

优秀汉语教师不仅能依据教学内容和教学环节等课堂的自然节拍形成课堂教学的节奏,而且还能根据教学方法和学习者的思维特点及其反馈情况集中学习者的注意力,形成合理的汉语课堂教学的节奏,而且这种节奏不仅合理,而且具有一定的艺术性,即我们所说的"行云流水""张弛有度""错落有致"。

17. 结束(主要指一堂课的结束)

合格汉语教师会按照教学设计采取一定的方式方法结束一个教学活动或一整节课,使学习者不仅对所学内容清晰化,而且对进一步学习具有浓厚的兴趣和动机。

优秀汉语教师往往会积累很多趣味性地结束一个教学活动或一整节课的方式方法,而且在具体结束一个教学活动或一整节课时不仅能够深化和提高所学内容,而且能把所学内容与学习者以前的知识结构联系起来,还能激发学习者更强烈的学习动机和兴趣。

18. 激发并保持学习动机

合格汉语教师能够有意识地利用一些教学策略或技巧(如笑话、案例、故事、幽默等)吸引学习者的注意力,并使其觉得有趣、愿意付出努力。

优秀汉语教师自己拥有一整套激发学习者动机和兴趣,以及吸引其注意力的策略或技巧,而且能根据教学目标、教学内容、学习者特点、自己的教学特长以及教学实践情境对导入方式进行灵活调整,以使学习者干劲十足、乐意完成各种任务和作业。

19. 教师课堂话语(主要指教师在课堂上所说的"话")

合格汉语教师能够运用标准的汉语普通话(包含正确的语音、语调、语法、语义,且合乎逻辑)和一定的教学方式方法对所教内容进行清楚地叙述、描述、说明和解释,声音洪亮,语速适合,以便学习者能够听清、理解和掌握。

在合格汉语教师的基础上,优秀汉语教师的课堂教学言语更加简练、清楚、明白、节奏适当、条理清晰、具有启发性和感染力,不仅使学习者更容易理解所教内容,而且言语本身也因为典范而值得其模仿和记忆。

20. 体态语(主要指汉语教师在汉语课堂上的体态、动作等)

合格汉语教师会有意识地使用表情、手势、身体动作等非言语方式来辅助对汉语知识的解释和技能的训练,传递信息,表达情感,以促进汉语教学的效果。同时能注意到在课堂上使用各种体态语的跨文化性。

优秀汉语教师往往能迅速确立一套成熟、有效的带领学习者进行言语技能训练的

"手势动作规范"在汉语课堂上使用,而且同样能有效利用表情、手势、身体动作等体态语技能对一些汉语知识进行解释、示范,有效促进汉语教学的质量。同时能恰当地使用它与同事和学习者进行跨文化交际。

21. 清晰、条理地板书

合格汉语教师会根据教学目标和教学内容的特点认真准备,使自己的板书书写规范、准确、布局合理、层次分明、重点突出、简洁美观的板书,以增强教学效果,加深学习者的记忆。

优秀汉语教师会在文字准确、书写端正、条理分明,且与教学内容相结合的基础上,更加注意板书计划性与生成性的统一,规范性与艺术性的统一,多样性与启发性的统一,以至于学习者看到美观漂亮的板书时不仅能对其所学内容加深理解,而且有美的享受,产生书写汉字的兴趣,更喜欢学习汉语。

22. 使用教育技术和教具对所教内容进行演示

合格汉语教师会根据教学目标和教学内容的特点选择恰当的教具和媒体呈现教学内容,并配以恰当的说明,以使学习者更容易理解内容,提升其学习效果。

优秀汉语教师对各种教学手段和工具、媒体等都能熟练操作、使用,尤其能基于教学内容特点和学习者的认知倾向恰当选择和综合运用多种教具和媒体来呈现教学内容,甚至能自己制作一些特别的教具,以促进学习者的理解和教学目标的实现。

23. 清楚讲解所教内容

合格汉语教师能够在自身所具备的知识和技能基础上找到适当的技巧和方法清楚讲解教学内容,以有助于学习者理解掌握。

优秀汉语教师自己积累和储存很多有效讲解知识点的技巧和方法,同时能根据课堂教学实际情况进行适当调整,找到甚至创造出针对性的解释方法。

24. 巩固所学技能

合格汉语教师能够根据教学设计采用一系列的方式方法引导学习者对所学知识和技能等内容进行巩固,提高学习质量。

优秀汉语教师往往会积累储存着大量巩固不同类型知识和技能的方式方法,而且会根据不同学习者的具体学习情况采取不同的方式和方法进行巩固,以最大限度地提高每位学习者的学习水平。

25. 引导所学内容的迁移

合格汉语教师能够根据教学设计通过一系列的活动和任务引导学习者将其所学知识和技能运用到真正的交际场景中去。

优秀汉语教师积累储存着大量在实践中应用知识和技能的活动和任务,能够根据不同学习者和所学内容的特点选择恰当的方式,以最大限度地促进其在具体言语交际场景中进行迁移和应用。

26. 指导学习方法

合格汉语教师会在具体汉语教学的过程中告诉学习者语言学习的具体方法,以提高其学习质量和效果。

优秀汉语教师自己往往更有可能是一个优秀的语言学习者,掌握很多具体有效的学习方法,而且会在教学过程中结合具体的汉语教学内容,有意识地渗透汉语学习方法和策略,培养学习者自主学习和有效学习的意识和能力。

27. 有效促进学习者汉语学习

合格汉语教师在教学时会有意识地观察自己班上各个学习者的反应,尤其是特殊学习者(如语言学能超强者和学习能力欠缺者)和边缘学习者(如学习基础比较差或者性格比较内向)的反应,并能根据其具体情况给出相应的个别指导,促进其汉语学习。

优秀汉语教师往往会积累储存很多适用于各类学习者(不同学习基础、个性特点和学习风格)和各种教学内容、且能提高学习效果的方法和技巧,也会根据具体教学情况布置不同的学习任务,最大限度地促进具体学习者的学习。

28. 有效提问

合格汉语教师能够根据教学设计和具体教学情况在合适的时候对学习者进行课堂提问,问题表述准确、明白,容易被理解。

优秀汉语教师能够根据课堂教学的实际情况针对不同学习者提出适合其汉语水平的问题,即学习者可以参与回答并有所收获,提问恰当且具有层次性,提问方式灵活(除了问句,还利用音调的变化、重读等方式),开放性问题比重大,同时也有较强的问题把握和调控能力。

29. 有效反馈(主要是指对学习者回答的反应和回馈)

合格汉语教师会有意识地对学习者的言行举止和情绪表现进行倾听和观察,并给予有效、具体的针对性反馈,有时会适当进行追问,以推进教学深入和提升教学效果。

优秀汉语教师会更全面而且有重点地对学习者的各种表现进行觉察，善于在学习者的反应中捕捉机会（如就学习者回答问题的某句话或某个观点），有效推进教学的深入，并善于把评价权交给全体学习者，切实促进学习者之间及其与教师的深层交流和互动。

以纠错为例，优秀汉语教师更倾向于间接纠错，即通过启发、提示引导学习者自己思考得出正确答案；而合格汉语教师可能更倾向于直接纠错，即直接告诉学习者正确答案。

四、汉语教师课堂管理能力

30. 有效管理课堂教学秩序

合格汉语教师会采用一定的方式方法维持正常的课堂教学秩序，也能应对学习者违纪行为和突发事故，以保证教学活动的顺利进行和教学目标的实现。

优秀汉语教师会根据不同国家和地区的管理文化，提前制定清楚、明确的教学规则，也积累了很多有效监督、管理学习者的方法、技巧和惯例，能够前瞻性地预期学习者可能会有的大部分违纪行为，并能因势利导、迅速有效地进行应对，以维持良好的课堂教学环境和氛围；同时对课堂教学有很强的掌控力，能有效处理突发事件，并善于从学习者的违纪行为或突发事故中捕捉有利因素，将其转化为教学资源。

31. 有效设计和配置教学时间

合格汉语教师会从实现教学目标的角度给不同教学环节和内容安排合理的教学时间，并能在预定的时间内完成规定的教学环节、内容和任务。

优秀汉语教师在合格层级的基础上重点监控学习者的学习情况，并在此基础上灵活、及时地调整某些教学环节和内容的教学时间，必要时会对教学目标有所修改，对教学内容有所取舍。

32. 有效安排教学空间

合格汉语教师会有意识地营造良好的汉语教学环境，包括布置和装饰舒适、美观、有趣且有利于促进汉语学习的教室环境和建立宽松、平等、自由的心理环境。

优秀汉语教师不仅会有意识地营造良好的汉语教学环境，还会利用充分利用教室、学校和周围社区的资源突出教学环境的特点，并能在教学时处理各种突发问题和事件，将其转化为教学资源和机会，从而维护良好的教学环境。

五、汉语教学评价能力

33. 有效评价学习者的学业表现

合格汉语教师能够采用一定的方式手段收集有关学习者言语行为表现等学业方面的信息,并根据教学目标等评估标准对其进行恰当的评价。

优秀汉语教师能够在与学习者沟通交流的基础上建立合适的评价标准,并积累相当数量针对不同教学内容的评价方式方法;在具体测试时,能够根据不同的教学目的和学习者的特点选择或设计合适的评价方式(如编制试卷、档案袋等)对其学业表现进行个性化的恰当评价,以便了解学习者在学业上的具体进展及其背后的原因,并据此有效调控教学。

34. 有效评价教学效果

合格汉语教师会有意识地从教学过程和结果中收集信息,然后在最初所设教学目标的基础上设定一定的评估标准,从不同的维度对教学过程和结果进行评价。

优秀汉语教师会更全面地收集有关教学过程和结果的信息,然后结合汉语教学的终极目标,更宏观地设定教学评价标准,使用恰当的评价方法对教学过程和结果进行全面、恰当的评价,并依据评价结果改进汉语教学。

(问卷结束,谢谢!)

3.3 数据收集与分析

把问卷量表和开放式问题组合成一份总的调查问卷进行调查。调查时间为 2015 年 9—12 月,共发放问卷 50 份,回收 48 份,有效问卷 48 份。整理编号后,所有数据都录入到 SPSS18.0 进行各种统计分析。

教学技能编号	均值	中位数	众数	标准差	最小值	最大值
1	3.6875	4.0000	4.00	0.5118	2.00	4.00
2	3.8542	4.0000	3.00	0.3567	3.00	4.00
3	3.2127	3.0000	3.00	0.6502	1.00	4.00
4	3.2979	3.0000	3.00	0.5425	2.00	4.00
5	3.7917	4.0000	4.00	0.4104	3.00	4.00
6	3.7873	4.0000	4.00	0.4583	2.00	4.00

续表

教学技能编号	均值	中位数	众数	标准差	最小值	最大值
7	3.8750	4.0000	4.00	0.3928	2.00	4.00
8	3.3263	3.0000	3.00	0.5854	2.00	4.00
9	3.1667	3.0000	3.00	0.5191	2.00	4.00
10	3.6667	4.0000	4.00	0.4764	3.00	4.00
11	3.8333	4.0000	4.00	0.3766	3.00	4.00
12	3.8958	4.0000	4.00	0.3087	3.00	4.00
13	3.1458	3.0000	3.00	0.5454	2.00	4.00
14	3.5208	4.0000	4.00	0.6520	2.00	4.00
15	3.4375	3.0000	3.00	0.5421	2.00	4.00
16	3.6171	4.0000	4.00	0.5281	2.00	4.00
17	3.0625	3.0000	3.00	0.5221	2.00	4.00
18	3.8750	4.0000	4.00	0.3342	3.00	4.00
19	3.6596	4.0000	4.00	0.5168	2.00	4.00
20	3.2292	3.0000	3.00	0.5550	2.00	4.00
21	3.3617	3.0000	3.00	0.5229	2.00	4.00
22	3.2917	3.0000	3.00	0.4593	3.00	4.00
23	3.8958	4.0000	4.00	0.3087	3.00	4.00
24	3.7292	4.0000	4.00	0.4491	3.00	4.00
25	3.6250	4.0000	4.00	0.6058	1.00	4.00
26	3.4583	4.0000	4.00	0.6174	2.00	4.00
27	3.5208	4.0000	4.00	0.5049	3.00	4.00
28	3.7708	4.0000	4.00	0.4247	3.00	4.00
29	3.6875	4.0000	4.00	0.4684	3.00	4.00
30	3.4583	3.5000	4.00	0.5819	2.00	4.00
31	3.6667	4.0000	4.00	0.4764	3.00	4.00
32	3.1065	3.0000	3.00	0.6599	1.00	4.00

续表

教学技能编号	均值	中位数	众数	标准差	最小值	最大值
33	3.4375	3.0000	3.00	0.5800	2.00	4.00
34	3.4375	3.0000	3.00	0.5800	2.00	4.00

四、成熟(优秀)教师在34项教学技能中的行为表现

1. 把握教学大纲

成熟汉语教师对汉语教学界的课程标准和教学大纲非常熟悉,可内化到自己的专业认知结构中;制定教学计划、设计教学目标、安排教学内容、确定教学重点难点以及能自觉以此为参照实施汉语教学,这种参照更多是从原则上、宏观层次上的参照,在很多时候可根据实际情况来把握和调整汉语教学,更好地实现汉语教学目标。

2. 熟悉学习者情况

成熟汉语教师会积累不同类型学习者的信息(包括是母语背景及其文化特征等),在教学前或教学中有意识地采用多种方式、方法与学习者沟通,重点了解其在某些方面的独特情况:一方面会尊重学习者的具体情况和个体差异,根据其特点调整和改进汉语教学(比如教学内容和教学方式),按照习得规律最大限度地将"学习"转换为"习得";另一方面会预设学习者在汉语学习时可能遇到的问题,因材施教,提前制定解决方案,让每一个学习者都体验到学习带来的成就感。

3. 了解教学环境

成熟汉语教师对任教国和地区的教室、学校、社区环境特点很快就能熟悉,会基于汉语教学的需要有意识地采用多种方式去了解和考察其环境的具体情况,明确优势和劣势,最大限度地满足自己的教学需要。

4. 认识教学主体

成熟汉语教师善于利用自己在教学方面的长处,不断改进自己的"短板",在了解基本情况的基础上调动和利用其他教学主体的相关资源,与其他教学主体建立良好的同事关系。从团队管理的角度构建强有力的教学团队,以便在汉语教学过程中得到很好的合作和支持(比如确定教学内容和教学重点时与其他教学主体交流讨论,实现资源的互动和互补,即"协同作战"),最大限度地提高教学质量和效率。

5. 制定教学目标

成熟汉语教师能够整体考虑(如不同课型之间、初中高不同阶段之间的"高低深浅"),不仅会在参考课程标准、教学大纲和教师手册的基础上尽量照顾到学习者的特点和教学条件,而且能在此基础上针对特定汉语教学内容设计出、具体、明确、操作性强的教学目标,并重点突出某些目标,体现出目标的指向性和开放性。

6. 把握教学内容

成熟汉语教师有科学的教材观和教材开发意识,既能立足教材又能超越教材。不仅能判断汉语教材的编写理念,了解其优缺点,还能在此基础上灵活变通,即根据课型特点、教学目标、学习者水平、教学资源情况对教材进行筛选、增补、整合等。无论是对教材中语言要素的教学,还是语言技能的练习,都能很好地跟言语交际能力结合起来(如教学内容的生活化,让学习者能应用到日常交际中),更好地实现教学目标。

7. 明确重点难点

成熟汉语教师对汉语教材非常熟悉,对教学重点和难点有经验性的把握,可以进行一定的预测;也能在学习者特点和教学目标的基础上全盘考虑、准确把握教学内容中的重点和难点(既突出重点又突破难点),并在教学过程中进行深入、准确、适度的挖掘,合理有效地整合相关内容,集中教授,及时总结,使学习者能透彻把握和熟练掌握。

8. 预测学习者问题

成熟汉语教师基本上对学习者(如第一语言为英语、法语、西班牙语、韩语、日语等的学习者)对其容易出现的问题及其表现形式和内在原因等心中有数,并会预先准备多种应对不同问题的方法、策略等。

9. 利用教学资源

成熟汉语教师本身拥有比较多的优质教学资源(能突出所教内容的),在具体教学中善于依据所教具体内容、学习者的认知特点、生活经历、兴趣爱好、所在学校等来选择更典型、更有效、更规范、更有趣的教学资源进行对比使用(如结构近似但实质不同的例句),必要时可根据需要制作一定的教具(如图片、模型等),同时有效利用网络设置具有趣味性和实践性的课后练习任务(如要求学习者上旅游网、租房网和找工作网,制定旅行计划、搜索房子和工作等任务),从而更好地满足教学需要,实现教学目标。部分成熟教师还具有一定的网页制作能力,为学习者在课外提供教学支持。

10. 安排教学流程

成熟汉语教师对具体教学内容在整个课程中的位置、教学规律和学习者语言认知特点透彻的把握,并在此基础上设计出清晰合理、富有灵活性和开放性的、由教学环节和教学步骤构成的动态流程。汉语教师能根据实际教学情况进行变通,使教学具有生成性;既清楚教学环节的设计,也明白设计的目的和用意;既能突出重点难点,又能使各教学环节循序渐进、过渡自然。

11. 设计课堂活动

成熟汉语教师可以在对学习者、教学目标和教学内容透彻把握的基础上创造性地设计出多样化、富有趣味性、与学习者学习背景和教学环境相关,同时规则简单、易操作、易评价的活动和任务。汉语教师可根据任教地的实际情况调整已有的、较为成熟的活动和任务。必要时能制作适当的教具,且能预见教学活动的生成性。

12. 制定教学策略

成熟汉语教师不仅能把握既有的很多汉语教学法的理念和实践步骤,而且对第二语言教学主流教学法也有较好的把握,能在融合、改造的基础上运用到汉语教学中;同时在头脑中积累、储存着针对不同教学内容(如语言要素知识和语言技能知识等)的教学方法、技巧和策略,并在充分考虑教学目标、具体内容、学习者特点、教师自身特点和外部环境条件的基础上有效选择,创造性、针对性地使用。在教学实践中,成熟汉语教师能将生词、语法、课文糅合在一起,把高水平的教学方法和技巧"镶嵌"在讲练中;同时也对新的教学理念和教学法保持热情,乐于学习和实践;甚至能创设一些针对性强的独特的教学方法。

13. 制定长时计划

成熟汉语教师能够在通盘考虑教学目标、教学起点、教学任务、教学时间和环境条件的基础上合理制定教学计划,重点着眼于总目标的实现,宏观把握各阶段的重点和难点。有的成熟教师未必把长时计划写出来,而是以思考为主。

14. 编写课时教案

成熟汉语教师则从培养具体学习者交际能力的目标出发,编写重点突出(突出主要步骤和主要内容)、详略有序、方法多样、结构简洁、逻辑性强的教案,为课堂教学提供思路和方案。思路清晰、重点突出、详略得当、富有弹性(可以在多种情况下变通使用)、文字简洁是成熟汉语教师编写教案的特点。

15. 导入学习状态

成熟汉语教师会积累丰富多样的导入方式;也会在对教学目标、教学内容、学习者特点以及自我的教学特长深入把握的基础上设计合理有效的导入。成熟汉语教师善于从社会生活或教学中的某一点(甚至是偶发事件)引申启发,非常巧妙地激发学习者与所学内容相关的原有知识结构,引发学习兴趣和积极性,并能够利用独特的提问等方式使其保持饱满的学习热情,处于非常积极的学习状态。

16. 把握教学节奏

成熟汉语教师不仅能依据教学内容和教学环节等课堂的自然节拍来形成课堂教学的节奏,而且还能根据教学方法和学习者的思维特点及反馈情况,运用一定的教学手段和技巧(如提问、指挥"齐练""单练"、小组互动的交替使用等)来集中学习者的注意力,形成合理的汉语课堂教学的节奏。这种节奏不仅能根据现场的教学情况灵活调整,而且具有一定的艺术性,即我们所说的"行云流水""张弛有度""错落有致"。

17. 结束课堂教学

成熟汉语教师会积累一些结束一个教学活动或一节课的趣味性的方法(如提问等),而在具体结束一个教学活动或一节课时不仅能总结深化和提升所学内容,加深学习者的印象,而且能把所学内容由碎片化转向结构化。与学习者以前的知识结构关联起来,激发学习者更强烈的学习兴趣。有的甚至使学习者对下一步的汉语学习产生强烈期待。成熟汉语教师能够根据学习者的掌握情况和重点难点的分布来布置灵活多样且有针对性和个性的作业。

18. 激发学习动机

成熟汉语教师拥有一套激发学习者动机和兴趣,以及吸引注意力的策略或技巧,能根据教学目标、教学内容、学习者特点、自我的教学特长以及教学实践情境对导入、讲解、练习和活动方式等进行灵活调整。不仅使学习者始终把注意力集中在教学上,而且还乐于主动完成各种任务和作业。能采取一些方法和技巧使那些学习动机已减弱的学习者重新振作起来。

19. 使用课堂话语

成熟汉语教师的课堂话语简练、清楚、节奏适当、条理清晰,也更加抑扬顿挫和声情并茂(部分成熟教师的课堂话语还有一定的幽默感),符合相对于学习者汉语水平的"i+1"原则,能充分发挥其引导、沟通、解释、总结等作用,同时具有一定的启发性和相当的感染力。不仅使学习者更容易理解所教内容,有利于重现和复习已学汉语,其语言本身也因为规范、标准而值得学习者模仿和记忆。

20. 运用体态语言

成熟汉语教师能确立一套成熟、有效的带领学习者进行言语技能训练的体态语言。能有效利用表情、手势、身体动作等体态语对一些汉语知识进行解释、示范,提高课堂教学时间的利用率,提高汉语教学的质量。

21. 设计板书板画

成熟汉语教师注意板书的计划性与生成性,同时还有规范性、艺术性、多样性与启发性,使学习者看到板书时不仅能深入理解所学内容,而且对汉字书写产生兴趣,更喜欢学习汉语。

22. 运用教育技术

成熟汉语教师对不同教学手段和工具等能熟练操作、使用,能基于教学内容特点、学习者认知倾向以及教学场景来呈现教学内容。

23. 讲解教学内容

成熟汉语教师不仅积累了有效解释知识点的技巧和方法,也善于引导、展示,促进学习者理解和掌握;而且能根据课堂教学实际情况进行适当调整,找到更有针对性的解释方法。

24. 巩固所学内容

成熟汉语教师积累着指导学习者巩固有不同知识和技能的方式方法,能根据不同学习者的具体学习情况,尤其能有针对性地采取不同的方式方法对所学内容进行复现、练习和巩固,最大限度地提高学习者的学习水平。

25. 引导迁移运用

成熟汉语教师积累了在实践中应用知识和技能的活动和任务,能根据不同学习者和所学内容的特点选择恰当的方式,促进其在具体交际场景中进行迁移和应用,能帮助学习者对应用语言。

26. 指导学习方法

成熟汉语教师不仅掌握具体有效的语言学习方法,而且能在教学过程中结合具体的汉语教学内容,有意识地渗透汉语学习方法和策略,培养学习者自主学习和有效学习的意识和能力。

27. 促进汉语学习

成熟汉语教师会积累适用于不同学习者提高学习效果的方法和技巧,会根据具体教学情况布置不同的学习任务,满足不同程度学习者的学习需求。能及时发现并有效处理学习者语言水平、语言学能的差异,语言发展不平衡时所出现的问题,使不同语言水平的学习者都能得到充分发展。

28. 把握提问技巧

成熟汉语教师能根据课堂教学的实际情况针对不同学习者设计适合其汉语水平、契合其兴趣点的问题,学习者可以参与回答并有所收获,提问恰当且具有层次性。问题本身既有良好的启发性,又与学习者已学知识、兴趣点、教学内容主题等具有高度相关性。提问方式灵活,除了问句,还利用音调的变化、重读等方式,开放性问题比重大,同时也能抓住所教内容的重点和要点,提出有分量的问题,有较强的问题把握和调控能力。

29. 提供有效反馈

成熟汉语教师会全面且有重点地对学习者的问题进行回答、归纳和总结,并对其表现进行监控,善于在学习者的回答中捕捉机会,如就学习者回答问题的某句话或某个观点,有效推进教学的深入。善于把评价权交给全体学习者,切实促进学习者之间及其与教师的深层交流和互动。以纠错为例,成熟汉语教师更擅长在把握学习者特点、水平、学习阶段以及具体问题的基础上决定什么时候"错而不纠",什么时候则应严格纠错,以及具体采用什么方式,如直接纠错还是间接纠错。

30. 管理课堂秩序

成熟汉语教师会提前制定清楚、明确的教学规则,有意识地引导学习者进行自我管理,积累了有效监督、管理学习者的方法、技巧,能够前瞻性地预测学习者可能会有的违纪行为,因势利导,迅速有效地进行应对,从而维持良好的课堂教学环境和氛围。对课堂教学有很强的掌控力,能有效建立课堂常规、处理突发事件,并善于从学习者的违纪行为或突发事故中捕捉有利且有效的因素,将其转化为教学资源。

31. 管理教学时间

成熟汉语教师会重点监控学习者的学习情况,并在此基础上灵活、及时地调整某些内容的教学时间,必要时会对教学目标有所修改。对教学内容有所取舍,调整到其他教学环节,如课后作业中,更好地应对新情况或者突发情况。

32. 管理课堂空间

成熟汉语教师不仅会有意识地营造良好的汉语教学环境,还会充分利用教室及以外的资源,并能在教学时处理各种突发问题和事件,将其转化为教学资源和机会,从而维护良好的教学环境和课堂氛围。

33. 评价学业表现

成熟汉语教师能够在与学习者沟通交流的基础上建立合适的评价标准,并积累针对不同教学内容的评价方式。在具体测试时,能够根据不同的教学目的和学习者的特点选择或设计合适的评价方式,如编制试卷、档案袋等,对学习者的学业表现进行个性化的恰当评价。准确把握其在学业上的具体进展及其背后的原因,有计划、周期性地给出有建设性和指导性的学习反馈信息,并据此来调控教学。

34. 评价教学效果

成熟汉语教师会更全面地收集有关教学过程和结果的信息,然后结合汉语教学的终极目标,更宏观地设定教学评价标准,使用恰当的评价方法对教学过程和结果进行全面、恰当的评价,并依据评价结果有效改进自己的汉语教学。

后 记

一位成长中/成熟国际汉语教师应具备什么样的教学能力?对这些教学能力及其所包含的教学技能如何理解和操作?这是本书关注的焦点,也是我一直在思考的问题。

2008年秋,我给首届汉语国际教育专业硕士研究生(MTCSOL)开设了《汉语教师发展概论》课,同时也开始了对国际汉语教师的系统研究。2010年底,该课程授课讲义的一部分《汉语教师发展》出版。备感喜悦的同时,我也因其未能充分展开论述"汉语教师教学能力"而有一丝遗憾。2014年暑末,汉语国际教育学部主任张旺熹教授邀我为汉语国际教育专业硕士开设《教师行为与教师发展》课。我感到这是弥补上次"遗珠"之憾的一个契机,欣然应允,并转向对"国际汉语教师教学能力框架"进行全面、系统的思考。

"看似寻常最奇崛,成如容易却艰辛。"前半句不敢当,后半句却体会极为深刻。尤其在全面、系统思考的两年多时间里,我仿佛又回到了当年撰写博士论文的状态,魂牵梦绕般地"朝斯夕斯,念兹在兹",除了上课、吃饭、睡觉,脑海中几乎全是教师能力、技能和行为,演示课录像,自己上汉语课的情景,等等,甚至连陪儿子玩耍时偶尔也会走神,"移情别恋"到书稿上来。寒暑两易,甘苦俱尝,书稿亦随之"日日新,又日新",由最初设计的12万字,到15万字、20万字,再到修改N次后的、现在的近30万字,仍有诸多地方让我感到意犹未尽。

与此同时,内心充盈的更多是感激与感动。感谢前期量化研究阶段帮忙做问卷的业界前辈、专家和优秀汉语教师们:前辈有刘珣、鲁健骥、吕文华、崔永华、杨惠元等各位先生；业界专家有李泉、张黎、刘长征、姜丽萍、冯惟钢等各位教授；优秀汉语教师有王瑞烽、闻亭等各位，他/她们都获过从北京市到学校等各个级别的优秀教学奖（全部名单见附录3研究设计部分）。尤其要感谢崔永华先生，崔先生不仅在研究过程中多次给予我关键性的指导和鼓励，如简约而又不失精确的34项教学技能名称等就是崔先生亲自操刀帮我修订的，而且再次在百忙之中抽出时间为我的书稿作序。感谢申请出版基金时的匿名审稿专家，他们肯定了这本书的价值和创新性："是一本具有可操作性的、系统的、旨在提高汉语教师课堂教学能力等实际应用价值的汉语教学参考书。主要优点为实用性强（可以说是一本汉语教师课堂授课的实战指南）和分类细致、全面。""从总体上看，该书稿如能出版，将有利于新手汉语教师的快速成长，也能在某种程度上为解决'三教'问题作出贡献。""为适应国际汉语教育需要，本书稿对汉语教师的教学能力进行了较为系统的研究，就评审人学术视野所及，目前国内外还没有发现与本书稿选题完全相同的著作，本书稿算是填补了相关教材的空白。""综合来看，该书稿选题较好，相关研究较为系统、完整，论述及行文符合学术规范，不存在知识产权方面的争议，作者将教师对教学资源的整合及教师对课堂的时空管理纳入作为教学能力的重要内容来论述，是作者的创新之处，该书稿对于我国的对外汉语教学、提高我国对外汉语教师的教学能力具有较为重要的应用价值。"同时，也提出了很多修改建议，从而保证了本书的质量。感谢北京语言大学出版社张健董事长的支持。感谢责编沈岚老师在智慧、精力和时间上对这本书稿的付出。

祈望读者就书稿给予批评指正（作者邮箱：guorui@blcu.edu.cn）。

郭睿　2016年9月于来园